TANIA CRASNIANSKI

ENFANTS DE NAZIS

纳粹的孩子们

[法] 塔妮娅·克拉斯尼昂斯基 —— 著
徐丽松 —— 译

上海人民出版社

歌德伦与父亲海因里希·希姆莱在柏林的一
体育活动上，1938 年

// 歌德伦与父亲海因里希·希姆莱在达豪集
中营，1941 年

歌德伦与母亲玛格丽特，1945 年

// 戈林夫妇与小艾妲

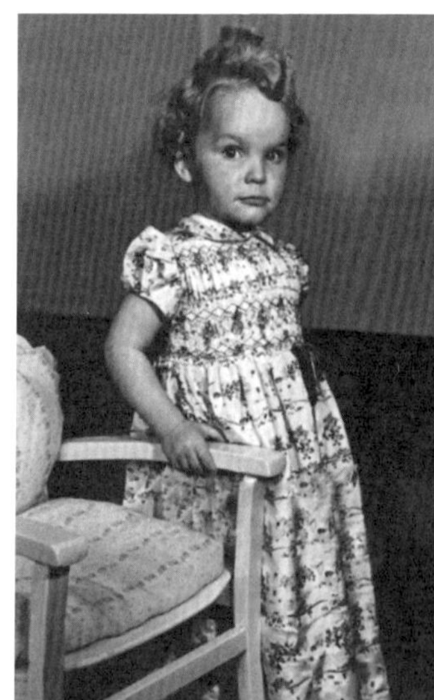

// 孩童时代的艾妲

// 少女时代的艾妲

// 鲁道夫·赫斯与儿子沃尔夫·吕迪格·赫斯

// 尼克拉斯·法郎克与母亲、兄姐在一起

// 身穿军服的马丁·阿道夫·鲍曼，1943 年

// 霍斯家的小孩

// 阿尔贝特 · 施佩尔与他的五个小孩

// 约瑟夫 · 门格勒和儿子罗尔夫，1947 年，当时他潜逃在德国南部

献给孩子们

沙堤亚、艾里欧夏、伊利亚和阿图尔

目　录

前言 …… 001

引言 …… 001

Gudrun Himmler

歌德伦·希姆莱：纳粹政权的“小娃娃” …… 011

Edda Göring

艾妲·戈林：“纳粹德国尼禄皇帝的小公主” …… 036

Wolf R. Hess

沃尔夫·R. 赫斯：活在“最后战犯”的阴影中 …… 063

Niklas Frank

尼克拉斯·法郎克：渴求真相的总督之子 …… 089

Martin Adolf Bormann Jr

马丁·阿道夫·鲍曼：帅俊的“小王储” …… 116

Les Enfants Höss

霍斯的子女：奥斯维辛指挥官的下一代 …… 138

Les Enfants Speer

施佩尔的子女：“恶魔的工程师”的后裔 …………………… 161

Rolf Mengele

罗尔夫·门格勒：“死亡天使”之子 …………………… 186

Une Histoire Allemande?

岂止是德国的故事？ …………………………………… 207

致谢 ………………………………………………………… 215

注释 ………………………………………………………… 216

前　　言

笔者深入研究众多现存档案资料，仔细探究与纳粹领导阶层及其后代有关的司法文件、信函、书籍、文章、访谈内容，从中整理出本书所含的八个纳粹头目的孩子的图像。为了量度每个家系留下的印记，本书采取的做法异于其他探讨此一主题的著作，每幅图像都昭告出当事人的姓名。此外，书中的孩子们有些确实认为身为某某官员的儿女比当另外某个人的下一代容易。

起初我希望能会见所有这些纳粹后代，不过最后我只采访了尼克拉斯·法郎克。有些人物其实已经不在人间，其他人就算我去见了，他们对我可能也只会说些对先前的采访者早已说过的话。有些人不愿再提这个话题，还有一部分人——例如歌德伦·希姆莱或艾妲·戈林——几乎自始至终都拒绝表态。

为了让读者领会这些奇特人生的真实面貌，每幅人物图像都以一个意味深长的桥段展开，并用相当自由的方式进行场景描绘。

本书德文和英文文本的法文翻译均由笔者完成，德文部分由翻译家奥利维耶·马诺尼（Olivier Mannoni）负责审校。

引　言

歌德伦、艾妲、马丁、尼克拉斯，还有其他那些孩子们……

他们是希姆莱、戈林、赫斯、法郎克、鲍曼、霍斯、施佩尔、门格勒的小孩。这些孩子活在沉默中，他们的父亲是罪犯，必须为当代历史中最黑暗的年代负责。

可是历史并不等同于他们的故事。

他们的父亲罪大恶极，彻底泯灭天良。在纽伦堡大审判中，面对相关指控，他们的父亲异口同声，毫不犹豫地申辩无罪。但历史是否记得，这些人也是为人父者？大战结束后，在一种消除罪恶感的集体欲望中，某些人主张人民无辜，设法将纳粹德国的残暴及种族灭绝行径完全归咎于第三帝国的主要领导人物。至于那些受审的要人及其他许多纳粹分子，为了逃脱罪责，他们会强调：“那一切都是因为希特勒……”

那么，这本书里谈到的孩子们，他们又有什么样的人生历程？他们继承了一个共同的包袱：他们的父母消灭了数以百万计的无辜人民。他们的名字被永远盖上可耻的烙印。

人是否应该觉得自己必须为父母所犯的罪行负责，甚至因此感到愧疚？家庭背景在我们的年少岁月中无法挽回地形塑了我们。尽管社会上的普遍认知是父母犯的错不该由子女背负责任，但当一个人传承到那么可怕的包袱，他不可能不受影响。常言道：“有其父必有其子”，“为人父者有两条命，自己的命和儿子的命”，“龙生龙，凤生凤……”那些纳粹要人的孩子们后来成了什么？他们怎么承受那么阴森恐怖的家庭遗产？

一名不知悔改的纳粹曾经对访问他的犹太裔以色列外孙女说："觉得自己有罪的人，就是有罪的人！"然后他泰然自若地给了她忠告："跟那一切保持距离，这样人生会简单许多。"①

要这些孩子们评断他们的父母是非常困难的事。对于生育我们、抚养我们的父母，我们缺乏客观评断所需的距离。情感联结越是密切，道德判断就越不容易。无条件认同，或者全面排斥？当家庭的过往如此骇人，我们如何自处？这些纳粹要人的儿女们有各自的立场，有些彻底反对父母，有些则与父母口径一致，但很少有人采取中立态度。有些人一方面坚决摒弃父辈的作为，一方面却能找到办法继续爱他们的父亲。有些人永远不可能爱一个"怪兽"，因此他们在内心全盘否认那个黑暗面，借此维持一种无条件的孝心。另外还有一些人陷入对父亲的排斥和仇恨。他们继承到的过去宛如沉重的脚镣，他们必须在日常生活中承受它，不可能对它视而不见。有人决定承认一切，有人走上心灵宗教的道路，甚至有人为免"遗传罪恶"，决定结扎，或者透过自渎的方式赎罪。否认、压抑、认同、愧疚，所有人都得设法找到能让他们面对过去的途径，无论他们是否清楚意识到自己在做这件事。

这些孩子们大部分（曾经）生活在德国。其中有些皈依宗教，甚至成为天主教神甫或犹太教拉比*。这么做是不是为了驱邪，借此解除身为罪犯之子的命运魔咒？举阿伦·希尔-雅许夫（Ahron Shear-Yashuv）的例子，虽然他的父亲并不是纳粹

* 拉比（rabbin，希伯来文拉丁拼音：rabbi）：犹太教教士，原意为教授犹太教律法书《妥拉经》（通常指犹太教圣经《塔纳赫》前五章）的学者。他们构成一个特殊阶层，是智者的象征，并扮演重要的社会及宗教角色。——此类注释为译者注，下同，不另标出

政权的高官或重要执行者，但他还是决定成为以色列军的拉比。阿伦的本名是沃尔夫冈·施密特（Wolfgang Schmidt），他在修读神学期间决定不要当天主教神甫，因为他不赞同天主教教义。他强调，犹太大屠杀只是促使他皈依犹太教的部分原因，并且表示“犹太教在某些方面的确有迥异于其他宗教的特殊性，但宽宏大量也是它的特质。确实，皈依者不只会受到接纳，他甚至有机会担任拉比，在以色列国防军当随军神甫及指挥官”②。本-古里安大学*心理学教授丹·巴尔-昂（Dan Bar-On）认为这种类型的皈依旨在加入“受害者社群，摆脱归属于罪犯社群的心理负担”。这种做法是不是在逃避过去，而不是勇敢面对它？皈依者被问到这个问题时，会给出各种不同回答。不过，宗教的洗礼确实让某些人得以克服个人背景的重担。

战后力求复兴的德国设法借由缄默驱魔，处在那样的氛围中，纳粹的后代必须对自己做许多心理建设，才能让自己站起来。

我在我外公生前跟他很亲，他曾在德国空军当职业军人，住在黑森林深处的一栋狩猎小屋。他一辈子都不愿跟我提他生命中的那个阶段。而且不是只有他这么做。在许多年间，战争的沉默身影飘荡在德国和法国上空。战争的梦魇至今挥之不去，但人们愿意开口说话了。我小时候，所有人都屈服于沉默的宰制。跟我的外祖父一样，战后的几个世代人们一直避免谈论这个议题。某些人后来甚至采取哑巴策略，对那个时代只字不提，因为他们害怕玷污父母在他们心中的形象。这些人是否真的想知道他们的父母是什么样的人，以及他们在德国历史上那个黑

* 戴维·本-古里安（David Ben-Gourion，1886—1973）：出生于东欧的以色列政治家，以色列建国后任首届总理。

暗时期涉入得有多深？答案是不见得。记忆并未传承。为了逃避那个过去，我的德国母亲在二十岁时选择独自到法国生活。她一直想要成为法国人，而当我开始着手写这本书时，她的反应是不解。为什么处理这样的题材？为什么继续谈这件事？这些都是我们不常问的问题。

我有德国、法国、俄国这三重家世背景，其中德国这个部分对我的人格施加了独特的影响。德国的历史被强加在我的生命中。安娜·韦伯*曾说："那是不是我们与生俱来的负担？它从最初就存在，而且不会消失；没有一个俄国人能代表古拉格，没有一个法国人能代表法国大革命或殖民主义，他们每个人都有各自的民族历史。"③然而，德国和纳粹却被画上等号。

我对社会边缘人的兴趣促使我研究监狱，然后成为刑事律师。这个职业为我带来写作本书所需的严谨度——至少我是这么希望——让我凭借它援引历史事实，以及探讨书中所提的纳粹孩子们对那些事实的观感。透过他们的案例，我设法理解我们的过去在这个我们不顾一切想要取得主体性的世界中代表着什么。

真相与现实有时是非常沉重的负担。有人倾向尊重家庭的秘密，即使导致那些秘密形成的人并非他们的家人。此外，毫无疑问的是，那些纳粹要员没有勇气和力量向孩子们吐露他们犯下的暴行。

纳粹高官的小孩大部分都不希望变更姓氏，这可能正是因为那个家姓无论如何也撇不开。某些人——例如阿尔贝特·施佩尔或马丁·鲍曼的儿子——甚至冠上跟父亲一样的名字。赫尔曼·戈林的侄孙马蒂亚斯·戈林说他喜欢自己的姓氏，其他一些

---

* 安娜·韦伯（Anne Weber，1964— ）：德国及法国作家、翻译家。

人则表示姓氏无关紧要，继承到什么姓就是什么姓。艾希曼的儿子表示："逃避这个姓氏无法使问题改变，人不可能逃脱他的过去。"④还有另外一些人——例如歌德伦·希姆莱和艾姐·戈林——对自己的父姓感到骄傲，而且非常景仰他们的父亲。

奥斯维辛集中营*指挥官鲁道夫·霍斯曾经宣称："即使我是在执行灭绝措施，我一样过着正常的家庭生活……对我而言，家庭是神圣的，我跟它之间的联结无法分割。"⑤我们要如何理解这种矛盾？精神分裂的概念代表两种互相矛盾的潜在可能性共存于自我中，这个概念可以用来解释那些执行命令者何以能够一方面过着正常家庭生活，另一方面却屠杀数百万人民。这种怪物怎么有办法在亲吻自己的小孩以后，走出家门杀害或命令别人杀害无数男女老少，毫无人性可言？我们该如何描绘希姆莱这号人物，想象他抱着他的"小娃娃"亲吻，然后前往指挥部签署命令处决儿童，只因为他们是犹太人？

舆论期望我们在那些罪犯身上识别出特定疾病，用来解释他们的残酷行为。但研究这个主题的人从来无法成功找出那些执行命令者有什么独有的人格。艾希曼在耶路撒冷受审时，一名负责检查他的精神科医生指出，艾希曼对妻子、儿女、父母、兄弟姐妹及朋友的行为"不只是正常，而且绝对值得嘉许"。我们宁愿相信那些人是一群嗜血怪兽，因为他们的"正常性"显得更加令人毛骨悚然。普里莫·莱维**曾说："怪兽确实存在，

---

* 奥斯维辛（Auschwitz）集中营：纳粹德国时期规模最大的集中营和灭绝营，位于波兰南方小城奥斯维辛，于1940年由党卫军领导人希姆莱下令建造。1942年起，纳粹通过灭绝营对犹太人等实行系统性的大屠杀，估计有一百一十万人在奥斯维辛被杀，其中超过九成是犹太人。

** 普里莫·莱维（Primo Levi，1919—1987）：犹太裔意大利化学家、小说家，被誉为意大利国宝级作家。他是纳粹大屠杀的幸存者，曾被关在奥斯维辛集中营一年。

但他们的数量太少，因此不至于构成真正的危险，比较危险的反而是所谓的普通人。”⑥

在汉娜·阿伦特*受人争议的著作《艾希曼在耶路撒冷》中，作者阐述了“恶的平庸性”这个概念，并描绘出一个小公务员的图像，他充满干劲但平庸至极，不懂得思考，无法分辨善恶。阿伦特没有为他辩解，只是用他的例子强调非人性的因子存在于所有人身上，我们都必须不断地“思考”，绝不能舍弃理性，要永远保持质疑精神，才不会陷入恶的平庸性中。

本书所述及的纳粹孩子们原本只知道他们父亲的人格中的一个面向，另外那个面向是在德国战败后才被带进他们的视野。大战期间，他们年纪还太小，无法理解甚至无法察觉周遭发生的事。他们出生在1927—1944年之间，最年长的在德国溃败时也还不到十八岁。他们的童年回忆通常只有巴伐利亚的苍翠牧野。许多人生活在帝国领袖**的贝格霍夫山庄***周边受安全保护的范围内，那里位于慕尼黑南方的上萨尔茨堡（Obersalzberg）山地，距离奥地利边界不远。这个领导人专用区是一个遗世独立的禁区，错综复杂的战局和战争所导致的残酷恐怖都被隔绝在外。而在战后的许多年间，第三帝国的史实完全没被列入德

* 汉娜·阿伦特（Hannah Arendt，1906—1975）：原籍德国的犹太裔美国政治理论家，以关于极权主义的研究论述著称于西方思想界。

** 帝国领袖（德文 Führer）：纳粹德国国家元首的称呼，原意为领导者或向导。由于只有希特勒担任过此职位，Führer 一词通常直接指希特勒，且普遍用于西方语言中。

*** 贝格霍夫（Berghof）山庄：位于南德阿尔卑斯山区的贝希特斯加登（Berchtesgaden），最初是一名德国商人的度假山庄，建于1916年。希特勒从1920年代开始就喜欢到这一带度假，1933年，他用出版《我的奋斗》一书得到的版税将山庄买下并扩建，1935—1945年，贝格霍夫山庄成为希特勒的主要住所及指挥部之一。二战末期严重受损，1952年拆除。

国学校的教纲。

他们的父母可是人间怪兽？阿伦特在《艾希曼在耶路撒冷》中写道："无论我们如何竭力找寻，就是无法在艾希曼身上发掘出任何真正的妖魔成分，不过这么说的意思当然不是指那一切都只是家常便饭。"⑦ 检方想把他看成"有史以来最不正常的怪兽"，但阿伦特认为他不过是个"平庸的公务员"，"正常得吓人"⑧。1961 年审理期间，一名精神科医生表示，艾希曼"至少比检查过他以后的我自己更正常"⑨。阿伦特则写道："理查三世*决定本着原则行恶，但艾希曼心中绝对没有这种念头。"⑩ 艾希曼本人则宣称他是个温柔的人，受不了看到血。他甚至不是对犹太人怀抱病态恨意的狂热分子，也不曾受害于任何形式的洗脑。⑪ 他之所以成为那个时代最大的罪犯之一，是因为他全然缺乏思考力，而这跟愚蠢截然不同。⑫ 这种缺憾的其他显现方式是他没有设身处地为他人着想的能力——"基本上他只知道从自己的角度看事情"——以及他的记忆失常问题。艾希曼无法知道或感觉到自己犯下了罪恶，他完全失去道德意识。"他所做的事，他已经做了，他并不打算否认这个事实（……）"阿伦特指出。"但他的意思并不是说他对那些事有任何后悔之意"，因为他认为"懊悔是小朋友的玩意儿"。阿伦特认为，光是缺乏意识这件事就足以让人成为历史上"名列前茅"的罪犯。但无论如何，艾希曼至少犯了一个原罪，那就是放弃行使一切道德意识。

---

* 理查三世（Richard III，1452—1485）：英格兰国王，约克王朝最后一任国王。他的兄长爱德华四世过世后，他将排第一及第二顺位的王位继承人——年仅十二岁的爱德华五世（即他的侄子）和他九岁的弟弟理查——送进伦敦塔，夺权成功，于 1483 年加冕为英格兰国王。后人盛传他杀害了上述两位先王遗孤。

然而，那些罪人无不希望将自己视为具有道德良知的人。海因里希·希姆莱虽然身为“最终解决方案”* 的策划者，但他坚决相信自己是个有道德的人。⑬哈拉尔德·韦尔策**在他的著作《执行者》（*Les Exécuteurs*）中强调，在第三帝国统治时期，杀人行为被纳入社会常态。国家社会主义特有的杀人道德观让那些死亡命令执行者在杀人的同时得以维持“正确”的姿态。这一切在我们眼里虽然荒诞无比，但根据第三帝国的规范模式，为了德国的生存，杀人是必要的行为，而杀人的立论基础是人类之间的绝对不平等。⑭

本书所描绘的纳粹孩子们透过一个再次变动过的规范及道德架构评断他们父亲的所作所为。有些人将父亲的行为合理化或加以辩解，认为在他们所属的规范架构中，他们的父亲是以合法方式行动。希特勒时期的外交部部长冯·里宾特洛甫（von Ribbentrop）有一个儿子毫不迟疑地表示：“我父亲只是在做他认为对的事。假如现在我们处在同样的情况中，我会作出跟他一样的决定。他只是希特勒的一个顾问，而事实上希特勒不会接受任何人的指导。我父亲只希望一件事，那就是尽他身为德国人的义务。他早就预料到巨大危险正从东方降临，历史证明他是对的。”⑮歌德伦·希姆莱的立场相同，终其一生她都认为她的父亲海因里希·希姆莱“无罪”。希姆莱自己在纽伦堡大审判时想必也会说一样的话，只不过他在审判开始以前就自杀身亡了。

---

* 最终解决方案（Endlösung）：“犹太人问题的最终解决方案”，指第二次世界大战期间纳粹德国针对欧洲犹太人的系统化灭绝计划，最终导致犹太人大屠杀。这个灭绝方案是在 1942 年 1 月纳粹高层举行的万湖会议通过决议后全面实施的，但在此之前，已有一百万犹太人遇害。

** 哈拉尔德·韦尔策（Harald Welzer，1958— ）：德国社会心理学家。

美国心理学家古斯塔夫·吉尔伯特*曾在纽伦堡大审判期间研究德国主要战犯的案例，他认为那些人有一个共同特质，就是对他人缺乏同理心。他发现那些刽子手陷入忧郁的情况比被害者少，因为他们深信自己是别无选择的好人。

等到他们的孩子必须面对过去时，情况并不见得如此。这些纳粹的子女得知家庭的过往内幕时，战争已经结束，纳粹异端已被消除，“解决犹太人问题”的论调已经永远失去合法性。

他们经常是根据自己的童年经验去处理那个过往。有些人在孩提时代得到所有情感上的满足，儿子如此，独生女更是如此，例如海因里希·希姆莱的唯一婚生女歌德伦·希姆莱，纳粹帝国元帅之女艾妲·戈林，或帝国理论家、德占俄国领土事务部部长阿尔弗雷德·罗森贝格（Alfred Rosenberg）的女儿伊雷妮·罗森贝格（Irene Rosenberg）。身为备受宠爱的掌上明珠，她们一辈子都相当认同纳粹，并无条件崇拜她们的父亲。许多纳粹后代认为他们自己的故事比某某其他纳粹要员小孩的故事容易承担。这种看待方式相当诡异，仿佛他们相信这种家庭传承可以量化。

为了更好地领会这些孩子们的个别故事，我们会说明每一位父亲在国家社会主义政权中占有什么地位，他们的子女是如何浸淫在那个时代的理想中，以及他们的母亲在他们的教育中所扮演的角色。为了了解他们，我们必须以最近距离检视他们童年时期的家庭环境。

---

* 古斯塔夫·吉尔伯特（Gustave M. Gilbert，1911—1977）：美国心理学家。纽伦堡大审判期间获指派观察纳粹战犯并与其对话，其后写成《纽伦堡日记》（*Nuremberg Diary*），另著有探讨希特勒心理的《独裁心理学》（*The Psychology of Dictatorship*）等书。其撰述至今依然是许多大学心理系的研究题材。

某些第三帝国核心人物的后代在本书中缺席。在此我们不禁想到纳粹帝国宣传部部长约瑟夫·戈培尔（Joseph Goebbels）的六个小孩，他们都在最高领导人的地堡中遭父母杀害*……

另外值得一提的是玛格妲·戈培尔的孙女，也就是她跟第一任丈夫金特·匡特（Günther Quandt）所生儿子**的女儿。这名孙女在二十四岁那年皈依犹太教，她的第一任丈夫——一名犹太裔德国商人——曾经被关进集中营。

至于最高领导人希特勒，他自己没有留下后代。他曾说："要是我有小孩的话，那多麻烦！那些人到最后一定会让我的儿子继位。可是像我这种人绝不可能生出健全的儿子。我们这种人几乎一直都是这样。看看歌德的儿子吧，废人一个！"⑯

七十多年后，针对这个主题进行书写依然困难重重。在撰写这本书的整个过程中，我一直避免对这些孩子们下道德判断。他们不应该被认为必须为他们没有犯下的恶行背负罪责，就算其中一部分人完全不会对父母的所作所为表示不以为然。那是不是他们面对一个无法承受的过去时所采取的一种防御"自我"的行为？

歌德伦·希姆莱的例子完美说明了这点。

---

* 第二次世界大战后期，戈培尔逐渐迫使希特勒实施总体战，并于1944年7月任命他为总体战全权指挥官。纳粹面临溃败之际，戈培尔全家人于1945年4月22日，迁入希特勒在柏林的地堡。希特勒于4月30日自杀，通过遗嘱指定他接任德国总理，但他担任此职仅短短一天。5月1日，他以氰化物毒死六个四岁到十二岁不等的小孩，然后偕同妻子玛格妲一起自杀。

** 这名儿子即戈培尔的继子哈拉德·匡特（Harald Quandt，1921—1967）。戈培尔自杀后，他成为全家唯一的生存者。他的亲生父亲金特是一名杰出的实业家，大战结束后，他跟同父异母兄弟共同继承父亲的产业帝国——拥有两百家公司的匡特集团，成为德国最富有的人之一，但1967年即死于私人飞机坠毁。目前匡特家族亦持有宝马公司的将近一半股权。

Gudrun Himmler
歌德伦·希姆莱：纳粹政权的“小娃娃”

从1958年开始，奥地利波希米亚森林中的一个小村镇每年都会接待一群怀念德意志第三帝国的人。他们来自欧洲各地，每年秋天汇聚在这个古代曾经是凯尔特人*圣地的美丽乡村**。已经有相当年纪的男子穿上最体面的衣服，到这里跟从前的伙伴们聚首；年轻的新纳粹分子也会赶来凑热闹，认识一些前辈。在这个由老一辈纳粹党人和新生代亲极右派人士组成的小型集会上，所有人都认为当年的武装党卫军***只是在尽他们的公民义务。在场民众乐于赞美党卫军的牺牲精神，有时甚至会将他们视为大时代的受害者。

在一家窗帘拉上的当地客栈中，一名男子慷慨激昂地吟诵

---

* 凯尔特人：印欧民族的一个主要分支，曾经广泛分布于东欧至西南欧的大部分地区，后因罗马人及日耳曼人扩张等因素而衰微，目前仅法国西部布列塔尼地区及英伦三岛部分地区有说凯尔特语言的居民。法国的古代居民“高卢人”即为凯尔特人。

** 这座村镇是乌尔里希斯贝格（Ulrichsberg）。根据考古学研究，在前罗马时期，凯尔特人建立的诺里孔（Noricum）王国将都城设在这附近。

*** 党卫军（Schutzstaffel，SS）：纳粹德国的监察及情报部门之一。党卫军原是专为希特勒设立的随护团，成员遴选自冲锋队精英，后来从冲锋队独立，负责保护纳粹高官及政风监察等勤务，逐渐成为国家警察单位。1935年，党卫军在德国国防军认可下筹组准军事部门“党卫军特别机动部队”（SS-Verfügungstruppe，SSVT），后再改编为武装党卫军（Waffen Schutzstaffel，简称Waffen-SS）。

伟大德意志的光荣。他喜欢像从前他的思想导师那样激励听众；他希望重塑当年希特勒在慕尼黑的啤酒馆中演说时所触发的那种如痴如狂的气氛。数十年已然流逝，但与会者的理想坚定不移。有些人骄傲地佩戴他们在第二次世界大战期间获得的德国军章——无论是“铁十字”或“铁十字骑士十字”勋章，中间一定都有一个纳粹十字。他们兴致勃勃地回顾德意志民族充满优越感的时代；那时全国团结一致，讲求绝对的自我牺牲，对“内部敌人”[①]不抱任何人道情操。这个着魔般的小社群一本初衷，致力追求伟大，并服膺党卫军的座右铭：“我们的荣耀名叫忠诚。”

这场集会的女性荣誉嘉宾不跟众人打成一片。她与人群保持距离，偏好在一小群“朝臣”簇拥下，接见少数几个有幸受邀拜见她的人。她神色凝重，被岁月侵蚀的脸孔显出尖酸气息，但她依然斗志高昂。她把纤细白发在后颈项上方系成发髻，衬衫上则神气地别上银质胸针——四个马头围成一圈，勾勒出纳粹十字的形状。

掩藏在眼镜后方的小眼睛散发冰冷的蓝光，使她的交谈对象感到畏惧。她受人宠爱，因为她是伟大德意志的首选传人——“纳粹主义的公主”歌德伦·希姆莱。

“公主”喜欢看到她的拥护者前来晋见，并用侦讯式的口吻问他们：“大战期间你在哪里?”“你在哪个单位服务?”她的父亲曾经教导她军事后勤业务，当他带着她巡回各地督导业务时，她也善于从旁观察。现在是当年那些军人来接受她督察的时候，能有机会被引介给希特勒手下最优秀执行官的女儿，他们都感到无比骄傲。他们报出自己的身份及军阶时，感觉自己仿佛回到从前那个他们在世上享有权威的时代。在短暂的片刻中，这些日复一日被迫对自己的过去绝口不提的人终于找回了一些失落的豪气。

“维京党卫军第五装甲师。”② 刚走进小客厅的男子面带怯场的表情说。她继续质问：“是自愿加入丹麦武装党卫军的吗？”这位时年六十八岁的退伍军人回道：“完全自愿。”他叫瓦格纳·克里斯滕森（Vagner Kristensen），1927 年出生于丹麦菲英（Fyn）岛。在这名娇小女子面前，他们为什么这么充满敬意，这么戒慎恐惧？长年间，无论父亲是否在她身边，她一直生活在他的庇荫下，是否因此而不自觉地仿效了他的言行举止、他的说话声调？身为不负父亲之名的好女儿，她的人生目标是为他平反。海因里希·希姆莱只有她这么一个婚生子女，他把她捧为掌上明珠，而她也懂得好好回报。

今天，歌德伦·希姆莱要接见的人还有原籍丹麦的泽伦·卡姆（Sören Kam），党卫军编号 456059。这名纳粹分子涉及 1943 年一名反纳粹记者的谋杀事件，但从未被定罪。他潜逃到德国，在巴伐利亚无忧无虑地度过余生。他虽然被列入头号通缉纳粹罪犯名单，但一直逍遥法外。歌德伦的父亲生前必须一直努力设法克服他的自卑感和人际关系障碍，倘若今天他能看到女儿这样自信十足地面对这些老纳粹，他必定会感到非常骄傲。

年少时期的她因为害怕让父亲失望，会倾力央求母亲向父亲隐瞒她品行不良或胡闹的事。她坚决相信父亲是无辜的，她认为他并没有犯下那些受世人指责的罪行，并将他被定罪判刑的事视为绝对的不公。长久从来，她一直想写一本书，企图为父亲平反，但不是“辩护”，因为为他辩护无异于承认他有罪。歌德伦深信有朝一日，人们提到他的名字时，“会跟现在我们提到拿破仑、威灵顿*或毛奇**的情形一样”③。

但历史无可挽回地定了他的罪。

星期三下午，她的父亲有时会带她一起去督导业务，特别是到德国的第一个集中营——达豪（Dachau）视察。达豪集中营距离慕尼黑区区十来公里，是由他亲自规划建成，于 1933 年启用。“佩戴红色三角形的是囚犯，黑色的是罪犯。”他向她说明道。对这个小女孩而言，那些人的模样通通都像犯人：衣着邋遢，胡须没刮。她对菜园和温室比较有兴趣。她回忆当年往事：“我父亲向我解释种在那里的那些草本植物为什么重要，我还摘了一些叶子。”菜园让她想起小时候在农场生活的时光，那时她总喜欢到园子里当妈妈的帮手。达豪之行是她十二岁时的事，一张留存至今的照片见证了那个阴森可怕的参观活动。身穿黑色大衣的金发小女孩面带微笑，模样相当快乐；围绕在她身边的人包括她的父亲希姆莱、后来成为盖世太保领导的莱因哈德·海德里希（Reinhard Heydrich）以及父亲的侍从官卡尔·沃尔夫（Karl Wolff），沃尔夫上方的标牌则写着那里是犯人的集合点。

歌德伦满怀赞佩之情看着父亲节节高升。1943 年 8 月，她在日记中写道：“可爱的爹地当了帝国内政部部长，我欣喜若狂。”

---

* 第一代威灵顿公爵阿瑟·韦尔斯利（Arthur Wellesley，1769—1852）：英国军事家、政治家，十九世纪欧洲领导人物之一，有“拿破仑终结者”之称。他在 1813 年的维多利亚战役中领导联军成功击败法军，获提拔为陆军元帅。1814 年，拿破仑被流放到地中海的厄尔巴岛以后，威灵顿出任驻法大使，获封为公爵。在 1815 年的滑铁卢战役中，他联同普鲁士元帅布吕歇尔（Gebhard Leberecht von Blücher）击溃拿破仑。他终生担任英国陆军总司令，从政后亦曾两次出任首相。

** 赫尔穆特·卡尔·贝恩哈特·冯·毛奇（Helmuth Karl Bernhard von Moltke，1800—1891）：普鲁士及德意志军事家、名将、参谋总长，德国陆军元帅，曾协助奥斯曼帝国的军事现代化。毛奇的军事理论著作甚丰，并创立了较现代化的新方法，改进战场上的军队领导统御。

这位爹地是“多么显赫”[4]。1942 年 7 月，海因里希前往奥斯维辛集中营检视最终解决方案的具体建置——大规模使用齐克隆 B 毒气的杀人作业。当时他在给夫人的一封信中若无其事地写道：“我要去奥斯维辛一趟，我给你一个亲亲。你的海尼。”在他的书信中，他从不提供行程或从事活动方面的细节，对灭绝犹太人的工作更是只字未提。他只是简单说他工作繁忙，有重责大任在身。这样一个人物后来对于他所犯下的残酷罪行做了泰然自若的辩白：“关于犹太妇女和儿童，我不曾感觉自己有权利让那些小孩长大成为充满报复心态的杀手，任由他们荼毒我们的子孙。我认为那样做是懦弱的行为。因此，这个问题的解决方式毫无妥协余地。”[5]

党卫军帝国统领海因里希·希姆莱无疑是第三帝国压迫机制的狂热操控者，但那段人类历史并不是希姆莱的女儿所认同的历史。海因里希·希姆莱的儿时玩伴曾说他小时候连一只苍蝇都不肯伤害。[6]但长大以后，他却成为盖世太保及武装党卫军的关键领导人物，主导集中营体制的建立以及欧洲犹太人的灭绝行动。

1927 年间，他搭火车从慕尼黑前往靠近奥地利边界的贝希特斯加登（Berchtesgaden）时，在车上认识了歌德伦的母亲玛格丽特·西格罗特（Margarete Siegroth），她是一名离了婚的护士，娘家姓氏为博登（Boden）。这时的海因里希·希姆莱是个体弱多病的二十七岁青年，患有斜眼，下巴扁塌后缩，完全不符合“雅利安人种”的理想外形。海因里希对自己的外形感到自卑。由于他体质孱弱、消化系统不良，他既无法从事运动，在餐宴场合也不能尽兴饮酒。身为军人，他感到挫败，于是转而对纪律和军服产生毫无节制的迷恋，并终于借此找到自己的立足点。年轻时代的他很少跟女性交往，以至于他甚至会提倡禁欲的益处。[7]但后来，他又哀叹自己年轻时无法享有更丰富的性爱生活。他到二十八岁才第一次跟女人行房。小名“玛嘉”的玛格丽特金发碧眼、身材高挑，笃信基督新教，整个人非常符合雅利安女性的理想典型。为了博得佳人芳心，海因里希·希姆莱提供给她许多跟共济会*和“犹太人的全球阴谋”有关的书刊资料。当时的德国深陷经济危机，竭力寻求“救星”，并急着找到代罪羔羊；玛嘉未能免于周遭的反犹声浪。她认识希姆莱以后，决定卖掉她在任职诊所中持有的股份，当时她这样描述她的合伙人：“犹太人永远都会是那副犹太德行。”⑧

个性害羞的海因里希·希姆莱会写情书给玛嘉，有时喜欢署名为“你的国土佣仆”。“国土佣仆”（lansquenet，德文landsknecht）是德国历史上的雇佣战士，他们充满英雄气概，经常单独行动，同时也非常残暴。玛嘉在回信中说：“我们要一起幸福才行。”他们的结合主要是基于一种亲昵的情感，但不是爱情。玛嘉比她大七岁，希姆莱的家人从来不曾接纳她。希姆莱出身于天主教家庭，他的母亲的信仰极为虔诚，但玛嘉却是个异类，她是个普鲁士人**，信的是新教，离过婚，而且性格

---

* 共济会：一种类似宗教的兄弟会，出现于十八世纪的西欧，1717 年于英格兰成立第一个总会所，现已遍布全球。宗旨为兄弟互助、博爱、自由、慈善，提升个人美德、促进人类进步等。共济会会员包括众多著名人士和政治家，反对者则视其为富人及权贵的阴谋组织，有着统治世界的秘密计划。德国纳粹政权认为共济会是犹太人、金融家和高利贷放款者的组织，于 1935 年加以解散，并迫害其成员，据估计有八万到二十万共济会会员因此遭杀害。

** 普鲁士（Prusse，德文 Preußen）：最初是一个地理概念，于中世纪前期指波罗的海东南部一带，相当于现在的立陶宛南部及波兰东部等地，原有居民属于波罗的语族，与立陶宛人、拉脱维亚人近似。德意志人在十世纪期间就进入这个地区建城，十二世纪开始大量移民，普鲁士正式德意志化，由条顿骑士团统治。十六世纪上半叶条顿骑士团解散，普鲁士公国成立，十八世纪初年又成为普鲁士王国，展开为期两百多年的大规模侵略扩张，十九世纪后期及二十世纪初期国力最强盛时领土涵盖德国北半部、波兰、立陶宛南部等地区，成为德意志帝国的主要组成部分。

焦虑不安，与社交场合格格不入。希姆莱的家人自忖：这样一个女人难道不会损害家庭的名望？1928 年 7 月 3 日，两人在柏林舍恩贝格（Schöneberg）区结婚，希姆莱的家人均未到场。1929 年 8 月 8 日，体重三千六百二十五克、身长五十四厘米的蓝眼小女孩歌德伦呱呱坠地，成为海因里希·希姆莱的唯一婚生女，是他昵称为“小娃娃”的掌上明珠。

歌德伦这名字是否援引自他在年轻时读过而且深深喜爱的一本书——《歌德伦传奇》？这本书歌颂北欧女性的美德，男人愿为这样的女人赴汤蹈火。后来玛嘉无法再帮海因里希生小孩，夫妻两人于是决定收养一个男孩，是一名党卫军阵亡军人的儿子。但这个小男孩未能在新家获得家庭的温暖，玛嘉曾在她的日记中说他具有“罪犯的本性”，擅于说谎，甚至是个小偷。⑨后来他被送到寄宿学校，然后又转到一间“纳波拉”学习。纳波拉（Napola）是“Nationalpolitische Lehranstalt”（国立政治教育机构）的缩写，这是德意志帝国训练国家精英的地方。至于歌德伦，她完美无瑕地扮演模范女儿的角色，她的母亲则三番五次在日记中提到她有多乖巧、多讨人喜欢：“‘小娃娃’是个乖宝宝，是爱的化身。”她也曾提到德国将波兰德意志化的行动：“我把新闻念给她听，并对她说明那代表的意思是：派军队重回祖国。这是个前所未闻的壮举，一千年后世人都还将对此津津乐道。”⑩

1928 年，海因里希·希姆莱在慕尼黑大学修完农业经济学位以后，用妻子的陪嫁财产买下慕尼黑郊区瓦尔特鲁德林（Waldtrudering）的一座养鸡场。夫妻两人向往农业，希姆莱原本打算跟妻女在那里快乐生活。事实上，他的妻子大都是独自跟女儿歌德伦待在农场中。玛格丽特肩负管理整座养鸡场的重任，但母鸡下的蛋不多，小鸡纷纷死亡，破产的阴影迅速降临。玛格丽特的心情越来越低落，她抱怨丈夫经常出差，而且到后来，希姆莱变得几乎完全没时间返回家门。丈夫离家越远，玛嘉的脾气就越暴躁，她变得充满鄙夷心态和攻击性。1933年，希姆莱夫妻将农场变卖，搬到慕尼黑市区居住。希姆莱长期被纳粹高层视为“老实的小伙子”“心地善良但可能意志不坚”，这时的他其实已经当上政治警察总长，然后又正式被任命为隶属于内政部的全国警察总长，主掌德意志帝国警政机制，直到1936年6月为止。党卫军帝国统领海因里希·希姆莱是个冷酷无情、精于算计的审讯者，阿尔贝特·施佩尔曾说他是“半个有板有眼的小学教员，半个异想天开的疯子”[11]；通过对种族纯粹论的偏执，这号人物终于为自己的各种自卑情结找到宣泄及报复的出口。

1936年及1937年间短暂居住在慕尼黑以后，希姆莱一家人迁居到上巴伐利亚特格尔恩湖（Tegernsee）畔小镇格蒙德（Gmund）。1934年间，希姆莱就在那里买了一栋房子。但他在党内的职责越来越繁重，妻子也愈来愈常独守空闺。他重新开始性生活，对社会中各式各样的性爱活动兴致勃勃。他承认玛嘉无法帮他生更多小孩并不是她的错，但他并不打算对这种情况俯首认命。对他而言，一夫一妻制是“撒旦的杰作”[12]，那是天主教会发明的产物，必须予以废除。他以日耳曼史前文化为自己的立论基础；早年那些种族高贵的日耳曼人为了能有小孩，可以自由重婚。[13]基于这样的理念，他允许手下所有碰到夫妻问题的军官离婚或跟其他女人婚外同居。他认为正常男人不可能以一辈子跟同一名女人行房为满足，而且只有在一夫二妻的情况下，两个女人才会设法寻求自我超越。此外，由于战争期间生育率趋于降低，对某些党卫军领导干部而言，一夫二妻或多重配偶的制度也是一种维持生育率的手段。因此，虽然第三帝国宣传部部长约瑟夫·戈培尔的妻子为他生了六个小孩，但他在跟她结婚以前，就约法三章说婚后他要继续享有婚外关系。在同样的“时代氛围”中，纳粹党党务中心领导人、希特勒亲信马丁·鲍曼的妻子在为他产下十名子女后，自愿为了“报国”而设计出一套生活方式，让丈夫的情妇们跟她一起生活在同一个屋檐下。她的目标是：“将所有孩子们集结在湖边的房子里，大家一起生活。”鲍曼夫妻坚信国家必须制定法律，让“堂堂正正的健康男子汉合法拥有两名妻子……有那么多好女人迫于现实，不能（合法地）生小孩……我们也需要这些女人的小孩!”[14]鲍曼希望废除“私生子”这种字眼，以及禁用“私通”“婚外情”这类带有贬义的词语。为了改善生育率下降的问题，海因里希·希姆莱提倡将婚外生育合法化，甚至鼓励这种做法。于是纳粹政府从1936年开始成立所谓的“生命之泉”（Lebensborn)，也就是专为雅利安妇女而设、以实践种族优生理论为宗旨的生育中心。这些机构接纳单身女性，并为她们保守生小孩的秘密。此外，为了避免同性恋爱发生，希姆莱倡议举办青少年聚会活动。1937年2月18日，他在巴伐利亚阿尔卑斯山麓的巴特特尔茨温泉镇（Bad Tölz）针对同性恋议题发表演说时表示：“我认为有必要确保十五六岁的少年能通过舞蹈课、交谊晚会及其他各种活动认识女生。实验已经证明，十五岁或十六岁的年轻男孩身心正处于不稳定状态。如果他能找到令他心动的舞伴，或谈一场浪漫的青春恋情，他就得救了，他就远离危险了。”听到希姆莱这席话，我们很难想象他在年轻时竟然曾经主张禁欲。

1940年，希姆莱跟玛嘉分居，但为了尊重这位替他生下宝贝女儿的女人，他决定不跟她离婚。接下来，他一直竭力确保自己跟女儿维持非常亲近的关系，那是他在世间最心爱的人。尽管他在政界的职责与日俱增，差旅频繁，但他一直尽力当个好爸爸、好丈夫。歌德伦喜欢把父亲称作“旅行爸”，在她的许多儿时照片中，这位黏在父亲身边的“小娃娃”是个完美的德国小女孩，金发碧眼，脸蛋如天使般天真无邪，身穿巴伐利亚传统服装，头发通常扎成辫子，有时则是在两侧卷成马卡龙状圆辫。她的父亲经常跟她分享生活中的事，寄他的照片给她看，并尽可能抽空陪伴她。只要翻阅海因里希·希姆莱的行事历，就可以看到他几乎每天都会跟妻子和女儿通电话。希姆莱巨细靡遗地记录他的生活，他的本子里除了公务项目，也充满令人惊奇的生活点滴，例如“跟孩子们玩耍”或“跟小娃娃聊天”。[15]“小娃娃”如果成绩不好，他会非常生气。对他而言，服从、整洁及学业是儿童教育的核心要素。他自己小时候不也对大人展现出无懈可击的顺从？他一直是个好学生。至于玛嘉，她在女儿出生后不久，就开始为她写童年记事本，通过里面许许多多的记载，我们看到小女儿的良好行为表现，超乎同龄小孩的整洁程度，以及玛嘉在设法让女儿顺从的过程中遭遇的困难等。父亲回来看女儿时，会带她一起到森林里打猎，两人在林间悠闲漫步。小女儿很喜欢采花和收集苔藓。

德意志帝国元首在歌德伦的童年生活中扮演了核心角色。1935年，希特勒就任总理两年后，某天夜里小女孩睡不着觉，她焦虑地问妈妈：“希特勒伯伯以后也会死掉吗？”妈妈设法安抚女儿，并向她保证希特勒大统领会长命百岁，歌德伦松了一口气，然后回道：“妈咪，不对，我知道他会长命两百岁。”希特勒对这个小妹妹关爱有加，令希姆莱夫妇感到既开心又荣幸。玛嘉·希姆莱在 1938 年 5 月 3 日的日记中写道：“元首到家里来了，‘小娃娃’超兴奋。难得跟他私底下同桌小聚，实在太美妙了。”[16]

每年元旦，歌德伦都会见到帝国领袖，这位大伯伯则会送她一个洋娃娃或一盒巧克力。

1936 年，一位名叫赫德薇格·波特哈斯特（Hedwig Potthast）的女秘书进入希姆莱的部门服务，希姆莱从 1938 年底开始跟她发展婚外情。他决定告知他的妻子，免得万一自己跟情人生下小孩，到时也是纸包不住火。希姆莱在 1940 年公开表态支持推行婚外生育的政策，随后他身体力行，跟情妇孕育出两个小孩，分别是 1942 年出生的儿子赫尔格（Helge）和 1944 年出生的女儿娜奈特·朵罗泰雅（Nanette Dorothea）。小男孩的日耳曼名字原意为“种族纯粹的圣人”，但这个小孩完全没有希姆莱期望自己的后代能具备的特质。[17]他的健康状况不良，患有皮肤病，而且羞怯到近乎病态的程度。

1942 年，希姆莱将他的第二个家庭安置在“雪角庄园”，这栋大宅位于巴伐利亚南部的舍瑙（Schönau），距离纳粹帝国领袖的地盘贝希特斯加登不远。赫德薇格·波特哈斯特和两名子女在那里一直待到同盟国占领德国为止。赫德薇格答应在希姆莱的阴影中默默生活，心中盼望着大战结束后有朝一日能跟他团圆。在同盟国眼中，赫德薇格是“纳粹女性的样板典型”。她的性格跟玛嘉截然不同，是个快活而可爱的女人，跟希姆莱身边的人能维持良好关系。玛嘉得知丈夫出轨时，在日记中无可奈何地写道：“男人都是在有钱有名以后才会想到做这种事。

假如丈夫没钱没名，反倒是逐渐年迈的妻子必须帮助他们养活自己，以及容忍他们。”⑱不过在她跟丈夫的通信中，我们完全找不到跟这名情妇和她的子女有关的记述。

歌德伦经常孤单一人。父母不在身边时，负责照顾她的是她的阿姨莉蒂亚·博登（Lydia Boden）。1939 年起，她的母亲为了报效社会，决定到柏林重拾护士工作，特别是在红十字会。有时她会前往德军占领区，例如 1940 年她奔赴波兰，并在日记中写下一些评论：“这群波拉克*犹太鬼子大都面目可憎，完全不像人类，更甭提那无可名状的污秽。要整顿这片脏乱真是空前绝后的艰巨任务。”还有：“这个波兰民族不太容易因为传染病而死，他们都有免疫能力。真令人难以理解。”⑲

至于歌德伦，她很少离开格蒙德。1945 年 9 月 22 日，她在纽伦堡接受审问时表示：“大战期间我们从来不曾出行。整整五年我们都住在那栋房子里，我天天上学，那是我唯一做的事。”的确，希姆莱不肯让宝贝女儿跟妈妈一起搬到柏林居住，他生怕盟军空袭会变得更加猛烈。“小娃娃”不断引颈盼望父母归来，她特别期待的是父亲偶尔短暂出现在家里的时刻。她经常闹胃痛，是个紧张兮兮的小女孩，在校成绩越来越差。⑳不过她密切关注战况发展，担心父亲的安危。她的母亲曾在日记中提到，女儿听到许多她不该知道的事。㉑不过她的父亲希望妻子能对她说明局势，尽管以小女孩的年纪而言，她还无法完全明白那些事。㉒1941 年 6 月 22 日是个星期天，希特勒在这天发动“巴巴罗萨行动”，正式开启东方战线，当时十二岁的歌德伦在写给父亲的信中说：“我们跟苏联打仗实在太可怕了，毕竟他们

---

* 波拉克（Polak）：对波兰人的蔑称。

曾经是我们的盟友啊！而且苏联那么那么那么大，假如我们拿下整个苏联，想必战斗会非常艰难。”㉓

看来歌德伦似乎听说过纳粹帝国领导干部的疯狂迷梦——建立直抵乌拉尔山的德意志生存空间。1943 年 11 月 1 日，她在日记中写道：“爸爸妈妈又再买了一大块花园用地。在温室后面，一直往上到森林的地方……犯人已经把原来的花园围篱移走了。等到天下太平的时候，我们一定会在东方有一栋房产，那栋房产会替我们生出更多钱，然后我们就可以翻修格蒙德的房子。这样一来，走道就可以变得更亮，我们的房间也会变得更大。没错，林登费希特（Lyndenfycht）的房子以后会变成我的。和平来到以后，我们也可以住进内政部。也许我们在上萨尔茨堡还会有一栋房子。对，这一切只等着和平来到，不过那还得等很久很久（两三年）。”㉔

1944 年 7 月，她听到德国战败的消息。虽然她先前已经听说诺曼底登陆和苏军进逼德国边境的事，但她一直设法提振自己的信念：“可是所有人都那么相信我们会胜利，我身为爸爸的女儿，知道他目前备受器重，地位越来越崇高，我也必须相信这件事，而且我是真心诚意地相信。我方战败是完全无法想象的事。”同一个月间，希姆莱出动达豪集中营“格蒙德外部突击队”的囚犯，在自家花园中兴建一座防空地堡。㉕

歌德伦的玩伴很少。她的母亲跟夫家和娘家的人都不合，唯一处得来的人只有她自己的姐妹莉蒂亚。歌德伦独自跟脾气日益暴躁的母亲朝夕相处，感到非常痛苦。后来她的几个堂兄弟［也就是海因里希的哥哥格布哈特·希姆莱（Gebhard Himmler）的儿子们］来到格蒙德，跟她生活在同一栋房子中，结果母亲跟伯母之间的冲突为这群堂亲之间的关系投下阴影。歌德伦在当时的日记中提到，母亲几乎无法忍受身边的任何人。在整个大战及纳粹溃退期间，一直到父亲在1945年死亡，歌德伦见到父亲的次数不超过十五次或二十次。[26]希姆莱返家停留总是来去匆匆，顶多待个三四天；平时她盼望得到的只有父亲打来的电话，还有他经常写给她的信（他会随函附上题献给她的照片）。另外，他还会寄包裹给家人，里面装些衣服和巧克力、乳酪、糖果之类的食品。有一天，歌德伦接到父亲从荷兰寄来的一百五十朵郁金香。大战快要结束时，民生物资变得更加稀少而难以取得，但希姆莱总有办法寄送粮食给家人。1945年3月5日，歌德伦在日记中写道："我们在欧洲不再有盟友，现在一切只能靠自己了。而且国内有太多人叛国。（……）整体气氛低到零点。（……）我国空军还是一样烂。戈林只会吹牛皮，什么事都不管。戈培尔工作很拼，不过他老爱出风头。所有人都一直在拿奖牌、领勋章，只有爸爸例外，而他才是第一个该被褒扬的人。（……）全国人民都在注意他。他总是把身段放低，从不求凸显自己。"[27]

1944年11月，歌德伦在格蒙德最后一次见到父亲，那次他返家跟她相聚了两天。1945年3月，她最后一次通过电话听到父亲的声音，然后在同年4月接到父亲的最后一封信。[28]父母之间的电话交谈内容不是关于日常生活，就是关于他的健康状况恶化的事；许多年来，他的胃痛不断复发。小女孩后来向同盟国人员表示："我最后一次见到他时，他说他希望圣诞节时可以回家团圆，但他不能肯定。"[29]1945年4月，由于美国大军逼近，玛格丽特不得不带着女儿离开格蒙德，前往南方……希姆莱找达豪集中营的囚犯在自家游戏场建造的地堡已经不足以提供保护了。

1945年5月13日，年方十五的歌德伦跟母亲逃难到蒂罗尔地区*南部、距离波札诺（Bolzano）不远的山间村镇沃肯斯坦（Wolkenstein），但在那里遭到逮捕。希姆莱的前任参谋长、党卫军上级集团统领卡尔·沃尔夫将军在他位于波札诺的豪华庄园中被捕时，他跟同盟国方面达成协议：“只要你们让我回德国，我就告诉你们希姆莱的妻女在哪里。”[30]经过讯问之后，母女两人被移送到一处豪华宅邸，那是一名前电影制片人的产业，她们跟其他一些女犯人一起被囚禁在那里。然后她们又在波札诺的一家旅馆度过两天，接着被送到维罗纳**待了一晚，再用飞机载到佛罗伦萨，一路上都有警卫人员护送，以免她们受到民众或游击队员攻击。佛罗伦萨英国侦讯中心的一名警卫信誓旦旦地告诉歌德伦和她的母亲：“要是你们透露你们的姓氏是希姆莱，他们会把你们碎尸万段。”侦讯开始进行。玛格丽特的回话让人觉得她一直被排除在丈夫的活动之外。一名英国军官指出，她把自己封闭在“一种乡下布尔乔亚妇女的心态”中。歌德伦对父亲的活动同样所知无几。在被监禁期间，她通过同盟国人员及外国报刊媒体重新认识了历史。

然后她们又被带到罗马，详细地点是意大利电影的殿堂——电影城（Cinecittà）制片厂，英国情报局在那里成立了一个资讯中心。海因里希·希姆莱的妻女是那里仅有的女性犯人，同盟国人员为她们布置了一间牢房，里面的装设方式居然取材自一部法西斯宣传影片！被关在这里四个星期以后，歌德伦决定绝食

---

* 蒂罗尔（Tyrol）：位于阿尔卑斯山区，北半部属于奥地利，南半部属于意大利。

** 维罗纳（Verona）：意大利北部名城。莎士比亚剧作《罗密欧与朱丽叶》以该地为故事背景。

抗议糟糕透顶的伙食，不久她的身体就变得虚弱，并开始发高烧。化名“布里奇”（Bridge）的英国情报单位指挥官请来希特勒和墨索里尼的翻译，要他说服歌德伦进食。歌德伦没有白白绝食，自此她和母亲享有跟同盟国军官一样的伙食。接下来她们陆续转往米兰、巴黎及凡尔赛的监狱，在凡尔赛待了三天，然后再被送到纽伦堡的监狱。“从今以后我的姓氏就是希姆莱，”歌德伦这样宣布，“不再使用假名，不再乔装他人。”1946 年间，她出席纽伦堡大审判，但她的出现没有带来任何效用，因为她一无所知。当她被问到是否会跟父亲讨论战情时，她回道：“我跟我父亲从来不谈战争或其他类似的事。”㉛

这时歌德伦依然不知道父亲的下落。由于她的母亲声称心脏有问题，负责管理拘留营的军官们认为最好不要立刻告诉她几天前——也就是 1945 年 5 月 23 日——她的丈夫已经自杀身亡的事。在一次看诊及搜身检查时，他宣告一句“我的名字叫海因里希·希姆莱”，然后成功吞下事先含在口中的氰化物胶囊。虽然英国人立刻介入处理，并帮他洗胃，他还是在十二分钟后断了气。

1945 年 7 月 13 日，在接受美联社记者安·斯特林格（Ann Stringer）采访时，玛格丽特声言她知道丈夫以盖世太保总长身份从事的活动；她宣称自己对他感到骄傲，并强调“我们德国人不会问女人这种问题”。对于世人痛恨这位党卫军统帅，她有何看法？“谁都不喜欢警察。”当斯特林格问到希姆莱被英军擒拿以及他服用氰化物自杀的事时，玛格丽特完全没表现出任何激动或惊愕之情；她只是双手交叉，耸了耸肩。这位美国记者说她从未采访过那么冷酷无情的人。

“接着我告诉她，希姆莱被埋在一处无名坟墓中，”斯特林格继续记述道，“希姆莱女士既未流露讶异表情，对此似乎也不感兴趣。她以冰冷而决绝的方式展现出一种对人类情感的自我控制，那是我从未见过的情景……然后我问她是否意识到世人对她丈夫的观感。她的回答是：‘我知道大战以前很多人非常景仰他。’玛嘉知道丈夫被视为头号战犯时，倒显得相当错愕：‘我先生？这怎么可能？希特勒才是帝国大统领呀！’”最后，斯特林格提到数以百万计的无辜者因为酷刑虐待、饥饿、寒冷、生病而死，甚至被大批送进毒气室，然后她问玛格丽特对这一切是否感到骄傲，玛格丽特说：“可能是，也可能不是，这得看情形。”这样一个女人完全无法引起他人同情。[32]

1945 年 9 月 26 日，玛嘉·希姆莱在纽伦堡接受讯问时宣称，跟许多纳粹要员一样，海因里希·希姆莱遵守组织的要求，身上随时备有毒药。玛嘉还证言，她会跟丈夫讨论战情，但她否认曾跟他谈到集中营的事。“我从来不知道这件事，我是现在才知道的。”在纽伦堡负责侦讯的美军上校艾门（Amen）问她：“为什么你从来不曾针对这个话题询问他？”她回答：“我不知道。”但当她被问到这个问题：“你知道他在不同地方成立集中营，没错吧？”她声言道：“对，我知道有一些集中营存在，但我不知道是谁告诉我的。我记不得了，有可能是他吧，我只知道他们盖了一些集中营。”玛嘉起初否认集中营的事，后来终于承认这项业务是由她的丈夫所负责，并坦言她曾亲自前往拉文斯布吕克（Ravensbrück）参观设在那里的女子集中营。尽管如此，她还是表示自己对那里面发生的事一无所知，要等到 1945 年，她才通过报刊媒体得知这一切。[33]

歌德伦一直到 1945 年 8 月 20 日，在一名美国记者采访她母亲时，才不期然地听说她父亲在接受侦讯以前就已经服毒自尽。㉞少女震惊过度，结果生了一场大病。她发高烧，神志不清地在羁押营的野战床上躺了三个星期。她相信父亲是被盟军谋杀的，他绝不可能自行了断。负责看管她的英国指挥官这时一心只有一个念头：赶快把这个麻烦孩子甩掉。谁也不想背负“希姆莱之女”这个累赘，她对同盟国毫无用处，而且保护她是非常艰巨的任务。唯一的解决办法是给她换个姓氏。于是她开始姓“施密特”，不过为时并不久。

1946 年 11 月以前，在除纳粹化*审判期间，希姆莱的妻女被羁押在路德维克斯堡（Ludwigsbourg）的七十七号女子拘留营。拘留营指挥官决定释放她们时，玛格丽特拒绝离开，因为她身无分文，害怕遭到私刑，而且也不知道能到哪里去。最后她们被“大马士革之家”收容，那是博德尔施文格（Bodelschwingh）牧师创设的一家基督新教修道院兼救济院，母女两人以“智能不足”的名义登记入院。修女们设法跟歌德伦交流，但她一直保持距离，而且不断强调：“我要跟我爸爸一样。”也就是说要当个天主教徒。的确，希姆莱年轻时是个极为虔诚的天主教徒，虽然他后来远离了教会，但每天晚上仍旧会跟女儿一块祷告。修女们从没看过这名少女哭或笑。1952 年，歌德伦和母亲离开了这座修道院。

在二十岁的年纪，我们对周遭的事物有什么样的意识？歌

---

* 除纳粹化（dénazification，德文 Entnazifizierung）：也称“去纳粹化”或“非纳粹化”，是同盟国通过《波茨坦协定》，在第二次世界大战胜利后进行的一项运动，1946 年 1 月正式在德国和奥地利展开，为时约五年，旨在清除纳粹主义的运作机制及其于社会各层面的影响。

德伦从不保留、毫不退缩地喜爱父亲，父亲对她则疼爱有加；而且他自始至终一直坚信自己是个服膺“道德”的人。只有一个因素能让那些人认为自己的所作所为符合道德：纳粹思想。纳粹主义认为人类间存在着绝对的不平等，并以此为核心概念，建构出一套独有观点。这种思想使纳粹主义者完全罔顾普世性的道德。但当歌德伦终于发现父亲犯下残酷罪行时，她已经不能再拿第三帝国的独特道德观当借口了。

1947 年间，歌德伦尝试进入一所应用艺术学院就读，但校长看到她的姓氏以后，立刻拒绝了她的入学申请。当她被问到她父亲的工作时，她会面不改色地回道：“我的父亲是党卫军帝国统领。”[35]不过在比勒费尔德（Bielefeld）社会民主党主任的介入说情之后，她终于在第二个学期顺利注册就学。这名主任认为惩罚不可以施加于一整家的人：“我国的年轻民主制度不容许让儿童因为父母犯的错而受苦受难。”[36]歌德伦开始修习裁缝训练课程，然后到一位服装设计师那里当学徒。1950 年代，她离开母亲，前往慕尼黑居住，设法在那里找工作。这时她的年纪是二十一岁。后来她得知同父异母弟妹的下落，设法跟他们取得联系，但没有成功；希姆莱的情妇赫德薇格·波特哈斯特反对这件事。世人对这名希姆莱情妇在大战结束以后的生活所知甚少。1950 年代，她离开巴伐利亚，迁居到黑森林地区巴登-巴登*附近的一座村庄。她住在一名女性友人家附近，那人名叫喜古德·派培（Sigurd Peiper），她曾经在党卫军帝国首领希姆莱的个人幕僚处担任秘书，她的丈夫因为战争罪被判刑入狱。后来赫德薇格再婚，姓氏也随之更改。关于她的小孩，我

---

* 巴登-巴登（Baden-Baden）：德国西南部的著名温泉水疗城镇。

们几乎一无所知，他们生活在近乎完全匿名的状态中。我们只知道希姆莱跟情妇生下的儿子因为健康问题的关系，一直留在母亲身边，他们的女儿则成了一名医生。1994 年，赫德薇格·波特哈斯特在巴登-巴登去世。

每当歌德伦说出她的姓氏——“希姆莱”，她立刻就会遭到制裁：不是被轰走，就是被赶出租住处。然而，她却执意保有父亲的姓氏。她的工作同僚、她在各家公司接触到的客户，这些人都拒绝跟她来往，他们不愿意让一个姓“希姆莱”的人提供服务。

1955 年，她跟希特勒时代德国外交部部长的儿子阿道夫·冯·里宾特洛甫（Adolf von Ribbentrop）联袂前往伦敦，参加奥斯瓦德·莫斯里*举办的一场宴会。返回德国以后，她相当骄傲地表示她在伦敦见到许多法西斯主义者。这件事传开以后，她立刻被她任职的特格尔恩湖畔旅栈解雇。一名客人得知前台女服务员是海因里希·希姆勒的女儿以后，严词抗议道：“我太太在奥斯维辛的火炉里被烤成灰炭，你们怎么可以让这个女的接待我？”[37]歌德伦在慕尼黑郊区格奥尔根街的小公寓俨然是一座为父亲歌功颂德的博物馆，里面摆满画作、摆设、装饰品、塑像、照片等，都是她从幼年时代开始不断收集的物品。她也会到欧洲各地搜罗文物，有时还得到一些前纳粹党员的协助，他们也保存了一些相关遗物。后来她成为一名秘书，过着简单的生活，把自己奉献给她那慈爱的父亲。她一直无法想象

---

* 奥斯瓦德·厄纳尔德·莫斯里爵士（Sir Oswald Ernald Mosley，1896—1980）：英国政治家，曾被视为最可能当上工党首相的人物。现今最为世人所知的事迹是在 1932 年创立不列颠法西斯联盟党（British Union of Fascists）。

父亲曾经竭力参与人类历史上最残酷的战争罪行之一。她不断想要捍卫他。一方面她对父亲充满孝心和感念，另一方面却又不免知道父亲是个纳粹狂热分子、党卫军猛兽，主导、执行了惨绝人寰的最终解决方案。两相纠结，她感到无所适从。但她在内心相信，总有一天会有新的事证能为父亲洗清罪名。摆在她面前的证据无可辩驳，但这些都不足以说服她。她跟父亲之间独特而紧密的联结是否可以用来解释她为何如此盲目？在这个问题上，我们很难得到确定的答案，因为她一直拒绝表态。终其一生，她只真正接受过一次媒体访问，那是 1959 年的事，采访人是德国记者诺尔贝特·雷贝特（Norbert Lebert）。

多年以后，雷贝特的儿子斯特凡在他的著作《因为你承载了我的名》中援引了他父亲的采访资料。他在书中强调，像歌德伦这些歌颂父亲光荣过往的纳粹小孩其实从这种崇拜行为中取得了一部分的自信。这些小孩无法承认他们的家庭背景所造成的沉重负担。歌德伦只从父亲身上看到一家之主的慈爱形象，父亲人格的另外那个面向都是媒体和书籍告诉她的。对某些纳粹后代而言，唯一可行的办法是否定外在于他们自身经验的一切资讯，无论那些资讯多么合理切实。任何其他办法都会构成一种背叛。此外，歌德伦终其一生都必须面对被人排斥的处境，这可能也导致她认为自己是社会不公的受害者，因此父亲的命运等于是在她身上延续。

1951 年起，歌德伦成为“战犯及被囚禁者无声协助协会”（Stille Hilfe für Kriegsgefangene und Internierte）的成员。起初该协会的会长是海伦妮·伊莉莎白·冯·伊森伯格（Helene Elisabeth von Isenburg）亲王夫人，她是个长袖善舞的名媛，在上流布尔乔亚社会及教会中交游广阔。这个机构支持的罪犯由鲁道夫·阿舍瑙尔（Rudolf Aschenauer）律师提供法律支援。根据冯·伊森伯格亲王夫人所言，协会宗旨是对该机构认为遭到褫夺所有权利的战犯及被囚禁者提供服务，满足他们的各种需求。在战后的相关司法诉讼中，该机构也支持被告及被羁押者，无论他们是被监禁在战胜国的监狱还是德国的服刑所。亲王夫人喜欢将自己比拟为被关押在巴伐利亚兰茨贝格（Landsberg）美国监狱那些纳粹罪犯的母亲。1924 年，希特勒也曾在这里被关了九个月，其间写成《我的奋斗》。

1952 年，歌德伦又协助创办“维京青年团”（Wiking-Jugend）。这个运作模式仿效“希特勒青年团”的组织在 1994 年被德国禁止。

“无声协助协会”的核心分子包括二十名到四十名会员及一百余名支持赞助人士。协会也为逃犯提供支持。阿道夫·艾希曼（Adolf Eichmann）、约翰·冯·莱斯（Johann von Leers）、约瑟夫·门格勒等人都受益于这个纳粹渗透网络——同盟国所称的“老鼠线路”（rat line）。通过“无声协助”会员孜孜不倦的支援，这些人都顺利逃到拉丁美洲。被称为“里昂屠夫”的克劳斯·巴比（Klaus Barbie）也得到该组织的帮助。[38]《默默协助褐衫伙伴们*》（*Stille Hilfe für braune Kamaraden*）一书作者安德烈亚·罗普克（Andrea Röpke）及奥利弗·施洛姆（Oliver Schröm）指出，“无声协助协会”不仅支援前国社党党

---

* “褐衫伙伴”：纳粹冲锋队的成员，因其黄褐色卡其布制服而得名。这个组织由希特勒在 1923 年创立，初期负责维护纳粹党内安全，对希特勒的崛起贡献极大。1933 年希特勒上台时，冲锋队成员数量已经达到四十万人，超过德国国防军，后遭希特勒清算，势力大减。第二次世界大战期间大都仅负责维护德国领土及部分占领区治安，战后全面瓦解。

员，也在台面下筹募资金，支持新纳粹运动。

陆续有记者试图针对这点向歌德伦·希姆莱提问，但她只给一个简短的答复：“我从来不谈我的工作，我只是在我可以的时候做我能做的事。”在她的相关活动中，她特别介入协助了安东·马洛特（Anton Malloth），这个人物是特雷辛城*集中营的党卫军高级队长，他是最残酷、最令人闻之色变的监管人员之一，想必也是歌德伦父亲的心腹。大战结束以后，马洛特在意大利的梅拉诺**无忧无虑地生活了四十年。1988年，他被引渡到德国。由于某些程序问题，他一直到2001年才被慕尼黑法院定罪，判处无期徒刑。在那些年间，歌德伦·希姆莱一直是他的主要支持者。“无声协助”帮他在一所高级养老院找到住处，那座养老院就建在一块于第三帝国时代由希特勒副手鲁道夫·赫斯持有的土地上。1990年，消息指出德国社会保险局支付了马洛特在那里生活的大部分费用，也就是说，德国纳税人掏钱让一名凶残战犯乐享天年。结果挞伐之声四起，特别是歌德伦·希姆莱受到严厉指控。但歌德伦忠诚不变、心意坚定，每个月都会前去探视他两次，直到他在2002年死去为止。

如果歌德伦决定大隐于世，那是因为对于她的家庭背景，她所持的立场不见容于社会。她积极投效各个为前纳粹分子提供援助的机构，并公然支持德国极右派，这些都表明她不只是希望平反父亲的名声，也想要承继他的黑暗理想。

---

* 特雷辛城（Theresienstadt）：原为波希米亚西北部的一座边防城镇，位于今天的捷克共和国（捷克语称之为 Terezín）。1940年德军占领捷克以后，将这里改造成集中营。数万人在此死亡，另有超过十五万人被关押数个月到数年时间，再转送到其他集中营处死。

** 梅拉诺（Merano）：位于意大利北部阿尔卑斯山区的温泉镇，靠近奥地利边界。

1960 年代，歌德伦跟一名亲纳粹分子结婚，丈夫名叫沃尔夫-迪特·布尔维茨（Wolf-Dieter Burwitz），他是一名作家，并在巴伐利亚政府担任公务员。他接受了妻子的家庭背景，并认同她父亲的理想。夫妻两人生活在慕尼黑郊区福斯滕里德（Fürstenried）的一栋白色大宅中，育有两名儿女，儿子长大后在慕尼黑担任财税律师。

2010 年，“无声协助”试图阻止荷兰籍纳粹分子克拉斯·卡雷尔·法贝尔*被遣送回国。荷兰法院在 1947 年将他定罪判刑，罪名是在大战期间杀害二十二名犹太人和反抗军成员。

歌德伦据称也是极右派德国国家民主党（Nationaldemokratische Partei Deutschlands，NPD）的活跃分子。她似乎不喜欢受到褒扬，例如在奥地利北部乌尔里希斯贝格（Ulrichsberg）举行的纳粹集会这类场合，她的言行都非常低调。或许她会想到，无论她怎么做，一切都会将她抛回那个萦绕不去的过往？在这种情况下，否认那个过往完全无法消解她的宿命。或许跟她的父亲一样，她选择放弃道德良知，不直接面对那个重担。有没有可能希姆莱的“小娃娃”真的从未受罪恶感折磨，而她的侄孙女卡特琳**却表示自己“经常感受到一种无从解释、令人心情沉重的自责”？这种自责感有时会隔代传承。

---

* 克拉斯·卡雷尔·法贝尔（Klaas Carel Faber，1922—2012）：自幼生长在一个亲国家社会主义运动的家庭，1940 年德国入侵荷兰后，他迅速加入党卫军，后来取得德国国籍。1947 年，荷兰法院判他死刑，随后改为无期徒刑。他在 1952 年逃狱成功，定居在德国巴伐利亚。荷兰及以色列多次要求将他引渡，但均遭德国以证据不足等理由拒绝。

** 卡特琳·希姆莱（Katrin Himmler，1967—　）：德国作家，祖父是海因里希·希姆莱的胞弟恩斯特·希姆莱（Ernst Himmler）。著有《希姆莱兄弟：一部德国家庭史》（*Die Brüder Himmler：Eine deutsche Familiengeschichte*），英译版标题为 *The Himmler Brothers：A German Family History*。

卡特琳·希姆莱的丈夫是二战期间华沙犹太人居住区 * 一个犹太家庭的后代，在她成为母亲时，她决定详细回顾家族历史，写成《希姆莱兄弟》一书。她在求学时期得知纳粹犯下的残酷罪行，但跟许多德国人一样，她在很长时间中无法真正审视自己的家族背景。她指出，如果问题涉及非常亲近的人，内心的防御机制会太强：“那是一个极为艰辛的过程，害怕被遗弃的焦虑感不断构成威胁。”考虑到自己跟歌德伦·希姆莱走上截然不同的人生道路，她完全没跟这位堂伯母联络。

在当事人是纳粹子女的情况下，这种防御机制会特别顽强。在这方面，歌德伦·希姆莱的特点是她完全无法退一步思考她父亲这个人物所代表的意义，并且持续在国家社会主义意识形态残存势力中扮演积极角色。对她而言，缅怀父亲跟服膺及提倡纳粹思想是同一回事。

---

* 1939 年纳粹德国占领波兰以后，开始在各大城市建立犹太人居住区，将波兰境内的三百万犹太人集中在那里，再陆续转送到灭绝集中营。华沙的犹太居住区面积仅三平方公里余，却住了大约四十万人。

Edda Göring
艾妲·戈林："纳粹德国尼禄皇帝的小公主"

汉堡港，1970年代末期某个夏夜。恢宏的歌剧乐音唤醒往昔的光辉岁月，一小群来自另一个时代的淑女绅士举杯啜饮醉人调酒。他们置身于一艘美轮美奂的船舶上，它曾经象征着德国造船业叱咤风云的荣景，并成为纳粹德国的海上大使馆。从游艇传出的音乐节拍召引出伟大瓦格纳最后一部歌剧《帕希法尔》第三幕的前奏曲，这是德意志第三帝国格外推崇的乐段。在此之前四十多年，当这艘船还属于它的最初持有者时，这段音乐就已经回荡在船上。但今天，宾客的欢声笑语几乎完全掩盖住那宏伟旋律，没有人特别注意到它。所有人都在尽情回味属于他们的美好年代。

"卡琳二号"是一艘二十七米长的华丽木造游艇，散发出属于皇家游轮的那种优雅风范。"卡琳二号"确实拥有过那样的风光岁月，大战结束几年之后，它曾易名为"皇家艾伯特号"，在十五年间成为英国王室的财产。后来显赫的新主人发现船的来历，决定转手他人。一位名叫艾美的女士——也就是初任船东的遗孀——旋即释出巨资，取回所有权。

在这天晚上的宾客中，一名身形壮硕的男子仿佛鹤立鸡群。他的前额凸出，稀疏的金发往侧边梳理得整整齐齐；方框厚眼镜则透露出他的视力已经减退。男子爱出风头，喜欢金光闪闪的东西，三不五时就要向曾经认识原来船东的嘉宾们提起他的往事。据说那位老船东身材异常庞大，走进船上的淋浴间时，几乎会卡在里头出不来。

一名女子脱离人群，独自伫立在船头。她名叫艾妲，不仅容貌出众，而且大有来头。喜欢独来独往的她在人世中旋身仿佛只是出自对父亲的怀念之意；她对父亲的爱没有条件，恒久不渝。父亲是她生命中的男人，而他——赫尔曼·戈林——就是这艘游艇的最初主人。1937 年，德国汽车业界送给他这座海上璇宫，当时的价值是一百三十万帝国马克，若以今天的币值换算，相当于八百万欧元。游艇以他的第一任夫人命名，夫人名叫卡琳·冯·坎特佐夫（Carin von Kantzow），她是一名瑞典人，1931 年即以四十二岁之龄香消玉殒。在这艘戈林呈献给爱妻的豪华游艇上，艾妲度过一部分的童年假期，那是她的儿时记忆中最晶莹耀眼的时刻。在跟头戴鸭舌帽的父亲巡游水上时拍摄的家庭照片上，我们看到她满脸绽放纯真灿烂的笑容，而拍照地点就在她这天晚上伫立的角落。在那个年代，她的父亲把游艇停泊在柏林郊外距离波茨坦不远的万湖（Wannsee）上。他喜欢连续好几个小时驾船徜徉在柏林四周的湖泊及河流间，并在船上举办奢华晚宴，以顶级葡萄酒和干邑乐飨嘉宾。据说当时船上甚至设有一座平台，供人射击野鸭，猎到之后即可直接在现场烹调享用。

新任船东名叫葛特·海德曼（Gerd Heidemann），是一名记者，服务于战后德国最重要的刊物之一——《亮点周刊》*。他也曾是史塔西**的成员，现在他对纳粹时代充满缅怀。海德

---

* 《亮点周刊》（*Stern*）：过去在中文中也曾称为《明星周刊》。

** 史塔西（Stasi）：德文"国家安全"（Staatssicherheit）的缩写，即德意志民主共和国国家安全部的简称。1950 年成立于东柏林的史塔西被认为是当时世界上最有效率的情报及秘密警察机构之一。

曼非常热衷于追求荣耀及肯定。1972 年，他在一次以私人游艇为主题的采访报道期间接触到这艘出身不凡的游艇，但当时并没有购买它的打算。后来通过房产出售及一些非常有利的付款条件，他在 1973 年将它买了下来，并计划很快就转手给一名美国收藏家。但这个计划后来没有实行。这艘游艇成为他抬高自己身价的工具，他洒下重金，借由它实现荣华富贵的美梦。游艇原有主人的身份令他感到陶然，他致力让它成为纪念昔日光辉的圣物，将第一位船东当年选用的内装原貌重现。为了做到这件事，他买下许多曾经属于那位纳粹大将的物品：银器、盘皿、烟灰缸、枕头套、制服……在将近五年间，他甚至成为戈林独生女的伴侣。

可惜葛特·海德曼跟他衷心向往的“荣耀”擦身而过。这场晚宴之后不到几年光景，他向世人展示帝国元首在 1932—1945 年间所做的私人笔记。先前曾有传言指出，这批笔记已经在 1945 年德勒斯登附近的一场飞机失事中消失。但六十二本黑色记事本如今重新浮现，封面右下方均标有“F H”* 字样。只不过这些号称希特勒私人日记的手稿后来被发现原来都是假的。这些资料被公开时，历史学者就纷纷对它的真实性表示怀疑，但《亮点周刊》在一阵期待销售佳绩的迷梦中，起初完全不理会任何关于诈骗的质疑，一心只想尽快刊登手稿的精选段落。希特勒果然炙手可热：《亮点周刊》销量暴增，《巴黎竞赛》（*Paris-Match*）杂志之类的外国刊物也设法买到重要篇幅的版权。但就在《巴黎竞赛》以头版刊出这个轰动消息时，德国警

---

* 记事本封面标示的头字母照理说应该是阿道夫·希特勒的姓名缩写“AH”，但在这批本子上却标为“FH”。

方却吹哨喊停——警调单位发现那些素材毫无疑问是战后的产物。一位名叫康拉德·库尧(Konrad Kujau)的假造者花了三年时间写出这些手稿*,然后通过葛特·海德曼售出,获得九百三十万马克酬劳。这是德国媒体史上最大的丑闻案之一,海德曼被判有罪,锒铛入狱好几年。

但在 1978 年 5 月这天夜里,气候温暖宜人,尽管偶尔会吹来一阵冷飕飕的凉风。宾客开心聚首,仿佛回到戈培尔、希姆莱、海德里希在这艘游艇上欢聚一堂的年代;那时的重要来宾很可能就是帝国元首本人。

在场宾客还有其他一些第三帝国要人,例如海因里希·希姆莱的副手卡尔·沃尔夫、在希特勒的碉堡担任最后一任指挥官的威廉·蒙克(Wilhelm Mohnke)将军等。他们充满激情地谈论帝国领袖最后的人生时刻,四处流溢的醇酒佳酿唤起数不清的回忆,但艾妲的神情却显得遥远迷蒙。她是帝国元帅赫尔曼·戈林的女儿——"纳粹德国尼禄皇帝**的小公主"。

艾妲诞生于 1938 年 6 月 2 日。她的母亲——纳粹空军统帅的第二任妻子——是魏玛国家剧院演员艾美·索内曼(Emmy Sonneman)。1932 年,赫尔曼·戈林与希特勒前往魏玛时,在

---

* 日记本封面上的烫金字样"FH"即为假造过程中的一个失误。

** 尼禄·克劳狄乌斯·恺撒·奥古斯都·日耳曼尼库斯(Nero Claudius Caesar Augustus Germanicus,37—68):罗马帝国皇帝(54—68 年在位)。尼禄注重外交及贸易,并致力提升帝国的文化体质,下令建造剧院、促进竞技运动。但后世普遍将他视为无恶不作的暴君,他曾在二十岁时与母亲乱伦,后来处决母亲,逼迫恩师塞内加(Seneca)自杀,迫害基督徒(史料记载他曾在后花园焚烧基督徒以供照明),而同母异父的弟弟不列塔尼库斯(Britannicus)可能也是被他所谋杀。64 年罗马发生大火,尼禄在一旁嘲笑人民,事后民众纷传火灾是尼禄的阴谋,目的是清出空地,让他兴建富丽堂皇的"金宫"。

那里结识了她。两人一见钟情，艾美用以下文字表达喜悦之情："我真高兴认识赫尔曼，这个男人跟我的想法非常契合。"他们在 1935 年举行的婚礼不负戈林盛名，场面隆重盛大，跟皇帝娶后可谓旗鼓相当：赫尔曼·戈林向来特别喜欢气派奢华的排场。

艾美·戈林获得新的社会地位，成为原来剧院那群朋友喋喋不休的话题。她们把她称作"大夫人"，语气中不乏讽刺之意。歌剧演唱家海伦妮·冯·怀恩曼（Helene von Weinmann）这样评论她："老天爷，那个艾美可真招摇！我认识她的时候，她还不是什么'大夫人'，只要请她喝杯咖啡，给个两先令半的钱，她就赶着来上工了呢。"此话一出，她立即遭到制裁，熬了三年的牢狱之灾。1943 年，斯塔德尔海姆（Stadelheim）监狱将她释放时，她已经奄奄一息。①

戈林在四十五岁时第一次当爸爸。艾美通过电话向他宣布这个喜讯："我和小艾妲一起恭贺你。"赫尔曼·戈林喜不自胜，忙不迭地冲到爱妻床前，并表示他从没见过那么可爱的婴孩。但其实原本他曾经打算先等几天再说，因为有人告诉他，新生婴儿非常丑陋！为了庆祝婴儿诞生，当时担任空军总指挥官的戈林让五百架飞机凌空飞越柏林。假使生的是个儿子，他恐怕会出动一千架次的飞机。艾妲的父亲是第一次世界大战的英雄，他是一名经验老到的驱逐机飞行员，多次获颁勋章表扬，其中包括德国的最高军事荣誉——"战勋"大铁十字勋章。大名鼎鼎的飞行官"红男爵"曼弗雷德·冯·里希特霍芬（Manfred von Richthofen）及威廉·莱因哈德（Wilhelm Reinhard）死后，戈林接下他们的职务，成为著名纳粹空军中队"飞行马戏团"的指挥官。

戈林打从一开始就在希特勒身边效力。没有什么比权势带来的特权更能吸引他。国家秘密警察——盖世太保，以及包括柏林市郊奥拉宁堡（Oranienbourg）在内的最初几个集中营，都出自他的构思。

传言指出，赫尔曼·戈林刻意让小女儿跟墨索里尼最心爱的女儿艾妲·齐亚诺（Edda Ciano）有相同的名字，但艾妲·戈林否认这点，并强调她的名字出自她父母很喜欢的日耳曼神话。根据她母亲的说法，艾妲这名字只不过是她的一名好友的名字。艾妲对一件事倒是津津乐道：“波斯沙阿*的妻子法拉赫·迪巴**生下第一个皇太子***的时候，收到一万六千封电报。我出生时，我父母一共收到六十二万八千封呢!”1938年11月4日，她在戈林的狩猎庄园卡琳阁（Carinhall）受洗。隆重的宗教仪式自然令纳粹党不快，因为当时纳粹禁止所有宗教信仰；但出奇的是，艾妲的教父居然就是帝国元首希特勒本人。她的父亲抱着她的肖像照在德国热销数百万张。艾妲收到无以计数的礼物，其中包括媒体竞相报道的《圣母与圣子》，这幅画作是科隆市赠送的豪礼，出自她父亲非常欣赏的画家老克拉纳赫****手笔。多年以后，这个作品将导致艾妲与科隆市政府之间长达将近十五年的法律诉讼。

---

* 沙阿（Shah）：波斯君主的头衔。

** 法拉赫·巴列维（Farah Palhavi，1938—　）：前伊朗皇后，穆罕默德·礼萨·巴列维（Mohammad Reza Pahlavi）沙阿的第三任妻子，法拉赫·迪巴（Farah Diba）是她的本名。1979年伊朗发生伊斯兰革命，巴列维皇帝伉俪逃离伊朗，辗转中东及西方多国后定居埃及，皇帝于1980年在那里病逝。现居美国马里兰州，与其长子为邻。

*** 即礼萨·巴列维（Reza Pahlavi），1960年出生。

**** 老卢卡斯·克拉纳赫（Lucas Cranach der Ältere，1472—1553）：德国文艺复兴时期重要画家。

戈林亲昵地把女儿唤为“艾妲小妞”，他的整个生活几乎都围绕着她安排。她是父母的“阳光”。当年流行的一些小故事足以说明这个小明星般的孩子有多重要：“你知道帝国高速公路*关闭了吗？不知道？猜猜看为什么吧！因为艾妲正在那里学走路嘛。”

1940年，纳粹宣传刊物《冲锋报》（*Der Stürmer*）社长尤利乌斯·施特莱歇尔（Julius Streicher）爆料，说艾妲是通过人工授精孕育，而且根本不是戈林的女儿。② 他的依据是一项传言，该传言特别强调，艾美·戈林怀孕时已经是四十四岁之龄，而且赫尔曼·戈林早已在著名的1923年“啤酒馆政变”** 中因为腹股沟中弹受伤而失去生育能力。据说这个消息是1936年英

---

* 德国是世界上第一个建设高速公路（Autobahn）的国家，最初的构想出现在1920年代魏玛共和国时期，但由于经济问题严重、缺乏政府支持，因此大都停留在规划阶段。第一条简单型无分隔岛高速公路于1932年完工，但尚未称为Autobahn。这条公路连接科隆与波恩，由时任科隆市长（战后成为总理）的阿登纳（Konrad Adenauer）启用。1933年纳粹掌权以后，希特勒立刻倡议广泛兴建高速公路网，这个计划也成为纳粹宣传部宣扬国威的重要项目。第一条正式称为Autobahn的高速公路于1935年完成，并成为一级方程式赛车前身——大奖赛车（Grand Prix）的举办地之一，一名奔驰队选手于1938年初在此创下每小时四百三十二公里的世界纪录。

** 啤酒馆政变：又称“慕尼黑政变”或“希特勒政变”，发生于1923年11月9日，由德国纳粹党在慕尼黑的勃格布劳凯勒（Bürgerbräukeller）啤酒馆发动，并计划仿效先前意大利墨索里尼向罗马进军的方式，以类似行动推翻魏玛共和国。主要策划者包括纳粹党领导人希特勒、赫尔曼·戈林、恩斯特·罗姆（Ernst Röhm）、鲁道夫·赫斯、海因里希·希姆莱、尤利乌斯·施特莱歇尔等人，并获德军名将埃里希·鲁登道夫（Erich Rudendorff）及巴伐利亚三头同盟支持，但隔日即以失败告终。两天后希特勒及部分主谋被捕，其余重要同党逃亡至奥地利。魏玛共和国政府捣毁纳粹党总部，并查封党报《人民观察家报》。1924年2月，希特勒和部下赫斯被判有期徒刑五年，鲁登道夫则被判无罪。服刑期间，希特勒在赫斯协助下撰写了自传与政治思想代表作《我的奋斗》，并在八个多月后因表现良好而提前出狱。该政变虽然受到镇压，却提高了希特勒在党内的地位，并促使希特勒决定改以合法途径取得权力，纳粹党随之日益壮大。

国大使在伦敦通过一封电文披露的。[3]赫尔曼·戈林请纳粹党协调人瓦尔特·布赫（Walter Buch）向《冲锋报》提告。这份内容猥亵的刊物经常散播低级的反犹太资讯，但销量从1935年开始就不断冲高。[4]在希特勒介入下，施特莱歇尔逃过戈林的魔掌，并以他在纽伦堡附近的农场为基地，继续出版他的大烂报。

跟"卡琳二号"游艇的取名方式一样，戈林也是为了纪念亡妻而将他的房产取名为"卡琳阁"。这座狩猎庄园是戈林的权力象征。他请人将爱妻的遗骨装进豪华的锡棺，运到这里安葬。这座距离柏林六十余公里，外观近似城堡的壮观宅邸建于1933年，最初是由柏林奥运会运动场建筑师维尔纳·马西（Werner March）所设计，后来分别在1937年及1939年整建，规模大幅扩大。戈林大肆挥霍帝国财富，对他而言，房子再大、再漂亮也不为过，但他却连薪水都不发给帮他盖房子的工人。根据他自己的说法，卡琳阁是一栋堪称"帝国之家"的官邸；希特勒曾说，跟这栋大宅子比起来，他自己在阿尔卑斯山的山庄"只能算是庭园小屋"。

艾妲就是在卡琳阁长大的。豪邸坐落在一座大花园中，四周围绕着数千公顷的森林，那是一个自然保留区，里面生活着许多野牛、水牛、鹿、驼鹿及野马。卡琳阁中收藏了许多艺术珍品，都是贪得无厌的戈林四处搜刮掠夺而来的宝藏；他喜欢为自己封上"第三帝国艺术赞助者"的别号。

庄园的地下层设有电影院、健身房、室内泳池、游戏间及俄国蒸汽浴室。戈林也请人建了医疗间、地堡，以及一间广达两百八十八平方米的"猎厅"（Jaghalle），里面包含教堂式中殿、巨大的壁炉，并摆设各式各样的战利品。休闲娱乐方面，除了打猎及其他各种活动，顶层阁楼甚至装设了长达六百米的电动小火车，据估计斥资高达二十六万八千美元。庄园里也养了幼狮，供家人及宾客玩赏。为了避免发生意外，柏林动物园在小狮子长到一岁时就会把它们运走，换成新的幼狮。戈林家陆续养了七头小狮，全都用奶瓶喂食。于是小艾妲从小就看着父亲跟他最喜欢的小狮子“穆奇”玩，她也会看到墨索里尼，每次造访卡琳阁时，墨索里尼总爱跟幼狮们玩耍一番。庄园的另一个把戏是赫尔曼·戈林的瘦身机，他特别喜欢在温莎公爵夫人*面前示范这台机器的使用方式。但他早已不再是当年那个肌肉发达、最喜欢听到别人称他为“铁汉”的彪勇飞行官。年复一年，他的身材越来越肥胖，据说在1933年时，他的体重已经高达一百四十五公斤。美国驻法大使蒲立德（William C. Bullitt）半带幽默地这样描述他：“他的屁股直径起码也有一码……为了让肩膀看起来跟腰臀部一样宽，他会在肩膀两边塞进两英寸的垫肩……他的手指宽度大约相当于长度，而且显然他身边随时都有美容师服务，因为他的指甲被剪成尖形，还

---

* 温莎公爵夫人（1896—1986）：本名华里丝·沃尔费尔德（Wallis Warfield），是英国历史上一个备受争议的人物。她一生三度结婚，第一及第二任丈夫分别是温菲尔德·斯宾塞（Winfield Spencer）及恩尼斯特·辛普森（Ernest Simpson），据信于第二任婚姻期间成为英国及大英帝国各自治领国王、印度皇帝爱德华八世的情妇。1936年初即位的爱德华八世经常无视宫廷礼数和宪政制度，后又向仍在婚的辛普森夫人求婚，引起政府、人民及教会的普遍不满，且违反英国王位与英国国教继承规定，遂决定将王位禅让予其弟艾伯特（即乔治六世），以迎娶“我所爱的女人”。他在退位后由乔治六世改封温莎公爵，华里丝则成为温莎公爵夫人。爱德华不爱江山爱美人的故事传为佳话，华里丝亦在1936年成为第一位获得美国《时代》杂志“年度人物”称号的女性。但温莎公爵夫妇被怀疑在第二次世界大战期间及前后私下支持德国纳粹，两人曾在1937年访问德国，会见希特勒等人。公爵夫人的私人生活则一直受人指点。1924年（第一度婚姻期间）曾远赴中国居留一年，据称在北京与后来成为墨索里尼女婿及法西斯意大利外交部部长的加莱阿佐·齐亚诺（Galeazzo Ciano）伯爵交往并怀孕。

精心涂上指甲油……他的肤色则让人一看就知道他每天都在做保养。"⑤

赫尔曼·戈林不只毫无节制地喜爱珠宝，他也热衷于展现自己的穿着打扮，每天可以换上五套衣服。接待客人时，他会穿上古罗马罩袍，手持长矛，或者披上帝王的长袍。他经常化妆、涂红色指甲油，手指用钻石戒指装点，而且就这样现身于阿尔贝特·施佩尔或著名飞行员汉斯-乌尔里希·鲁德尔（Hans-Ulrich Rudel）身前，完全没有顾忌，使这些人惊异不已。施佩尔是在1943年战局来到转捩点时认识他的，他一直记得那时赫尔曼·戈林脸部施了脂粉，身上穿了一件绿色丝绒室内长袍，并用一颗巨大的红宝石将长袍别住；他"一边平静地听人说话，一边会把宝石从口袋里拿出来，悄悄在指尖把玩"⑥。意大利外长加莱阿佐·齐亚诺则在1942年的日记中记述说戈林穿的一件皮毛大衣"看起来活像巴黎歌剧院区那些高级妓女穿的衣服"。

"小公主"是父亲的掌上明珠。他对这个女儿感到非常骄傲，并把所有空闲时间都用来陪她。他跟她一块玩，带她跳舞，抚爱她、逗弄她，对她疼惜有加。他喜欢让她成为众所瞩目的焦点，比如在一张拍摄于卡琳阁前庭的照片上，艾妲坐在一个柳条篮中，让一群带着赞赏目光的大人欣赏，其中站在最前面的人之一就是她的父亲。艾美帮女儿找奶妈时，一名纳粹高官对她想聘请一名不是党员的女子不太高兴，她则回应说她自己也不是党员，而且她的家人也都不是。问题立刻获得解决——纳粹元首二话不说，就把一名已故党员的号码给了她。

艾妲的最初几年人生就在这样的大排场中度过，父母无微不至地围绕在她身边宠爱她，小公主的世界无限美好。她的教育是由一名女家庭教师负责。如同她的母亲在日记中所做的记述，小女孩过着不食人间烟火的生活，从不知道战争导致的物资缺乏是什么滋味。

赫尔曼·戈林贵为纳粹空军总指挥官，为了让小艾妲开心，军方送给她一座迷你宫殿，复刻普鲁士国王腓特烈大帝雕梁画栋的波茨坦皇宫。这座“娃娃屋”中造有大大小小的膳房、沙龙及人物，全都按比例制作，甚至还有一座剧场，里面有名副其实的舞台和华丽帘幕。

艾妲的成长背景中出现了一些赫赫有名的人士，他们的作为都对人类历史产生了一定的影响，其中包括美国总统胡佛（Herbert Hoover）、温莎公爵及公爵夫人、飞行员林白（Charles Lindbergh）等，但也有墨索里尼、保加利亚及南斯拉夫国王、威利·梅塞施密特*、海因克尔**这类枭雄或备受争议的人物。

小女孩的人生就像个童话故事。没有什么事会扰乱这位公主的日常生活，晚上睡觉前，赫尔曼·戈林也从不忘给他的“艾妲小妞”亲亲。他逐渐脱离政治圈，将愈来愈多时间花在宝贝女儿身上。

戈林既腐败又无法采取积极行动，受到希特勒的强烈批判。特别是他管理空军不力，使他从1930年代末期开始就受到希特勒的责难。纳粹空军在空战中失利以后，戈林无可挽回地失宠

---

* 威廉·埃米尔·“威利”·梅塞施密特（Wilhelm Emil “Willy” Messerschmitt，1898—1978）：德国飞机设计家、制造家。梅塞施密特最出名的设计是Bf 109战斗机，这一型号战机在第二次世界大战中成为德国空军主力。截至今日，它是史上产量第二多的战斗机（共生产超过三万四千架）。

** 恩斯特·海因克尔（Ernst Heinkel，1888—1958）：德国飞机设计家、制造家，纳粹党人。他的公司所设计的Heinkel He 178是全世界第一架喷射机。

于希特勒；元首将他称为“失败者中的失败者”[7]，同盟国则帮他取了个绰号：“大肥仔”。有时戈林会显现欣快般的情绪，瞳孔因为服用麻醉药品而收缩，他可以连续数小时口若悬河地演讲，然后逐渐放慢说话速度，最后把头伏在桌上，陷入平静的睡眠状态，令在场人士惊奇不已。[8]

在艾妲的四岁生日派对中，她穿的是国家剧院戏服师制作的红色轻骑兵制服。一张照片显示出她立正站好的神气模样，脚上的小皮靴擦得亮晶晶。五岁时，她学习钢琴和古典舞。1944 年 6 月 2 日，艾妲过六岁生日时，她的教父希特勒亲自带了礼物给她，然后说：“戈林，你看！我们会赢得本世纪最伟大的胜利。”[9]纳粹德国垮台前最后一次过圣诞节时，她的母亲送给她的礼物是出自帝国首相府的六件粉红色睡袍，材质是华丽的婚纱。[10]

这种远离战争残酷的生活在 1945 年 1 月 31 日发生剧变。苏联军队到来，艾妲和母亲被迫迁往巴伐利亚南部奥地利边界附近的上萨尔茨堡地区避难。离开卡琳阁那一刻，艾妲七年养尊处优的公主生活也永远关上了大门。

随着红军部队进逼，赫尔曼·戈林亲自下令炸毁这座森林庄园。戈林将庄园破坏工作交给德国空军的一支队伍负责，但他事先已经把总价值超过两亿帝国马克的私人艺术收藏用特别输运车队载往贝希特斯加登安放。戈林在地位晋升期间对艺术品收藏萌发了贪得无厌的兴趣。画作、织毯、珠宝、雕像，他孜孜不倦地从德国各大城市及重要经济部门搜刮“礼物”。在第三帝国的各个重要社交场合，他总是不假思索地向众人宣布他希望有人送他哪件艺术品。恬不知耻的他也在西欧的德军占领区大肆掠夺，并霸占许多犹太收藏家的珍藏。他的贪婪没有上限。

在巴黎，网球场美术馆*是他最喜欢的猎场之一，他在那里随心所欲地挑选他想运到德国的作品。在四处劫掠之后，他大言不惭地表示："拜收购及交流之赐，目前我可能拥有全德国甚至全欧洲最重要的私人收藏……"⑪

1945年4月20日，希特勒大寿当天，柏林陷入一片火海，通向南部的道路则几乎完全被切断，包括前往贝希特斯加登的公路。为了尽早离开首都，戈林特别强调必须设法将一名帝国高级领导干部安置在南部。这时希特勒已经决定不离开柏林及他藏身的地堡。身为纳粹一号接班人，戈林匆忙离开首都，他跟平常一样上了妆，身穿白色丝绒制服，身边围绕着四十七个印有品牌名称首字母交织图案的顶级行李箱。⑫在贝希特斯加登，所有人都等着他，他的妻子和小女儿急得直跺脚。德国正在瓦解，但4月21日这天，戈林一家人团圆了。

4月22日，戈林终于相信他的加冕之日即将到来。1941年6月29日发布的一道政令早已指出，如果希特勒放弃三军指挥官的职务，戈林将是指定接班人。不过他还是希望事先取得希特勒同意。只是，这个希望将永远落空，因为在那段日子中，

---

* 国立网球场现代美术馆（Galerie nationale du Jeu de paume）：位于巴黎杜伊勒里花园，建于1861年拿破仑三世统治时期，最初作为室内网球（jeu de paume）场地，因而得名。1940—1944年被用来收藏纳粹在法国掠夺的文化艺术资产，其中包括无数犹太人的名贵收藏。起初赫尔曼·戈林打算由他和希特勒分赃，他为此亲赴巴黎二十次之多，与纳粹合作的艺术品经纪人每次都会为他举行特展。戈林一共挑选五百九十四件作品自行收藏，其余一部分运往奥地利林兹的"元首美术馆"，而在纳粹眼中属于所谓"退化艺术"、不具价值的现代创作则在国际市场出售，未售出作品（包括一些毕加索、达利的作品）于美术馆外的空地烧毁。

势力强大的纳粹党书记鲍曼业已说服希特勒，指出戈林是个叛国贼。

1945年4月21日抵达贝希特斯加登以后，党卫军在帝国最高领袖的命令下，于4月23日逮捕丧失继承权的戈林。希特勒的指示简单明了：“包围戈林的别墅，立即逮捕前帝国元帅。压制所有反抗行为。阿道夫·希特勒。”戈林的住处被改成监狱，所有通道和楼梯都有卫兵看守。通讯被完全切断，每个人都被软禁在自己的房间里。

自此情况急转直下。4月25日，戈林收到希特勒的电报，内容由鲍曼撰写，详情如下：“你所犯下的行为对你应当向我表现的忠诚构成一种断裂，以及一种背叛。此种行为相当于叛国，适用刑罚为死刑。考虑到你过去为党服务的功劳，如果你立即放弃所有职务，元首同意不实施此项判决。请你立刻回复‘同意’或‘不同意’。”⑬

盟军空袭进逼上萨尔茨堡，一家人被带到住处地窖，然后又移进深深的地下通道。但戈林被迫与家人隔离，不准跟她们进行任何通话。攻击行动为时愈来愈久，小艾妲惊恐不已，不断哭泣。她的父亲被隔绝在石灰岩层中的穴室，地底下三十米深处的生活条件非常艰苦。地道未设通风井，空气令人难以呼吸，氧气缺乏导致蜡烛也无法燃烧。

戈林答应卸任，元首将他排除在所有党务工作外。4月26日，汉堡电台宣布他因为健康问题决定辞职。戈林设法安抚家人，她们完全不知道近来到底发生了什么事。艾美相信丈夫的死对头鲍曼打算暗杀他。戈林夫妇决定写一封短信给希特勒：如果他认为戈林背叛，那就干脆把他们通通枪毙，小艾妲也不例外。⑭

1947年，在一封写给特别事务部部长哈格瑙尔（Haguenauer）的信函中，艾美述及他们被捕时的情况。当时她反抗警方采取的方法——她说她和女儿被抓的时候，身上只穿了睡袍，在寒冷中发抖，而且当一名侍从官想要把寝具拿给她们时，党卫军差点把她们当场枪毙。

根据艾美·戈林的回忆，非常喜欢教父希特勒的小艾妲跟她的保姆有过这段对话：

> 艾妲："我不要别人说我干爹的坏话。克莉丝塔阿姨，你比较喜欢谁？阿道夫伯伯还是我爸爸？"
>
> 保姆："你爸爸。"
>
> 艾妲："可是也要喜欢阿道夫伯伯才行。"
>
> 保姆："不行，我不喜欢他，他伤害了你爸爸。"
>
> 艾妲："不可能，因为我爸爸也很喜欢他！"⑮

当轰炸停止，一家人终于能够重见天日时，他们的房子已经被炸毁，跟上萨尔茨堡的大部分建筑物一样。

几天以后，由于监管单位改变，党卫军放松了对他们的监视。戈林终于能跟家人离开贝希特斯加登，前往儿时居住过的中世纪城堡。他在1939年从教父赫尔曼·冯·艾本斯坦*那里继承到这座位于奥地利毛特恩多夫（Mauterndorf）的城堡。这

---

* 赫尔曼·冯·艾本斯坦（Hermann von Epenstein，1850/1851—1934）：一名犹太裔贵族及当时的名医。他是戈林家小孩们的教父，戈林一家人陆续住在艾本斯坦位于毛特恩多夫和维尔登斯坦的城堡。由于赫尔曼的父亲不常在家，艾本斯坦经常充当干爹角色，并曾与赫尔曼的母亲发生婚外情，坊间盛传赫尔曼的弟弟、于二战期间低调营救许多犹太人的阿尔贝特·戈林就是这场恋情的结晶。

次全家人在这里只是暂时团聚。在厚厚的壁垒后方，城堡显得冰冷而无情，而且有人说这里闹鬼；但艾妲看到父亲恢复了自信，因此她的心情也变得平静起来。不过她的母亲一直在丈夫肩上哭泣，倾诉他们失去的一切。每天晚上，她哄女儿上床时，心中都会怀疑家人第二天是否还会活在人间。

1945 年 5 月 1 日，戈林一家人听到希特勒元首死去的消息。所有电台都在播报这件事。5 月 7 日晚间，释放戈林的命令下来，一家三口设法前往滨湖采尔*附近的费秀恩（Fischorn）城堡，但隶属于美军步兵第三十六师的旅长罗伯特·I. 斯塔克（Robert I. Stack）奉命加以拦截讯问。虽然如此，斯塔克还是让他们在转往美军战线前，先在城堡过上一夜。

一名上尉的副官永远无法忘记小女孩看见父亲被逮捕时，躲在礼车后方泪如雨下的情景。那天早上，美军将一家人安置在舒适的城堡二楼，气氛相当轻松。小艾妲的父亲好好洗了个澡，然后下楼站在一幅得克萨斯州旗帜前让人拍照。[16] 1945 年 5 月 9 日这天，他的妻女还不知道那是她们这辈子最后一次看到他享有自由之身。当天早上戈林发了两封电文给盟军指挥官艾森豪威尔**，请求会见，他仍然相信艾森豪威尔会接见他并拯救他。但这位未来的美国总统反而决意认为，真正将戈林视为战犯的时间已经来到，于是他没收戈林的元帅权杖，以及他的许多勋章。

---

* 滨湖采尔（Zell am See）：奥地利萨尔茨堡州的著名度假小镇。

** 德怀特·戴维·艾森豪威尔（Dwight David Eisenhower，1890—1969）：生于美国得克萨斯州的德国移民后裔家庭，第二次世界大战期间担任盟军在欧洲的最高指挥官，负责 1944—1945 年进攻维希法国和纳粹德国的行动，1951 年出任北大西洋公约组织部队最高司令，1953—1961 年担任第三十四任美国总统暨美国陆军五星上将。

1945年6月2日这天，年满七岁的艾妲第一次度过没有父亲在旁的生日。戈林与妻女暂时分离。6月20日，在艾美和女儿两人的要求下，她们从费秀恩被送到空空荡荡而且没有暖气的维尔登斯坦（Veldenstein）城堡。来到这里五个月以后，通过美军少校伊凡斯，她们终于接到戈林的消息。（伊凡斯是借由一张家庭照而得以跟艾美走近，那张照片上有戈林的亲笔留言："伊凡斯上校享有我的全部信任。"）小女儿写信给此时被监禁在奥古斯堡的赫尔曼·戈林："给我最亲爱的爹地!!! 我们现在在维尔登斯坦。我很想很想你，我也很爱很爱你。快点回到我们身边……我们的心愿好温柔，玫瑰花又好美。每天晚上我都会向上帝祈祷我们平平安安。你的艾妲献给你一百万个亲吻!!!"信中附有一幅图画，上面画了一个复活节蛋、一栋房子、一些春天的花朵，另外还有一张她的照片。由于戈林被禁止通信，他从未收到这封信。

在巴伐利亚接受短暂侦讯以后，戈林于1945年5月22日被移送到卢森堡蒙多夫温泉镇（Mondorf-les-Bains）的阿叙坎（Ashcan）营区。身高一七〇厘米的他抵达那里时，体重是一百二十七公斤，体内含有大量双氢可待因（paracodéine）。1920年起，在多次负伤以后（特别是1923年"啤酒馆政变"时所受的伤），戈林变得非常依赖吗啡。起初吗啡是以注射方式每天施打，后来则换成可待因胶囊。他做了几次解毒治疗，也被送到瑞典的一所精神病院待过一阵子，但这些都徒劳无功。根据不同资料来源，戈林原本每天要吞下二十颗到四十颗药丸，但来到新的监禁处以后，他被强迫戒药。关于这个部分，蒙多夫温泉镇美军指挥官安德鲁斯上校表示："他是个面目狰狞的大胖子，身边有两个装满可待因胶囊的行李箱，使他看起来活像个药品推销员。"[17]

赫尔曼·戈林是在监禁的最初几个月进行戒毒治疗的。当时他心中只有一个念头：跟艾森豪威尔将军见面。

里宾特洛甫、邓尼茨*以及其他四十九名纳粹高级要员在9月被移送到纽伦堡受审之前，都曾在这座侦讯中心待过。这里唯一的休闲娱乐是观赏与大战期间纳粹所犯暴行有关的影片。

1945年10月15日，一直跟女儿一起住在维尔登斯坦城堡的艾美·戈林也遭到逮捕，被移送到斯特劳宾（Straubing）的监狱，那里距离纽伦堡一百四十五公里。女儿艾妲没有随行。艾美被捕时，不知道当天晚上女儿会在哪里过夜。艾妲被暂时送到最近的村庄，七个星期以后才转往监狱跟母亲会合。小艾妲带着玩具熊和装满给熊宝宝穿的衣服的行李箱，由美军带往斯特劳宾。那些美国军人一个德文词都不懂，他们只是接到命令护送这个小女孩。艾妲知道她即将跟母亲见面，但她却忍不住恐惧之情。

当时的媒体将艾美·戈林形容为"斯特劳宾的明星囚犯"，但这时的艾美早已失去昔日神采，而且还得自己洗衣服。[18]她没有权利跟外界联系，也一直不知道丈夫的下落。关于斯特劳宾，她的女儿艾妲后来宣称："其实我觉得我们在那边过得还蛮好的。"[19]她睡在母亲牢房里的一块褥垫上，上面铺的方格毛毯据

---

* 卡尔·邓尼茨（Karl Dönitz，1891—1980）：纳粹德国海军元帅，第二次世界大战期间先后担任潜艇舰队总司令、海军总司令、纳粹德国联邦大总统。大战末期，希特勒在遗嘱中任命邓尼茨为继承人，同时担任总统与德意志国防军最高统帅，但就位二十余天即指挥德军向同盟国投降。战后于纽伦堡大审判中被判十年有期徒刑。

说是墨索里尼送的。拘禁期间偶尔会有些欢乐时刻，比如在1945年12月6日圣尼古拉斯节时，一名囚犯为了逗小女孩开心，特别假扮成小丑，并送给她巧克力。1946年2月，艾美和女儿获释，但她们身无分文，不知何去何从。第三帝国前第一夫人*于是请监狱主任多收留她们几天。她们的处境跟后来玛格丽特和歌德伦的情况大同小异。

两个多星期过后，1946年3月间，母女两人终究必须离开斯特劳宾拘留营。通过美国女记者珮姬·普尔（Peggy Poor）的协助，她们在萨克迪灵（Sackdilling）的一栋小猎屋安顿下来，那个村庄距离纽伦堡大约三十公里，最近的小镇是新豪斯**。该名记者为她们找到这个栖身处，作为艾美接受采访的交换条件。

这座木屋属于一位名叫法郎克的森林管理员，法郎克的妻子年轻时曾经跟戈林元帅熟识。据说木屋是由赫尔曼·戈林本人所建，作为他打猎后更衣休憩的处所。母女两人安顿好以后，珮姬·普尔隔天就赶到纽伦堡，通知戈林她们已经获释。

艾美每天都会和艾妲在附近的森林中散步。她身兼女儿的家庭老师，教学内容包括九九乘法和文学。在一家人失去所有财产以后，艾妲原来的老师不得不离开她们。不过后来戈林第一任妻子卡琳的家人在物质生活方面给予她们很大的协助。

此时赫尔曼·戈林也稍微安了心，因为通过律师的安排，他终于能跟妻女通信。艾美虽然很高兴重获自由，但她也不免感到心酸。接受记者访问时，她一边啜泣一边强调美军对她们不好。她认为自己处于贫困状态，因为纳粹党卫军逮捕她时，

---

* 即戈林的夫人艾美。

** 即佩格尼茨河畔新豪斯（Neuhaus an der Pegnitz）。

拿走了相当于八千英镑的钱财，以及一件皮毛大衣，而他们明明知道她需要这些东西。至于美国人，他们从她那里抢走价值五万英镑的艺术品，只把一些民生必需品留给她。她信誓旦旦地总结她的处境："你们都知道的，我们从奥地利回来时，美国人只准我们用一辆汽车装下我、小艾妲和所有物品。"[20]

艾美不懂为什么丈夫一辈子为希特勒牺牲奉献，最后竟只换来逮捕令甚至刺杀令。希特勒身为艾妲的教父，却似乎不惜杀害艾妲。艾美也难以理解丈夫对希特勒的盲目忠诚；在她眼中，那种忠心耿耿足以媲美《尼伯龙根的指环》* 里的中古骑士[21]。3 月 20 日，一名刚拜访过戈林妻女的使者向监狱中的戈林说明艾美的心理状态，并表示她强烈希望丈夫摆脱对希特勒的忠诚，结果戈林断然拒绝，他认为他的妻子虽然在某些方面可以影响他，但他信奉的基本原则与女性无涉。[22]

1946 年 6 月 2 日，艾妲过八岁生日时，赫尔曼·戈林执意写一封信给她。他写道："我从内心最深处祈祷万能的上帝眷顾你、帮助你。"[23] 他在信中附了一张给夫人的卡片，上面写着："我带着激情的爱意亲吻你。"

在 1945 年 11 月到 1946 年 10 月间举行的纽伦堡大审判中，喜欢把自己描述为"头号纳粹"的赫尔曼·戈林被控有罪。9 月初，经过十七个月的分离，艾美接获通知，说她可以获准探视丈夫。两人每次会面限时三十分钟，而且是隔着玻璃及栅栏。

由于艾妲尚未成年，她不被准许进入监狱，狱方只在 9 月

---

* 《尼伯龙根的指环》(*Der Ring des Nibelungen*)：瓦格纳历时二十六年完成的四部歌剧系列，创作灵感主要源自北欧神话。

18 日“儿童节”时破例让她前去探望，探望条件跟母亲相同，她既不能摸到爸爸，也无法亲吻他。当时艾美嘱咐她在爸爸面前不要说任何伤心的话，小女儿则回道：“妈咪，请放心。”1946 年 9 月 30 日，艾妲再度见到父亲，那也是全家人最后一次聚首。那时戈林的右手被铐在一名美军的手上。他举起左手，说了下面这句话：“我祝福你和我们的女儿，祝福亲爱的祖国，祝福所有能对你们好的人。”[24]

跟其他被告一样，赫尔曼·戈林受审时也辩称自己无罪。1946 年 10 月 7 日，艾美见到丈夫最后一面。她对他表示：“你在纽伦堡已经尽力而为，现在你可以安心地走了……我会一直想着你是为德国而死。”赫尔曼在给妻子的最后一封信中写道：“在我们诀别那一刻，我的生命就已经停止了……通过上帝的恩典，我幸免于最坏的情况。我的整个心只惦念着你和艾妲……我最后的心跳将为我们伟大而永恒的爱打出节拍。你的赫尔曼。”[25]艾妲听到父亲被判处死刑的消息时，天真地问母亲：“爹地真的会死掉吗？”后来赫尔曼·戈林问妻子，艾妲是否已经知道他被判死刑的事，她说“知道”，因为她不想对女儿说谎，她必须让女儿对她保有完全的信任。她认为自己有义务让她知道真相，同时也希望接下来的人生对她而言不会太痛苦。在最后这次见面结束时，艾美问赫尔曼：“你真的相信他们会枪毙你吗？”戈林以坚定的口吻回道：“有一件事你可以确定：他们不会把我吊死……不，他们不会把我吊死！”[26]戈林相信有朝一日他将以烈士之姿受后人凭吊，而且“五六十年以后，德国各地都将出现赫尔曼·戈林的雕像”[27]。戈林在诉状所列的四大罪名上都被判死刑，其中包括战争罪及违反人道罪。1946 年 10 月 15 日，在死刑执行前数小时，戈林吞下一颗氰化物胶囊，自杀身亡。那颗胶囊很可能是由一名美军狱监所提供的，戈林的女儿则认为是一名天使穿越牢房天花板，把毒药交给爸爸。[28]

海因里希·希姆莱借由自杀逃避审判，赫尔曼·戈林则通过自杀免受处决。

1947 年 5 月 29 日，跟所有在纽伦堡被判有罪的纳粹高官的夫人们一样，艾美被控通过纳粹政权获取利益，在萨克迪灵的小屋中遭逮捕。由于她患有坐骨神经痛，她是被送进救护车运走的。虽然母亲说了些话让艾妲安心，但已经九岁的艾妲认为母亲也有可能被判处死刑。戈林夫人被关在一处从前监禁苏联工人的营区，位于奥古斯堡附近的格京根（Göggingen）。一千多名女性囚犯被羁押在五栋低矮的木板屋中，但艾美·戈林"身为赫尔曼·戈林之妻，自认有权获得特殊待遇"[29]。她的期望完全落空。1947 年 10 月 31 日，她写信给主管部长："我是否可以向您说明我的情况，并请求您的协助？在前任部长罗里茨（Loritz）的命令下，我被送到格京根女性囚犯营区。在此之前，我因为患有坐骨神经痛及右臂静脉炎，在家中卧病在床。我已经有三十五年苦于坐骨神经痛。治疗我的医生曾对我的押运情况表示抗议……尽管如此，当天午夜时，我还是被他们放上担架，就这样被运送了连续七个小时，因为他们宣称我可能在英国管制区试图逃走……现在我已经在这里躺了五个月，忍受着强烈的痛楚……我已经五十四岁，最近这些年承受了数不清的事……部长先生，您或许知道我的事：我完全没有政治信仰，过去只要是在我的能力范围内，我随时随地都会协助因为种族主义及政治因素而遭受迫害的人，在这方面有相当多的声言可供证明。我唯一犯的错就是身为赫尔曼·戈林的妻子。只因为一个女人爱过她的丈夫，而且跟他在一起时感到幸福，就要处罚这个女人，这是令人难以想象的事。”[30]

圣诞节时，艾妲获准到狱中跟母亲度过两天。然后她又得到每个月探望母亲一次的权利。1948 年 7 月 20 日，在除纳粹化审判期间，艾美被巴伐利亚特别事务专员尤里乌斯·赫尔夫（Julius Herf）检察官起诉。他认为她是第一级嫌疑犯。虽然她不断宣称没有政治信仰，但她承认她觉得自己身为戈林的妻子，在意识形态方面跟他一直有交集。她还声言她从不知道任何跟集中灭绝营有关的事，也否认任何跟她过去生活奢华炫富有关的指控。艾美·戈林以她对丈夫的爱为名，对一切进行合理化：“我一直认为爱是一种恩典，我不知道人可以因为爱而遭受惩罚。”[31]但是检察官不忘提醒她，有一次出席一场表演时，她身穿一件白貂大衣、佩戴名贵珠宝走进维也纳国家歌剧院，导致民众一阵喧哗。审判持续了两天。知名演员古斯塔夫·葛伦根斯（Gustaf Gründgens）、颜屈（Jentsch）牧师及十五名为被告辩白的证人联合声援艾美；颜屈牧师甚至作证表示她帮助过许多犹太人。不过艾美·戈林还是以纳粹政权获益者的身份被判处一年有期徒刑、百分之三十财产充公，以及五年禁止就业。由于她已经坐了一年多的牢，她在审判结束后就获释，引起舆论挞伐。

1948 年，十岁的艾妲离开当时居住在赫尔斯布鲁克（Hersbruck）的母亲和阿姨，前往巴伐利亚苏尔茨巴赫-罗森贝格（Sulzbach-Rosenberg）的圣安娜女子学校就读。这是艾妲第一次上学。大战期间，她有过个人家庭教师，然后她的母亲负责教育了她一段时间。圣安娜学校校长得知艾妲的姓名时，起初态度非常保留，但她还是觉得有义务接纳一位如此优秀的学生。艾妲在圣安娜学校一直待到 1958 年高中学业结束为止。毕业会考时，她的论文题目是："遗忘是否既是一种恩典也是一种危险？"1949年，她首次必须面对与她的某些财产有关的争端。7月11日，她的母亲要求进入司法程序，借以取回一些艾妲曾经收到的礼物，艾美宣称那是由艾妲的父亲或"一些教父和教母"以及一些"我本着最大的良心坦承我不知道他们是谁"的人物送给艾妲的。那些礼物中最重要的就是科隆市政府"送给"戈林家的那幅克拉纳赫名作《圣母与圣子》。但巴伐利亚司法处总律师奥尔巴赫博士（Dr Auerbach）强调，这些财产都是由一些"希望获得她的有名父亲青睐"的人所赠送的。[32]除纳粹化法庭于是针对艾妲展开一项法律诉讼。

年轻的艾妲研读法律，希望成为律师，但不久她就放弃这个她认为太枯燥的学科，即使她还是拿到了慕尼黑大学的学位。跟歌德伦·希姆莱一样，她对父亲怀抱无法改变的爱，拒绝在他身上看到任何犹太人大屠杀策动者的身影。艾妲确信父亲跟迫害犹太人的史实完全无关，尽管他在1941年7月确实命令海德里希在欧洲全境实施最终解决方案。[33]

艾妲完全赞同母亲的分析。她们一起生活在慕尼黑的一间小公寓里，直到母亲在1973年去世。这间公寓俨然是一座向赫尔曼·戈林致意的博物馆。这位大名鼎鼎的父亲如果当初没有成为政治人物，不无可能跟她的外公一样当个巧克力师傅。他的女儿遗憾地表示："假如他能像外公那样满足于做方块巧克力，今天全家人就会快快乐乐地聚在一起。"1967年，艾美决定撰写回忆录，借以重建真相，改正各种"谎言与错误"。尽管她再也不能无视纳粹的万般暴行及数以百万计因此而死的人，对她而言，她的戈林完全是爱情、善良和利他主义的化身。

无论是歌德伦·希姆莱或艾妲·戈林，她们都认为希特勒是唯一该负责的人。戈林在女儿心目中自始至终都是个“棒得不得了的父亲”。“我爸爸绝不是什么狂热分子，我们可以从他的眼神中看到和平……我深深爱着他，所有人也都看得到他有多爱我。”她认为父亲带给她相当多的好处，特别是在她出行的时候，因为大家只要知道她的名字，就会介绍当地名流绅士给她认识。她以略带高傲的口吻说：“他们知道我是戈林的女儿时，餐厅服务生会拒绝让我付账，计程车司机则不愿意拿我的车费。”这位德意志第三帝国强人之女曾经在威斯巴登（Wiesbaden）一家医院的实验室当护士。她跟作曲家理查德·瓦格纳的媳妇、希特勒的长年友人薇妮芙瑞·瓦格纳（Winifred Wagner）维持友好关系。艾美·戈林跟她的丈夫一样，非常欣赏瓦格纳的音乐；她认为她的女儿从父亲身上继承到对理查德·瓦格纳的热爱。第三帝国瓦解以后，薇妮芙瑞·瓦格纳被撤除拜罗伊特音乐节*总监职务（该音乐节最初的总监即为理查德·瓦格纳本人）。1950 年代，向来不否认自己过去的薇妮芙瑞积极参与极右派的活动。在一些小集团的集会中，她会跟艾妲·戈林、依尔瑟·赫斯**或英国法西斯领袖奥斯瓦德·莫斯里等人物聚在一块。荷兰新纳粹“黑寡妇”芙罗伦汀娜·罗斯特·凡·托宁根（Florentine Rost van Tonningen）在一次访谈中证实艾妲一直忠于新纳粹运动，有时也会实际参加游行活动。死脑筋的官僚、最终解决方案的启动者——海因里希·希姆莱，以及纳粹主义的“暴君尼禄”——赫尔曼·戈林，这两个人物的

---

* 拜罗伊特音乐节（Festival de Bayreuth，德文 Bayreuther Festspiele）：由理查德·瓦格纳于 1876 年在巴伐利亚北部城镇拜罗伊特创办，旨在推广他自己的歌剧作品，此后每年举行，成为瓦格纳爱好者的朝圣地。

** 依尔瑟·赫斯（Ilse Hess，1900—1995）：纳粹党副元首鲁道夫·赫斯的妻子。

女儿存在着种种令人不安的相似性。她们两人都持续活在对父亲的崇拜与热爱中，她们都否认父亲所犯的罪行，而且也都曾生活在战后的慕尼黑，住在宛如纪念父亲荣光的居家博物馆中。另一个共同点是，跟艾妲一样，歌德伦·希姆莱也避免跟媒体有任何接触。一名法国《世界报》资深记者描述了他在1990年间试图采访戈林女儿的情形。“艾妲·戈林通话，”她以坚定的口吻用德文报身份——这是德国人接听电话时的标准用语。当她得知对方来电的用意，也就是以关于犹太人大屠杀的记忆为题采访纳粹的后代，艾妲坚定地表示：“我不接受任何采访。”不过她还是借机强调一点：“我的姓氏从来不至于对我造成问题。正好与此相反，它是我的骄傲。……我父亲在德国依然深受欢迎。媒体不喜欢说这件事，但媒体无法反映舆论。巴伐利亚政府曾经使我的母亲和我受苦，但人民一直支持我们。”她一口气说完这段话，声调中带着激情、愤怒及怨恨。然后她又觉得自己说了太多。“不接受采访。”她再次表示。最后，她补上一句话当作总结——就这么一句话：“我深爱我的父亲，至少你可以写出这点。”[34]

就像希姆莱家族一样，能够真正扬弃那个沉重过往的人似乎是再下一代的人——赫尔曼·戈林的一名远房侄孙女和她的兄弟。他们两人在三十岁时都决定结扎，借此断绝家族血脉，避免孕育出又一个戈林、另一头猛兽。贝蒂娜·戈林（Bettina Göring）在大西洋彼端的美国新墨西哥州过着与世隔绝的生活，住处没水也没电。她认为自己长得比叔公赫尔曼·戈林的女儿更像戈林本人。回忆起这位帝国元帅时，贝蒂娜强调他非常令人畏惧，尽管家族成员几乎也都是狂热的纳粹，但跟他相比，他们都显得微不足道。十一岁时，贝蒂娜跟祖母一起看了一部与集中营有关的纪录片，当时祖母的反应是：“那是一派胡言！”跟许多德国家族一样，戈林的家族成员普遍认为最简单的做法是否认任何个人层面的牵扯。换句话说，他们不曾犯下任何可憎可鄙的行为，就连赫尔曼·戈林也不例外。㉟

赫尔曼·戈林的远房侄孙马蒂亚斯·戈林（Matthias Göring）选择拥抱犹太教。四十岁那年，他决定佩戴基帕*和大卫星**，吃犹太洁食***，以及遵守安息日****。二十一世纪初，他开设的物理治疗诊所倒闭以后，他的妻子离他而去；他心情绝望，濒临自杀边缘。他向上帝祷告，希望他来帮助他，然后他觉得自己似乎接收到命运的征象，要引导他前往圣土。他选择前往以色列，加入服务爆炸攻击受害者社群的工作。他表示自己皈依犹太教的举动跟自责无关。“我不觉得自己有罪恶感。但我们家族以及整个德国民族都有一种精神上的罪恶感，我们有责任公开宣告这件事。我相信上帝是在借这个机会运用我的姓氏，去改变其他人心中的某些事。”㊱

至于艾妲·戈林，她从未偏离她所选定的思考及行为路线。2015 年，她以七十六岁高龄对巴伐利亚议会提告，希望获准收回第二次世界大战之后她父亲被充公的一部分财物及资产。她的这项行动立即遭到驳回。

---

* 基帕（kippah）：犹太男性佩戴的一种以薄布或羊毛纺品制成、形状类似小圆帽的头饰。

** 大卫星：以两个蓝色三角形呈反向交叠而成，又称所罗门星、希伯来星、犹太星等，或按其形状称为“六芒星”“六角星”。它是犹太教及犹太文化的标志，以色列建国后也成为以色列国旗上的图案。

*** 洁食（casher，英文 kosher）：符合犹太教规的食物。

**** 安息日（shabbat）：犹太教每周一天的休息日，旨在纪念神创世六日后休息的第七日。按照犹太历法，是从星期五日落前到星期六日落后。

Wolf R. Hess

沃尔夫·R. 赫斯：活在“最后战犯”的阴影中

他什么都不会跟他的儿子说。他还太年轻，而他的任务太机密。今天，他特别留了些时间陪儿子慢慢玩，然后把他紧紧抱在怀中，再交给保姆，让她哄他上床。他知道这很可能是他最后一次见到宝贝儿子。他把写给亲人的信函以及他的遗嘱藏在儿子的玩具堆里，以防万一。离家前，他特别在外套口袋里放了一张爱子的照片。

他打算对丘吉尔说，德国向英国保证会让它保有它的庞大帝国，只要英国答应放手让德国在其他地方自由行动。他将单独前往英国。在一场梦中，一些超自然力量对他指点了他的命运，现在他该完成命运交付给他的任务了。他决定亲自向英国提出和平方案，而他之所以这么决定，是因为幻觉接二连三地出现，让他看到“孩童的棺木排成数不清的行列，他们的母亲则在一旁流泪”。[①] 向来身处在阴影中的他终于能迎向光芒，在“伟人”身边全面发挥影响。而那个伟人，就是他全心全意崇仰着的德意志帝国元首。

为了圆满达成使命，他前往威利·梅塞施密特博士位于奥古斯堡的工作室，向这位飞机设计制造家表示他希望学习驾驶 Bf 110 飞机。于是，一架没有作业代码的飞机被分派给他，并依据他的需求加以改装。飞机被去除武力装备，然后加装额外的燃油箱，使其行动半径增加四千两百公里，相当于十小时的飞行距离。

这位飞行员进行了好几个月的训练飞行，并定时获取气象资讯。有好几次，因为天气恶劣的关系，他被迫放弃航行计划。

但在 1941 年 5 月 10 日星期六这天，中欧标准时间十七时四十五分，梅塞施密特 Bf 110 型飞行器（无线电编码：VJ + OQ）从距离慕尼黑六十余公里的奥古斯堡起降场凌空升起。

同一天，纳粹空军对伦敦市发动夜间偷袭。梅塞施密特飞机的驾驶员早已仔细研读飞行地图，因此对他的航路了若指掌。他知道他在执行一个危险任务。一旦飞进空中，就不可能回头。他用蓝色圈出他将降落的地点，那里位于英国北部，确切地说是在苏格兰。

这天晚上夜色美好，德国上空晴朗无云。他特别穿上一套全新的空军制服，执行这种任务不可能只穿平民百姓的便服。他将自己视为背负和平信息的使者，而且希望他的角色具有公信力。因此除了穿上英挺的制服，别无其他选择。登上纳粹空军的灰色飞机以前，他把一封信函交给副手，这封信必须在他起飞四小时后呈给大统领。

飞机冲上云霄，他的脑海中思绪纷乱。他深深相信他将自己的命运掌握在手中，而且他正在完成元首所希望的事，因此元首必然会感激他。他心想，如果他成功了，历史将会欠他一笔，而他将不负元首的期待。希特勒跟他一样渴望这份和平。梦中情景历历在目，那个梦想使他对自己的任务深信不疑。这个任务已经成为一种挥之不去的执念，代表他与众不同的命运。

他就是鲁道夫·赫斯，纳粹领袖钦点的接班人。

从巴伐利亚出发，经过四个小时的航行，他已经飞越将近一千六百公里的距离。二十二时五分，飞机降至超低海拔，以三十二英尺到五十英尺间的高度，取道法尔恩（Farne）小群岛上方飞进英国领空。他的行踪被位于爱丁堡南方的皇家信号队发现。赫斯向英国的防空系统挑战。皇家空军试图拦截他的飞机，但没有成功。他们失去了他的踪迹。飞机转向西方行进，朝苏格兰西岸的格拉斯哥而去；自此他已经从英国东北海岸飞进内陆地区。

二十三时，他认为自己已经飞到目的地——位于邓格瓦尔（Dungaval）的汉密尔顿公爵*寓所上空，于是他生平第一次穿戴降落伞，从飞机上往下跳，在伊格尔舍姆（Eaglesham）附近的一处农场落地。这时他距离公爵府邸有二十公里之遥。他脚踝受伤，于午夜时分遭英国当局逮捕。英国人看到他那张特别圈出汉密尔顿公爵居住处的飞行地图，以及他身上携带的名片［上面印有“卡尔·豪斯霍费尔”（Karl Haushofer）这个名字］，觉得十分好奇。豪斯霍费尔是原本安排好要为他在英国打

---

* 道格拉斯·道格拉斯-汉密尔顿（Douglas Douglas-Hamilton，1903—1973）：英国皇家空军准将，爱尔兰贵族，第十四世汉密尔顿公爵、第十一世布兰登公爵（Duke of Brandon）。他是一名飞行界的先锋，于1933年与另一名飞行员麦金太尔（D. F. McIntyre）共同完成人类史上首度飞越珠穆朗玛峰的壮举。他曾参加1936年的柏林奥运会，在接到德国政府的邀请后，他驾驶自己的飞机飞往柏林。在德国停留期间，他会见了希特勒、赫尔曼·戈林等人，也参观了德国空军，并且可能从事些许间谍工作。他跟鲁道夫·赫斯曾经同时出席一场宴会，不过后来他宣称从未与赫斯谋面。但由于两人都是当时的著名飞行员，许多人认为他的说法不足采信。在德期间，他还见到著名地缘政治学者卡尔·豪斯霍费尔（Karl Haushofer）的儿子阿尔布莱希特。阿尔布莱希特·豪斯霍费尔曾是赫斯在慕尼黑大学的同学。卡尔·豪斯霍费尔则在赫斯在纳粹党中地位扶摇直上时成为他的外交顾问。据说在二战爆发以后，赫斯通过豪斯霍费尔跟汉密尔顿公爵联系。

通门路的人。凌晨时分，鲁道夫·赫斯的身份很快被查出来，特别是通过汉密尔顿公爵的指证。而这位公爵就是他认为会愿意跟德国进行和平谈判的英国人。

5月11日，纳粹元首拿到赫斯的两名副手呈给他的私人信函，得知赫斯飞往英国的事，于是他询问著名驱逐机飞行员恩斯特·乌德特（Ernst Udet）那种飞法是否可行。“不可能！”这位纳粹空军技术部主任表示。无论天气状况如何，那架双引擎飞机都不可能飞到苏格兰。从侧面吹来的风会毫不留情地使他无法顺利抵达英国，在北海坠机。乌德特错了。②

1894年4月26日，鲁道夫·赫斯出生在埃及亚历山大城一个富裕的德国商人家庭。幼年时代的鲁道夫生活在一座名副其实的宫殿中，身边时时有用人服务。小男孩跟他的母亲克拉拉·孟赫（Klara Munch）很亲，他永远不会忘记这位他深深喜爱的慈爱女性。1949年，他被拘禁在斯潘道*时，引述了康德**

* 斯潘道（Spandau）：原本是柏林西郊的一个城镇，1920年被纳入大柏林，现为柏林第五区，也是最西边的区。第一次世界大战前，这里设有大型弹药工厂，是德意志帝国军火工业中心之一，并有重兵驻防。二战结束后，该区被划为英国占领区，建于1876年的斯潘道监狱被用来关押在纽伦堡大审判中被判处监禁的纳粹战犯。鲁道夫·赫斯是这里的最后一名犯人，他去世以后，监狱被同盟国拆除，改建为购物中心。

** 伊曼努尔·康德（Immanuel Kant，1724—1804）：德意志哲学家，德国古典哲学创始人。康德是启蒙运动时期最后一位主要哲学家，他调和笛卡儿的理性主义与培根的经验主义，并开启德国唯心主义、康德义务主义等诸多流派，被视为近代哲学核心人物，是继苏格拉底、柏拉图和亚里士多德以后西方最具影响力的思想家之一。核心著作《纯粹理性批判》《实践理性批判》《判断力批判》被合称为“三大批判”，分别阐述他的知识学、伦理学和美学思想。康德认为将经验转化为知识的理性思维源自人类与生俱来的悟性，即“范畴”的概念。他也认为理性是道德的根源。此外，他还曾针对太阳系的形成提出第一个现代理论（即“康德—拉普拉斯假设”）。

的一句话：“我永远无法忘怀我的母亲。她在我内心撒下第一颗善良的种子，并细心滋养它；她开启我的灵魂，让它接受大自然的印记；她激发我的兴趣，扩大我的思考领域。她教给我的事为我的人生带来持久而健康的影响。”赫斯补充了一句：“这句话不只适用于康德的母亲。”③鲁道夫·赫斯终其一生跟这位他所崇敬的母亲维持密切联系。他的父亲是个信奉清教的商人，性情严厉，难以忍受矛盾。他希望鲁道夫接管他的生意，并强迫他修读商业，但这个儿子只有一个念头：逃走。

从军成为他离家的最佳借口。第一次世界大战爆发时，正值二十岁的他决定接受飞行训练。1920 年 4 月间，他第一次看到希特勒，他说当时他仿佛见到某种幻象：他立刻认为自己终于找到了“伟人”，唯有他能重振德意志雄风，让它恢复昔日骄傲。

同年 7 月，他成为纳粹党第十六名党员。此时的纳粹声势还远不及数年后它将达到的八百万到八百五十万党员阵容。就客观条件而言，没有任何因素显示生性害羞的鲁道夫·赫斯命中注定将成为希特勒身边的副手，随后进一步成为德意志帝国第三号人物。唯一为他铺路的因素，可能是他对纳粹领袖的耿耿忠心。他总喜欢说，他要成为“（纳粹）党的哈根（Hagen）骑士”。在“尼伯龙根”的传说*中，哈根骑士愿意为他的领主

---

* 尼伯龙根的传说源自中世纪著名中古高地德语叙事诗《尼伯龙根之歌》（*Nibelungenlied*），这个作品创作于十一世纪末，作者不详，故事融合早期异教故事题材及源自五世纪的口述英雄传说等，被誉为德语世界的《伊利亚特》。内容主要讲述勃艮第国王齐格飞（Siegfried）的故事：他杀害恶龙的事迹，他的宫廷生活及被谋杀的经过，以及妻子克里姆希尔特（Kriemhild）展开的报复行动等。“尼伯龙根”一词原本指齐格飞的跟随者，后来广泛指称勃艮第人。尼伯龙根的传说成为后世许多文艺创作的灵感，其中最著名的是瓦格纳的四部歌剧系列《尼伯龙根的指环》。

出生入死，即使犯下天大罪行也在所不惜。他的一切仿佛都是为了服侍希特勒，根据他妻子的说法，他跟希特勒之间维持着一种“近乎魔幻”的关系。[④]他自己则反复提到：“我自己没有良知，我的良知就是希特勒。”鲁道夫·赫斯是希特勒的心腹，希特勒委托他管理纳粹党，或许这是为了以后能更有效地将他排除在党外。有人指责他“忠心如狗”。不久之后，他的地位遭到取代——后来居上的是权力欲无穷无尽的马丁·鲍曼。

同样在 1920 年，鲁道夫认识了他未来的夫人——依尔瑟·普罗尔（Ilse Prohl）。这时的依尔瑟是个学生，她跟他在位于慕尼黑施瓦宾（Schwabing）区的同一栋房子里租房间住。两人于 1927 年 12 月 20 日成婚，但他们一直无法孕育出下一代，一直到十年后，才终于喜获麟儿。在那段漫长的时日中，他们迷信民俗疗法，夫妻两人都着迷于秘术，四处造访密医。玛格妲·戈培尔*曾经表示，依尔瑟“在短短几年间有五六次（告诉她）说她终于怀孕了。通常这代表某个幸福预言家又向她保证她有了喜事。”[⑤]她的丈夫也喜欢找人用纸牌占卜，或请一些老灵媒帮他算命。一名戈培尔的近亲指出：“戈培尔曾说赫斯有精神病，他也曾描述赫斯夫妇如何在许多年间竭尽所能想要生下一个继承人，活像在上演一出闹剧。没有人知道后来生下来的小孩是不是他的。赫斯显然跟他的夫人一起去找过占星家、纸牌占卜师和其他各种魔术师，而且他服用过各式各样的药丸

---

* 玛格妲·戈培尔（Magda Goebbels，1901—1945）：德意志第三帝国宣传部部长、总体战全权指挥官约瑟夫·戈培尔的妻子，于二战结束前情势告急之际与丈夫一起自杀。某些历史学者也将她视为纳粹德国的“第一夫人”（其他一些历史学者则将这个头衔归给艾美·戈林）。另可参见前言中关于约瑟夫·戈培尔的译注。

或药水，最后才终于生出一个子嗣。”⑥另外，希姆莱的按摩师菲利克斯·克尔斯登（Felix Kersten）表示他看过赫斯躺在床上，床垫上下两侧悬挂了十二个磁铁。他说赫斯指示他帮他做磁力治疗，以便将“一切有害物质”排出体外。

依尔瑟怀孕期间，非常不高兴自己的身形变圆变大，特别是当她必须跟温莎公爵夫人会面的时候；在她的心目中，温莎夫人是二十世纪最优雅的女人。依尔瑟对自己的身体不满，在社交场合也浑身不自在。她希望生出一个男孩，但儿子绝不能变成政治人物，因为她认为父子两人在同一个领域都能成功的概率极低，下一代必然会在父亲的光环下黯然失色。⑦

千呼万唤始出来的宝贝儿子沃尔夫·吕迪格（Wolf Rüdiger）在 1937 年 11 月 18 日呱呱坠地，当时他的父亲已经四十三岁。妻子临盆的过程艰难而痛苦，但孩子终于来到人间。赫斯听到这个喜讯时，正跟希特勒一起在元首那栋位于贝希特斯加登、别号“老鹰窝”的著名山庄。他喜形于色，脸庞发光，露出招牌的傻笑——只有他知道怎么摆出那种笑容，而那个表情中隐约透露出某种疯狂的信息。鲁道夫·赫斯的外形的确相当独特，而且带有一种受邪灵启发的神色；他的双眸深深嵌进眼眶，颧骨高耸，眉毛突出。赫斯夫妇为儿子取的名字结合了纳粹元首在政界争战那些年所用的别名“沃尔夫”，以及“尼伯龙根”传说中一名英雄人物的名字“吕迪格”*（该出歌剧讲述的是一个纳粹非常崇拜的德意志传说）。赫斯夫妇深深相信天上的星体会影响人的命运。依尔瑟喜欢强调一件事：儿子出生那天，星象

---

* 全名吕迪格·冯·贝歇拉伦（Rüdiger von Bechelaren），这个人物真正存在与否无法考证。

非常吉利。前一天晚上是满月，爱子在木星、火星和金星福光高照下翩然降生。[8]

由于纳粹禁止宗教浸礼仪式，小沃尔夫·吕迪格接受的是一种称为“授名”的非宗教仪式。仪式结束，婴孩有了两位教父：一是阿道夫·希特勒，二是卡尔·豪斯霍费尔教授[9]，这位地缘政治学家及大学教授曾是婴孩父亲的老师，后来成为他的好友。小孩收到来自德国各地数不清的礼物。最特别的是，各大区领导人（Gauleiter）——纳粹党的地区首长——接获命令，必须寄来一小袋从管辖的地区挖出的泥土。鲁道夫·赫斯认为，只有把这个泥土摆在摇篮底下，小孩才算真正在德意志土地上展开人生。依尔瑟向来眷恋家庭的私密，因此她执意避免让小孩接触外面的世界。她希望丈夫鲁道夫永远不要走得太远，以免小男孩忘了父亲的长相，每次都必须重新学习适应他。因此，只要情况允许，赫斯会马上回到家人身边，好好跟儿子玩。他对这个儿子感到非常自豪，而且确信他前途无量。根据他的说法，小沃尔夫的耳朵形状预告着他将拥有“天才音乐家”的光明未来。虽然小孩并未展现出任何这方面的天赋，但他入睡时总有古典乐曲陪伴，醒来时听到的则是爵士乐。[10]

沃尔夫·吕迪格才三岁半时，他的父亲忽然在出乎所有人意料之外的情况下秘密飞往英国，试图签订所谓的“个别和平”。尝试未果，却成为二十世纪最大的谜团之一，引发各式各样的臆想和猜测。直到今天，关于 1941 年 5 月 10 日那趟飞行，依然有不少悬疑之处，某些英方相关文件仍旧被列为国防机密。赫斯的亲人没有一个知道他的计划。他的妻子应该看到过一些气象预报图表和摆在床边的地图，她可能预料到丈夫正在筹划什么事，但她完全想不出那会是什么。她曾想到鲁道夫也许会前往法国执行任务；她确实设想过丈夫跟贝当将军*会晤的可能性，但英国她压根儿都料不到。[11]她倒非常讶异于那天晚上丈夫穿在身上的制服。为什么他会重新穿上纳粹空军服装，搭配蓝色衬衫和暗色领带？她很喜欢那条领带，但丈夫已经有好一阵子没系它了。又为什么，丈夫脚上穿了许久不曾拿出橱柜的飞行官长靴？元首早已要赫斯这位技术高超但逞勇莽撞的飞行员承诺他不会再飞。她问丈夫什么时候回来，他说星期一就会回家，但她不相信他。元首是否知道他企图飞到英国的事？他是否同意？这些都成了谜。他的儿子则认为，希特勒毫无疑问一定知道。终其一生，他一直设法建立他所认为的真相。

真实情况比这些都要复杂。赫斯作出这个决定时，似乎相信他正确诠释了元首的愿望。他跟希特勒一起被囚禁在兰茨贝格监狱时，曾经协助他写成《我的奋斗》。他自认非常了解希特勒，深信他想跟英国维持友好关系。在这个部分，有人提到赫斯请部属在他出发后交给希特勒的那封十四页长信，据称他在那封信中说明了他飞往英国的理由，以及他会晤汉密尔顿公爵一事。汉密尔顿公爵也热爱飞行，赫斯将他视为坚定不移的亲德派人士。至于鲁道夫·赫斯本人，他一直否认元首跟这件事

---

* 菲利普·贝当（Philippe Pétain，1856—1951）：法国军事将领、政治家，第二次世界大战期间任维希政府元首。贝当曾在第一次世界大战期间担任法军总司令，带领法国对抗德国，被视为民族英雄，1917 年升为陆军总司令，1918 年再升任法国元帅。1929 年福煦（Foch）元帅逝世后，贝当继承他在法兰西学院的院士席位。1934 年入内阁，出任国防部部长。1940 年，纳粹德国闪电攻击西欧，法国情势告急，贝当被推举为法国总理，民众期望他力挽狂澜，但他在不久后就向德国投降，随后法国一分为二，北部由德国占领，法国迁都中南部著名温泉城维希（Vichy），成立形同纳粹傀儡国的“维希政权”，由他出任国家元首。战后因叛国罪被判死刑，后改判终身监禁，但至今仍被法国人视为通敌者。

有任何关联。其他人还有不同看法，例如赫尔曼·戈林曾表示：“赫斯是个疯子，他很久以前就发疯了。他开飞机前往英国时，我们清楚明白了这件事。你们以为希特勒有可能派出德意志帝国第三号人物，在毫无准备的情况下进行这种任务？希特勒知道这件事的时候，简直‘爆炸’了。你们以为我们很高兴看到纳粹党领导人之一发疯的事被张扬出去？如果我们真的想要跟英国协商……我只要通过我的人脉网络，二十四小时内就可以把会谈安排好……可是赫斯一句话都没说就飞走了……”⑫

鲁道夫·赫斯在英国被捕以后，所有直接跟他合作的人也都银铛入狱，纳粹媒体则对他的精神状态大做文章。希特勒谈到他的事时表示，假如他返回德国，不是把他送进疯人院，就是立刻将他枪毙。舆论指出他患有某种会导致精神退化的疾病。波兰总督汉斯·法郎克则说：“大统领认为现在事实已经清楚证明，赫斯任凭占星师、虹膜专家*和密医摆布。”⑬赫斯会出现为期甚久的失忆现象，是真是假无从得知；他一直被关押在英国，直到1945年10月被遣往纽伦堡接受审判为止。某些精神科医生认为，他患有急性偏执狂，而且疯狂倾向日益严重。他会把食物留存起来，希望找到人加以检查，以证明盟国试图毒害他。他有好几次悄悄把自己的餐盘跟一名高级军官的餐盘交换，因为他害怕自己拿到的食物被下了毒。赫尔曼·戈林被囚禁在纽伦堡期间曾经这样描述赫斯：“咖啡太热的时候，他会认为有人要把他烫伤。咖啡太冷的时候，就代表有人故意惹他不高兴。他没有这样明说，不过他的意思差不多就是这样。”⑭

---

* 虹膜专家借由检查虹膜，诊断病人的健康状况。

鲁道夫·赫斯落魄失宠，结果导致他的妻儿被迫离开慕尼黑的寓所（小沃尔夫就是在那里出生的）。他俩移居他们家在奥伯多夫温泉村（Bad Oberdorf）的度假住宅“布格勒庄园”（Bürgle）。根据沃尔夫·吕迪格·赫斯的说法，取代鲁道夫·赫斯成为元首秘书的马丁·鲍曼是导致他们生活困顿的罪魁祸首。希特勒的情妇爱娃·布劳恩（Eva Braun）知道鲍曼在这里面所扮演的角色，因此她很支持这对母子。她写信告诉他们：“如果你们需要什么，尽管告诉我，我会利用鲍曼不在的场合跟希特勒商量。”⑮沃尔夫·吕迪格·赫斯认为这句话足以显示鲍曼对他们的害处。“赫斯”这个名字很快就在德国消失，他的照片也迅速从学校及建筑物墙壁上被移除。以他命名的街道被换成其他名称。沃尔夫年纪还太小，无法意识到父亲遭受的屈辱，尽管某些玩伴会躲开他，尽管后来他的家世有时会使他蒙受不平待遇。

至于鲁道夫·赫斯，他倒相当高兴儿子成了个“山地孩子”。奥伯多夫温泉村的度假住宅确实位于一个风景优美的地区，海拔八百四十三米，仿佛镶嵌在阿尔高阿尔卑斯*的巍峨山峦间，伊勒河（Iller）山谷则在此处往较平缓的下游展开。这里是喜爱高山景色的人乐于造访的地方。1941 年 10 月 21 日，鲁道夫·赫斯接到四岁儿子写给他的第一封信，看到那些由稚嫩小手写出来的字句，他陷入深沉的悲伤情绪，不知道是否还有机会见到这个他宠爱有加的宝贝儿子。在他被监禁的漫长岁月中，鲁道夫·赫斯最喜欢的事就是接到妻儿的消息（他

---

* 阿尔高（Allgäu）阿尔卑斯：德奥边境接近奥地利最西端的一个阿尔卑斯山脉区段。

帮小儿子取了“布兹”这个小名)。他知道儿子并没有忘记他，内心感到宽慰，他也积极关注儿子的教育。在他写的家书中，他为儿子提供许多宝贵意见，跟他分享失败的教训，并鼓励他训练口才。后来儿子表示他想当慕尼黑市的垃圾车驾驶员，他设法将他引导到火车驾驶员或飞行员的发展方向。不过赫斯对这种远距离教学所遭遇的困难还是感到非常无奈，而父子两人也因为无法团聚而痛苦。沃尔夫·吕迪格·赫斯逐渐开始在父亲的遥远身影下黯然生活，尽管父亲非常疼爱他，他对父亲的实际记忆毕竟少之又少。他记得有一天，他被一只飞进家门的蝙蝠吓到，那时父亲的声音令他觉得安心。他也记得在慕尼黑老家的庭园中，父亲跟他玩耍的情景。[16]

随着年岁增长，回忆朦胧了起来。在泛黄的照片上，父亲的形象越来越模糊。但他对父亲的敬意无边无际，并且明白指出，他的父亲不像赫尔曼·戈林那样贪得无厌，他从不会滥用权力累积财富。1945 年，鲁道夫·赫斯从监狱写信给儿子：“我只希望你人生中拥有一个东西——某个计划会在你内心燃烧，无论那是一个技术发明、医学发现或一部戏剧的创作；即使没有人要建造你的机器，没有人想编导你的剧作，甚至连读一下也不愿意，即使所有领域的医生忽然间都不约而同地扑向你，把你的理论撕成碎片，你也要坚持不懈。”[17]另外，赫斯对检查制度非常不满，同盟国方面可以阅读他的书信，窥探他的家庭隐私。

纽伦堡法庭没有受理赫斯被控犯下违反人类罪这个部分，但认定赫斯犯有违反和平罪，并据此判处他无期徒刑。纽伦堡大审判结束以后，沃尔夫·吕迪格·赫斯的一名同班同学告诉他：“你可以高兴了，你爸不会死。”[18]对年仅八岁的小沃尔夫来说，父亲被判刑定谳一事是个可怕的打击，他永远无法明白这件事，也将永远不会接受这个事实。

在沃尔夫·吕迪格·赫斯的心目中，那项判决自始至终都不具合法性。他认为父亲是和平志士，这样一个人怎么可能会被判刑？对他而言，那场审判是荒谬可笑的司法闹剧。判决宣布以前，鲁道夫·赫斯在纽伦堡法庭上说的最后一段话令人记忆犹新：“我完全不会后悔，就算一切必须从头开始，我的做法依然不会改变，即使我知道最后我会被送上火刑台。”

鲁道夫·赫斯从不否认他的狂热主义和反犹心理。关于这项判决，洛杉矶犹太大屠杀研究中心——西蒙·维森塔尔中心（Simon Wiesenthal Center）——的亚伯拉罕·库珀（Abraham Cooper）拉比写道：“相较于数百万在赫斯笔下被描绘为次等人类的人们被迫忍受的痛苦，将这名不知悔改的纳粹判处无期徒刑已经是一种悲天悯人的表现。”[19]在纽伦堡度过九个月以后，赫斯跟其他六名被判有罪者一起被移送到斯潘道监狱。这座可以容纳六百名囚犯的红砖壁垒只收了七名犯人，其中赫斯是七号。监禁环境相当艰苦，受刑人经常被关禁闭；在长达二十四年的时间里，赫斯拒绝让家人前来探访。

沃尔夫·吕迪格还算幸运，在奥伯多夫温泉村，那些把他这个玩伴昵称为“布兹”的孩子们并不特别想知道他的父亲是何方神圣。不过有一次，某个邻家小孩骂了他一句：“你爹是纳粹！”沃尔夫·鲁道夫年纪还太小，无法领会这么短短一句话足以代表他父亲造了多少孽，结果他简单地回了一句：“你爹也是！”对方再补上一句：“你爹才是真正的纳粹！”小沃尔夫不知怎么搭腔，争吵就此画下句点。

他单独跟母亲住在一起这件事几乎不会引人注意，在战后的德国，许多小孩家里都没有爸爸。但是，1947 年 6 月 3 日，他的母亲和其他一些纳粹高级干部的夫人遭到逮捕和拘禁，其中包括艾美·戈林、布莉姬特·法郎克、亨莉叶特·冯·席拉赫*、葛蕾特·弗里克**等人。在奥古斯堡格京根监狱，依尔瑟·赫斯被分配到五栋的五号房。1947 年 6 月 7 日，她写信给丈夫，说她“很幸运被分发到一个气氛友好的房间，一名声音像男人的老妇成为整间人的领导，她抽烟跟消防队员一样凶”[20]。在另一封信中，依尔瑟提到小儿子在她被捕时所表现的勇气。其实当时才只有九岁的沃尔夫·吕迪格·赫斯一看到警察，就吓得躲进餐柜，在不会有人看到他的情况下暗自哭泣。依尔瑟·赫斯在监狱里一直待到 1948 年 3 月 24 日。除纳粹化审判结束后，她被褫夺所有财产。

依尔瑟被关押以后，沃尔夫·吕迪格被托付给他的阿姨英格照顾，过了几个月，他终于获许跟母亲团聚。在监禁营区里，他遇到其他纳粹罪犯的小孩，例如艾妲·戈林。每天他都喜欢偷偷跑到士兵营区，在那里听各式各样的故事，并梦想自己成为军人。在战后这几年中，沃尔夫·吕迪格点点滴滴地知道了他父亲在德意志第三帝国从形成之初到犯下惨绝人寰的罪孽这个过程中所扮演的角色。

1950 年，沃尔夫·吕迪格进入贝希特斯加登附近的一间寄宿学校就读，不过后来校内出现同性恋情事，引发丑闻，他的

---

* 亨莉叶特·冯·席拉赫（Henriette von Schirach，1913—1992）：“希特勒青年团”团长巴杜尔·冯·席拉赫（Baldur von Schirach）之妻。

** 葛蕾特·弗里克（Grete Frick，1896—1960）：威廉·弗里克（Wilhelm Frick，1876—1946）的第二任妻子。威廉·弗里克是著名纳粹官员，曾任第三帝国内政部部长及纳粹傀儡国“波希米亚和摩拉维亚保护国”总督，第二次世界大战结束后因战争罪被判处绞刑。

母亲遂决定让儿子退学。她试图把他送到位于萨勒姆*的萨勒姆王宫学校**注册入学，但申请被拒绝受理，因为巴登贝特霍德总督***不肯接受前纳粹副手的儿子进入这所他掌管的著名学校。于是沃尔夫又被送回贝希特斯加登，进入一所名叫“克里斯托佛鲁斯”（Christophorus）的基督教学校就读。1950年9月，鲁道夫·赫斯写信给儿子：“你必须相信我说的一件事，一个人要默默承受委屈，不发怨气，同时完全清楚自己的行为方正不阿，这样他的内心自由就不会受到影响。”[21] 1954年，依尔瑟·赫斯出了一本书：《鲁道夫·赫斯：和平的囚徒》****。她在书中叙述了1941年5月她的丈夫从奥古斯堡飞到英国的事，该书还收录鲁道夫·赫斯入狱后夫妻两人之间鱼雁往返的大量文字内容。他们通信时会使用一套自己创造的代码，例如“笑”是以一条波浪形线条代替。这个私人书写仪式起初被英国人解释成某种情报密码。

---

* 萨勒姆（Salem）：位于德国西南部巴登-符腾堡州的一个小镇，距离德国与瑞士边境的康斯坦斯湖不远。

** 萨勒姆王宫学校（Schule Schloss Salem）：由德国教育家库尔特·哈恩（Kurt Hahn）在巴登马克西米连（Maximilian von Baden）亲王赞助下于1920年成立于萨勒姆，兼收男女学生。纳粹掌权后，身为犹太人的哈恩被迫移民到苏格兰，于1934年在那里创设不列颠戈登斯敦萨勒姆学校（British Salem School of Gordonstoun），后来又陆续设立外展学院（Outward Bound Colleges）及世界联合书院（United World Colleges）。德国本校除萨勒姆外，现于巴登-符腾堡州的荷恩费尔斯（Hohenfels）及乌伯林根（Überlingen）皆设有校区，被视为欧洲精英学校翘楚之一。

*** 巴登贝特霍德（Berthold von Baden）：该校成立时的赞助者巴登马克西米连的儿子。1929年父亲去世后，他成为策林根（Zähringen）家族族长，接掌名存实亡的“巴登大公国”。巴登大公国存在于1806—1918年间，位于德国西南部莱茵河东岸一带。

**** 德文原书名：*Gefangener des Friedens-Neue Briefe aus Spandau*（《和平的囚徒：寄自斯潘道的最新信函》）。

1955 年，依尔瑟·赫斯在阿尔高山区的盖仑贝格（Gailenberg）开设民宿，取名为“贝格赫尔贝格山庄”（Bergherberg）。终其一生，她一直跟亲国家社会主义人士和以歌德伦·希姆莱为代表人物的极右组织走得很近。此外，在依尔瑟经常联络的人士当中，包括薇妮芙瑞·瓦格纳，她是作曲家理查德·瓦格纳的媳妇，毕生支持德国工人国家社会主义党。因此，在沃尔夫·吕迪格·赫斯的成长环境中，纳粹主义的理想不但没有被摒弃，甚至受到崇仰。

沃尔夫·吕迪格的求学过程非常顺利，1956 年通过会考，成功取得高中文凭。接下来他跟一位同学远赴南非旅行。他在那里实际看到的情形跟媒体的报道方式有落差。他认为种族隔离是好事，而且白人理所当然应该统治国家。[22] 那趟旅行期间，他染上热带疾病，并在当地接受治疗，几年后他出现严重的肾脏问题，他认为是那次治疗造成的后果。

在那段期间，他决定跟媒体对第三帝国所做的报道划清界线，特别是关于他的父亲鲁道夫·赫斯的部分。他挺身捍卫父亲，认为他是受到不平屈辱的被害者。对沃尔夫·吕迪格·赫斯而言，他的父亲一定是在希特勒同意下才奔赴英国进行建立和平的尝试。为了支持这个论点，他除了提出这两个人物之间的密切关系以外，也谈到他在起飞前几天跟希特勒所作的将近四小时的交谈。他还指出，父亲在英国被关押之后，希特勒设法让他的母亲领取生活津贴。根据某些历史学者提出的理论，他的父亲决定进行该项和平尝试是为了重振他在元首身边的权威地位，但沃尔夫·吕迪格坚决否认这种说法。

1959 年，他拒绝进入联邦国防军服兵役，他提出的理由是，他的父亲就是因为在 1935 年 3 月 16 日共同签署导入兵役制度的法律而被判处终身监禁。他两次前往退除役审查委员会，当医官问他比较想去哪个部队时，他作了个吊诡的答复：“假使我没有被迫拒绝服役，我会对阿尔卑斯山地部队比较感兴趣。”1959 年，他写信给退除役审查委员会：“想必你们很清楚，我的良知禁止我为那些审判我父亲的人服兵役。”他宣称，如果当局硬要他服兵役，他们可以随时去逮捕他。他的除役申请起初因为缺乏法理依据而被拒绝，但 1964 年，他终于能以“良知型拒绝服役者”的资格免除服兵役的义务。他进入慕尼黑工业大学就读，后来成为土木工程师。[23]

1960 年代，他致力为父亲平反。他积极通过所有媒体宣扬“和平使者”的迷思，这个迷思是他父亲和他的律师阿尔弗雷德·赛德尔（Alfred Seidl）在纽伦堡大审判期间共同塑造的神话。赫斯经常强调纽伦堡大审判是一种“胜利者的司法”，面对审判者，他的抗辩重点是他曾经扮演“和平大使”的角色。一个称为“为鲁道夫·赫斯争取自由”的委员会发起一项请愿运动，收集到三十五万人的签名，其中包括前联邦德国总统古斯塔夫·海涅曼（Gustav Heinemann）和里夏德·卡尔·冯·魏茨泽克（Richard von Weizsäcker），诺贝尔奖得主奥托·哈恩（Otto Hahn）、维尔纳·海森堡（Werner Heisenberg），以及恩斯特·云格尔（Ernst Jünger）等知名作家。他也设法让某些历史学者接受了他的观点，例如作家托马斯·曼（Thomas Mann）的儿子戈洛·曼（Golo Mann）。戈洛·曼答应为沃尔夫·吕迪格的一本书写序，并强调赫斯绝不是好战的军人。不过从一开始就接受沃尔夫·吕迪格的观点，而且一直在身边支持他的，是他的母亲依尔瑟。

1967 年 11 月 20 日，依尔瑟·赫斯接受德国《明镜周刊》

(*Der Spiegel*)专访。自从丈夫鲁道夫驾机飞往英国那天，她已经有二十六年不曾与他谋面。被关押在斯潘道监狱的鲁道夫一直不愿让家人看到那种凄惨的场面。在依尔瑟的心目中，丈夫是因为与英国进行和平协商的企图失败而陷入忧郁。她拒绝接受丈夫被诊断出精神病的事实，顶多只是承认他经历了一段低潮。

不同医生对他的情况有不同看法。有些医生认为赫斯罹患抑郁症，其他医生则认为他患有精神分裂或多重疾病。英国医生、精神科专家及皇家陆军医疗队少校亨利·维克托·迪克斯(Henry Victor Dicks)在赫斯于英国被捕后负责为他作检查，他认为赫斯有严重的抑郁症和偏执狂型精神分裂等病兆。这名精神病专家指出："我走进房间时，第一个印象就是：老天，这是典型的精神分裂案例。"他也表示赫斯有疑病症倾向，并发现他在动身飞往英国前随身准备了阿司匹林、助泻剂、咖啡因锭剂、巴比妥类药物*、杀菌剂、甲基安非他命**、鸦片制剂、顺势疗法***药品以及晕机药片等等，可以说一应俱全！[24]赫斯后来曾企图自杀，证明他确实罹患抑郁症。英国首相丘吉尔坚持主

---

* 一种作用于中枢神经系统的镇静剂。

** 一种人工合成的兴奋剂，其盐酸盐或硫酸盐俗称"冰毒"。

*** 顺势疗法(homéopathy)：一种替代疗法，1796年由德国医生萨缪尔·哈内曼(Samuel Hahnemann)按其以同治同(similia similibus curantur)理论所创。该理论认为，如果某个物质能在健康的人身上引起病人患某病时的症状，将此物质进行稀释及震荡处理后，就能治疗该病症。此疗法已被证实为伪科学，对任何病症均无作用，效果不及安慰剂，病人感受到的"疗效"只是安慰剂效应及人体自然康复的结果。不过顺势疗法在欧洲依然非常普及，在德国、比利时、法国等地区，半数人民会使用这种疗法。欧盟及美国将其认可为替代性医疗的一环，在许多欧洲国家也被列入健保给付范围。世界卫生组织统计显示，顺势疗法在高所得国家中是最受欢迎的替代疗法(针灸排名第二)。

张赫斯的精神状态完全正常，在他的要求下，赫斯的病状没有被公开——这件事背后的原因是，如果德国发现赫斯被诊断出精神失常，他们可以要求将他引渡回国。美国心理学家道格拉斯·凯利（Douglas M. Kelly）在纽伦堡大审判期间证实了赫斯患有抑郁症的诊断结果。他认为赫斯处于“接近严重精神崩溃”的状态。[25]他还指出赫斯有恋父情结，对象是希特勒。他认为鲁道夫·赫斯一直想找到具备父亲权威的替代者，首先他把这种需求投射在他的老师卡尔·豪斯霍费尔身上，后来则转移到希特勒。赫斯夫人认为这个诊断荒谬至极，充满政治考量的意味，甚至是造假的结果。另外，赫斯被认为患有失忆症。为了断定他是真的罹患这个病症还是只是假装，负责在纽伦堡进行侦讯工作的艾门上校安排他在 1945 年 10 月 10 日那天跟卡尔·豪斯霍费尔教授对质。豪斯霍费尔是一名地缘政治学家，后来成为赫斯的人生导师和朋友。在那场对质中，赫斯得到一些妻儿的音讯。豪斯霍费尔告诉他：“你的儿子很棒，他现在七岁了。我跟他见了面，跟他说再见，就在那棵取了你的名字的橡树底下。”[26]

赫斯被监禁在英国期间，一直把三幅人像挂在他床对面的墙壁上：一是他的夫人，二是他的儿子，三是元首希特勒。在纽伦堡时，他只随身带了前面两幅。他跟他的两名前秘书对质时，进一步获得了关于家人的消息。不过精神科医生无法通过这些会面场合明确断定鲁道夫·赫斯是否有模拟失忆症的嫌疑。他曾经在被问到关于他的妻子和儿子的情况时，表示他连他们的名字都忘了[27]；只有通过身边的一些照片，他才能回想起他们的存在。不过在写给他们的家书中，赫斯确实会写出妻儿的名字，这点似乎代表他并没有失忆。赫尔曼·戈林相信赫斯患弄了法庭以及为他诊疗的精神科医生。他曾开心地告诉赫斯："我原本对这件事还有点疑惑，不过当你表现得好像连豪斯霍费尔都认不得时，我就再也不怀疑了。"[28]无论如何，有一件事千真万确：他自始至终一直保持他那种偏狭的狂热主义。

通过跟依尔瑟的书信往返，赫斯持续关注儿子的教育。他会寄函授课程教材给他，并且敦促妻子让他读希腊文。他希望儿子不要太快长大，而且经常能有休闲活动，借此逃脱辛苦的德国日常生活。鲁道夫·赫斯已经许多年不曾让人拍照，因此他在儿子心中的形象逐渐晦暗起来。只有一名摄影师曾经从围绕斯潘道监狱的铁丝网顶端捕捉到赫斯的模糊影像。

赫斯在斯潘道的许多狱友以精神病为由请求提前出狱，但赫斯拒绝这么做。他也不准声援他的人采用这个论点，因为他认为身为纳粹德国的第一副手，永远不显出软弱的姿态是他责无旁贷的义务。1969 年 11 月，他罹患严重的胃溃疡及十二指肠溃疡，这时他终于放弃坚持，决定接见亲人。他请典狱长让他的妻儿享有探视他的权利。不过在第一次及后来几次会面时，他们被禁止谈论任何有关政治或国社主义的话题。

1969 年沃尔夫·吕迪格终于再度见到父亲，当时他已经三十一岁，赫斯则已经七十五岁。狱方不准他们拥抱亲吻，甚至连握手也不被容许。他们从不曾获准单独见面，至少必须有四名典狱长中的一名在现场监督。第一次见面是在 12 月 24 日，沃尔夫·吕迪格跟母亲一同前往。一直要等到 1982 年，他才第一次拥抱父亲。但是赫斯不能接受任何礼物，连生日或圣诞节都不行。沃尔夫·吕迪格有无数问题想问父亲，但那些问题永远不会有答案。每当有人问起他的休闲生活，他总是这么回答："我没有休闲生活，我把所有空闲时间都奉献给我的父亲。"他写了三本关于父亲的书，第一本在 1986 年问世：《我的父亲，鲁道夫·赫斯》（*Mein Vater Rudolf Heß*）；第二本出版于 1989 年：《鲁道夫·赫斯被谋杀？我父亲在斯潘道的离奇死亡》（*Mord an Rudolf Heß? Der geheimnisvolle Tod meines Vaters in Spandau*）；最后一本则是《鲁道夫·赫斯：我无怨无悔》（*Rudolf Heß: Ich bereue nichts*），1994 年出版。[29]

在《我的父亲，鲁道夫·赫斯》一书中，沃尔夫·吕迪格详细说明父亲被关押的情况，并援引法国牧师卡萨里斯（Casalis）对斯潘道监狱的囚犯受到的不人道待遇所发表的评述。[30]他认为他的父亲是全世界最孤单的囚犯。他每个月只能收到一封信，每封信的长度不能超过一千三百个字。赫斯的家人每年都会把过去一年间赫斯写给他们的十二封信细心包装起来。[31]狱方甚至要求赫斯夫妇停止使用代替“笑”这个字的波浪形横线。许多信因为没有遵守斯潘道监狱所定的通信规则，结果根本没寄出去，因此有时两次收信之间的间隔长达好几个月。鲁道夫·赫斯收到很多儿子的照片，但他会向妻子依尔瑟抱怨他无法真正知道儿子的长相，因为每张照片的拍摄角度或光线都不一样。[32]

1966 年，希特勒政权的建设暨军备部部长阿尔贝特·施佩尔和前希特勒青年团团长巴杜尔·冯·席拉赫双双获释之后，赫斯成为斯潘道监狱的唯一囚犯。在最初关押于此的七名囚犯中，另外四人早在 1950 年代就已经被释放。赫斯是全世界最花钱的犯人，身为整座监狱的唯一受刑人，德国政府每年必须为他拨出两百五十万马克的经费。

在父亲被囚禁那些年间，沃尔夫·吕迪格·赫斯一直四处奔走，设法让父亲获释，或者至少改善他在监狱中的生活条件。1987 年 1 月，小赫斯得到一丝希望，因为苏联大使馆在经过二十年以后，首度回应了他的请求。在此之前，苏联一直坚决反对以人道理由释放赫斯，因为苏联是德英协约的主要受害者，对德国积怨难平。但随着东西欧之间的关系逐渐缓和，苏联的立场也开始软化。苏联大使馆与沃尔夫·吕迪格约定在1987年3月31日下午两点展开磋商。他到监狱探望父亲时，向他报告这个消息，这时他发现父亲的身体变得更衰弱，已经无法自己走路。同时，鲁道夫·赫斯告诉儿子他已经提出有条件释放申请。这时的赫斯已经坐了四十六年的牢，其中四十二年是在斯潘道监狱度过。

1987年4月13日，《明镜周刊》登出一篇文章，标题是“戈尔巴乔夫是否将释放赫斯?”沃尔夫·吕迪格·赫斯认为他的父亲即将获释。但是，1987年8月17日，一名记者打电话到他的办公室，告诉他父亲已经濒临死亡。同一天下午，他又接到斯潘道监狱美国籍典狱长哈洛德·齐恩（Harold W. Keane）的电话，对方向他证实鲁道夫·赫斯已经死亡。正式死亡通知书以英文写成：“谨此通知令尊已于本日下午四时十分去世。但因未经允许，恕无法进一步提供细节。”[33]

隔天，沃尔夫·吕迪格在父亲的律师赛德尔博士陪同下前往监狱时，在监狱入口遭到一群民众围堵。他坚信父亲被人暗杀。他觉得典狱长齐恩神色紧张，而且他不明白为什么狱方禁止他看父亲的遗体。验尸报告显示赫斯是在监狱的庭园小屋内用电线上吊自杀，那里是他平日习惯去的地方。他被发现以后，虽然狱方设法抢救，但他还是在下午四点十分被宣告死亡，时年九十三岁。整整一个月后，同盟国方面才在9月17日发表官方报告，说明他的死因。

赫斯被囚禁在斯潘道期间，他的儿子一共探视他一百零二次。尽管父亲被关押数十年，但沃尔夫·吕迪格认为他跟父亲之间的精神联结从未改变。他毕生活在父亲的身影下，为父亲奔走奋斗。父亲死去以后，四十九岁的沃尔夫心脏病发作，被紧急送往慕尼黑的医院。[34]

为了避免斯潘道监狱成为纪念纳粹的圣地，赫斯去世后，监狱立刻被下令拆除。通过同盟国和赫斯家人之间的协议，他的遗体没有火化。它被送还给了家人，安葬在巴伐利亚的家族墓室中，葬礼只让亲人参加。

沃尔夫·吕迪格·赫斯坚信父亲是被暗杀的，因此在接到父亲的遗体以后，他立刻请人在慕尼黑进行第二次验尸。负责这个工作的沃尔夫冈·施潘（Wolfgang Spann）教授在 1988 年 12 月 21 日提出验尸报告，说明老赫斯的死因是窒息（这点跟第一次验尸所获的结果一样），不过施潘教授也指出赫斯的脖子上似乎有勒痕，因此不无可能是被人勒死。除了这次验尸以外，斯潘道监狱的两份守卫证词提到英国情报部门人员在监狱中出没的事，并指出那些人在美国中央情报局同意下处决了鲁道夫·赫斯。另外，根据盟国方面的说法，赫斯死后，口袋里找到一张便条，但沃尔夫·吕迪格怀疑那张便条的真实性。他认为便条内容不符合 1987 年的实况，而且最后一句话的写法——“写于我死前几分钟”——完全不像他父亲的表达方式。沃尔夫·吕迪格认为那是一个骗局，盟国方面其实盗用了一封鲁道夫·赫斯写于二十年前，但从没被寄出去的家书。对他而言，父亲毫无疑问是被暗杀的，而主谋者是英国，目的是避免历史真相浮出台面。若非如此，为什么某些与他在英国被监禁期间有关的文件被列为国防机密，要等到 2017 年才能解禁？沃尔夫·吕迪格一直相信当年他的父亲为了和平，甘冒生命危险。在他眼中，父亲是个受害者，而不是罪犯。他认为父亲之所以成为“殉道者”，完全是同盟国造成的结果。假如他跟阿尔贝特·施佩尔一样在二十年前被释放，就不会有后来这些问题。

沃尔夫·吕迪格从不接受父亲被判有罪的事实。他自始至终一直将父亲的形象理想化，坚决认为他是一名和平使者。1935 年，他的父亲是纽伦堡种族歧视法的主要签署人之一，但对他而言，那些法律条文只不过是用德文表达出正统派犹太人希望跟信仰其他宗教的人民分开生活的意志。那些法律本身并没有什么不好，问题只出在少数几个纳粹应用那些法律的方式。他认为他的父亲不可能参与过欧洲犹太人的大规模灭绝行动。为了证明他的论点，他举出父亲的老师及人生导师卡尔·豪斯霍费尔的例子，豪斯霍费尔的妻子拥有犹太人血统，而老赫斯主动发给他们一张安全通行证，使他们不必受制于那些他自己先前颁行的法律。

最后一点，对沃尔夫·吕迪格而言，1939 年 9 月德国入侵波兰的目的是保护波兰境内的德裔少数族群，因为波兰当局将他们成千上万地消灭。希特勒别无选择，只能向波兰进攻，以免德国人遭受全面包围。沃尔夫·吕迪格将父亲写出的文字视为《圣经》。他无法接受父亲被暗杀的理论不被主流舆论认可。他是个尖酸刻薄、充满仇恨的人，尽管铁证如山，他却毫不犹豫地否认最终解决方案的存在。有人把他描述为修正主义者，他的回答是：“关于德国历史，德国人民被灌输了许多谎言，如果修正主义的意思指的是脱去那些谎言的面具，那么我愿意当个修正主义者。”[35]

他认为德国只犯了一个错：在《凡尔赛条约》中输了一场正在萌芽的战争。希特勒既不是疯子，也不是猛兽。跟整个德意志第三帝国一样，他遭到丑化，成为一场巨大的宣传攻势的牺牲者，那些荒唐的宣传针对纳粹政权的被害者人数及纳粹的灭绝行动等问题，散布各式各样的无稽之谈。幸免于难者的证言？一堆人写文章说纳粹的效率有多高，难道大家不觉得奇怪，为什么会有这么多“幸存者”？沃尔夫·吕迪格·赫斯坚称，就技术层面而言，毒气室不可能像世人所说的那样运作。[36]

沃尔夫·吕迪格对父亲感到非常骄傲，他不但从不认为他的姓氏是一种诅咒，反而相信它为他带来好运。跟艾妲·戈林一样，他觉得他的姓氏好处多多，因为无论过去、现在、未来，民众一直喜爱他的父亲。在他眼中，父亲是党的良心，他相信父亲长年被监禁的结果只会使德国人更加认同他。

沃尔夫·吕迪格的儿子名叫沃尔夫·安德列亚斯，他跟纳粹领袖希特勒一样，都出生在 4 月 20 日，这个巧合使当爸爸的他欢喜不已。跟他的父亲当年把他取名为“沃尔夫”的理由一样，他为自己的儿子取“沃尔夫”这个名字也是为了向领袖致意，因为那是希特勒在他的“奋斗”期间使用的别名。老赫斯的孙子生长在一个祖父受到无比崇敬的环境中，他的父亲会非常自豪地说，他对他的一切都极感兴趣，而且“他完全能体会他有多么重要”[37]。沃尔夫·吕迪格·赫斯还有另外两个孩子，他们同样在这种个人崇拜的氛围中长大，不过世人对他们的事所知极少。沃尔夫·吕迪格后来健康状况不佳，在十年之间必须靠洗肾维持生命，最后在 2001 年辞世。

沃尔夫·吕迪格·赫斯生前一直是“鲁道夫·赫斯公司”的负责人，为捍卫父亲不遗余力。这家公司成立于 1988 年，其宗旨在于设法证明鲁道夫·赫斯被暗杀，以及查明他的真正死因。该公司为此设立了一些网站，向民众传播他们分析调查的结果。其中一个网站是 www. meinungfreiheit. de，它的目的是提供给网友一些与鲁道夫·赫斯的生平和死亡有关的“中立”事实，不过这个网站目前已经不存在。

沃尔夫·安德列亚斯·赫斯后来成为资讯工程师。他一度计划成立一个以纪念祖父为宗旨的网站，但在2002年间被判刑，原因是他在网络上宣称达豪集中营的毒气室不曾存在，那只是美国人在战后为了吸引观光客而装设的玩意罢了。[38]

2011年，也就是鲁道夫·赫斯死后二十四年，他被埋葬在巴伐利亚温基德尔（Wunsiedel）村的遗体在极度保密的情况下被挖了出来，经过火化以后，骨灰被撒进大海。挖掘坟墓的工作是赫斯家人应当地村长的请求而进行的，目的是停止新纳粹分子在赫斯的墓地举行纪念活动，特别是在赫斯的忌日那天。不过每年数以千计怀念第三帝国的民众都会举行静默游行，向赫斯致意。

跟歌德伦·希姆莱或艾妲·戈林一样，沃尔夫·吕迪格·赫斯毕生致力捍卫父亲，将他视为烈士。其他一些纳粹后代则跟这些人相反，他们在知道真相以后，心中充满恨意。德占波兰总督汉斯·法郎克的儿子尼克拉斯就是绝佳的实例。

尼克拉斯·法郎克的父亲在战后被判处死刑。对沃尔夫·吕迪格·赫斯而言，法郎克的儿子是个该送进医院的疯子，他对父亲的仇恨简直罪大恶极。反之，尼克拉斯·法郎克觉得沃尔夫·吕迪格·赫斯非常可悲，父亲一辈子坐牢，儿子的命运则在父亲身影的重压下扭曲变形。

谈到鲁道夫·赫斯被终身监禁的事时，尼克拉斯·法郎克曾经表示：“在这个部分，赫斯的儿子背负的担子比我的更重，他的命运更沉重。”[39]

Niklas Frank

尼克拉斯·法郎克：渴求真相的总督之子

“就在转角那边，司机，停车！就是这里。他们做的胸衣可真美！算了，我们还是先去看毛皮大衣好了。你在这里等我！尼克拉斯，你也是，我去去就来。”一对幼小的双眼几乎还够不上后座车窗下缘，那是一辆黑色奔驰大轿车。才四岁的小尼克拉斯必须站上汽车座椅，把鼻子贴在窗玻璃上，才能勉强看到那个在克拉科夫*被称为“禁城”的城区。“禁城”被三米高的围墙及铁丝网包围，电车穿越那里时不会停靠。那是犹太人被集中管制的特别居住区。一个阴森的现实景况矗立在小男孩眼前，使他深深迷惑。他本来很高兴平常显得遥不可及的妈妈答应让他陪她出门，但来到这个地方，他却无法理解展现在他面前的可怕画面。空气中弥漫着死亡的气息，他甚至可以瞥见人行道上的尸体。

有一天她母亲告诉他，如果要买最棒的紧身胸衣，就得到

---

* 克拉科夫（Cracovie，波兰文 Kraków，德文 Krakau）：全称克拉科夫王家首都市（Królewskie Stołeczne Miasto Kraków），位于波兰南部，是波兰第二大城，也是波兰旧都。克拉科夫自 1038 年起成为波兰首都，直到 1596 年迁都华沙为止。克拉科夫的雅盖隆大学（Uniwersytet Jagielloński）是中欧第二古老的大学，创立于 1364 年，仅次于 1348 年成立的布拉格大学（华沙大学则迟至 1816 年才成立）。1795—1918 年波兰亡国期间，以该城为中心先后建立了克拉科夫自由市及克拉科夫大公国。纳粹的第一大集中营“奥斯维辛-比克瑙集中营”位于克拉科夫西南方六十余公里处。

犹太人那边去，因为“没有人做紧身衣能比犹太居住区的人做得更美”。想必紧身胸衣非常重要，至少是重要得让人愿意特地跑到那种地方。不过他们不必害怕，因为有司机和一名军士保护母子两人。要是有人胆敢太过靠近轿车，不是被当场打死，就是立刻枪毙。可是，那些人是谁？是人类吗？不对，元首曾说他们只是一堆“虫子”，必须消灭才行。尼克拉斯被搞糊涂了。虫子会做出最美的紧身胸衣？他的妈妈为了买那些紧身衣，居然愿意踩脏鞋子，亲眼观看这种悲凉的景象？她总说犹太区“so schmutzig”（脏死了），难道因为紧身衣，她却愿意到这里来？一万五千名到两万名犹太人被迫生活在这个拥挤的地方，设法求生存。他们的头上长了虱子，伤寒之类的疫病时时肆虐。

“那些骨瘦如柴的人在这个穷得令人心惊、脏得令人作呕的城区做什么？”小男孩自忖，“我看到一些小孩，其中有些跟我年纪差不多。他们为什么在这里？他们看起来很害怕。他们的衣服又脏又破。他们半裸着身体，瘦得几乎骨头都露了出来！他们到底做了什么，竟然会生活在这么残破的地方？他们被处罚了吗？还有，他们的眼睛好大好大！几乎比脸还大！他们没东西吃吗？在我们家，好吃的东西多得很，连巧克力都有！”小男孩也搞不懂这个城区里的小孩看到他的时候显现出来的神态。“为什么他们盯着我看？尤其是那个手臂上有一颗黄色星星的男生。我做了什么不好的事吗？是我们家的车子有问题？发生什么事了？我要对他狠狠做个鬼脸，然后对他吐舌头，这样他才会停止用奇怪的眼神看我！这就对啦！成了，我让他害怕了，他一下子就跑了。做得好！”

当然，他在家里早就听过“特别居住区”这个词，他知道在那里可以讨价还价，用低价买到各式各样属于所谓“犹太人”

的物品，但是原因何在，他无法理解。母亲返回车上时，他问她："妈咪，为什么他们不笑？为什么他们看我们的时候样子凶巴巴的？"然后他又说："可是今天是星期天啊，而且他们手臂上的黄色星星那么漂亮！"他知道这天是星期天，因为每逢周日，他总会穿皮马裤和西装外套。但是母亲对他的问题似乎不以为然，叫他别多话。她要他停止问问题，他不明白为什么。这个小男孩名叫尼克拉斯·法郎克，他是汉斯·法郎克的儿子，他的父亲就是臭名昭著的"克拉科夫屠夫"。

他一个犹太人也不认识。他不知道黄色星星代表什么意思。比他大十一岁的哥哥诺曼曾经告诉他，战争开始以前，他的班上有个犹太同学，有一天，他忽然消失了，没有人关心他发生了什么事。他也到过犹太居住区一次，是他们父亲的司机带他去的。他认为特别居住区在他们搬到波兰以前就已经存在，不过他不知道为什么要去那里参观。[①]

通常尼克拉斯会待在车子里，他的母亲布莉姬特则没什么顾忌地在犹太居住区内走动。每次她都会带回来一些珠宝、毛皮大衣、地毯或其他价值不菲的物品。能买到那么价廉物美的东西，她高兴极了！这是唯一重要的事。对于居住区内那种冷若冰霜的寂静和无法言喻的困苦，她完全没感觉。

某次前往犹太区时，尼克拉斯获准走到车外晃荡。他走进一条阴暗的街道，一栋阴森的房子吸引了他的注意力。小男孩费劲推开一扇沉重的门，在门后方看到一名发怒的男子对一名瘦骨嶙峋的老妪说："老巫婆生气了。"老妪只是低头看着地面。那个情景太吓人，小男孩哭了起来。这时那男子对他说了一句："干嘛这样神经兮兮的，她很快就要死了。"尼克拉斯永远不会忘记那天他看到的种种情景。多年以后，在一个刻意不开暖气的房间里，他坐在书桌前，用从前属于她母亲的艾黎卡（Erika）牌老打字机打出第一本关于他父亲汉斯·法郎克的著作，这时，那些画面一个个都浮现在他的脑海。

1939年抵达波兰以后，法郎克一家人幽居在瓦维尔（Wawel）王宫，那是雅盖隆王朝的城堡，位于总督府城克拉科夫的一处制高点。尼克拉斯的父亲把这座文艺复兴城堡挪用为官邸，并按照第三帝国的品位，重新布置了一个侧翼。一面大型纳粹旗帜飘扬在城堡上方。法郎克一家人集荣华富贵于一身，他们住在二楼的私人套间中，为数众多的用人全日服侍他们，“小王子”尼克拉斯过着令人难以想象的奢华生活。七十多年后，他还记得父母送车子给他和他哥哥的情景。两个小朋友各得到一辆小汽车，尼克拉斯欣喜若狂，立刻坐进比较漂亮的那辆迷你奔驰……但母亲很快就把他叫了出来，告诉他那是哥哥的车。他失望不已，因为他觉得另外那辆玩具车实在很平凡。② 不过没关系，兄弟俩仍旧开开心心地驾车巡游城堡。小尼克拉斯会躲在宽敞走道的转角处，看到用人出现时，就奋力踩着踏板，朝他们的腿部冲去。不过没有人会骂这个小城堡主人——总督的贵公子。

城堡中盛宴如流水，酒窖里藏了顶级法国葡萄酒和干邑。宾客抽的是哈瓦那雪茄。银质餐盘上送来一道道佳肴珍馐，然后是巧克力、水果软糖等各式甜品。谁会想到就在城堡附近，许多人正生活在恐怖的贫困中，因为饥饿而死。

那些特别居住区最初是由警方所设置，后来当局通过立法，为它们提供法理依据。但一直要到大战结束以后，尼克拉斯才知道他的父亲在这个过程中所扮演的角色。汉斯·法郎克宣称他采取这个措施是为了“犹太人的利益”③。对尼克拉斯而言，他的母亲“必须感谢希特勒创立那些居住区，那是史上首见的廉价超市，而且专为法郎克一家人而设”。

精神科医生发现，某些高官表面上显得非常正常，毫无狂热主义或虐待狂的倾向，但汉斯·法郎克的情形不一样。性情善变而内心充满折磨的他从一开始就毫无保留地将自己沉溺在国家社会主义中。直到最后一刻，他一直表现得像个奴仆，忠心耿耿地服侍“领导艺术的光荣魔术师”——阿道夫·希特勒。他将希特勒视为上天赐予的“超人”④，不顾一切地想要接近他、吸引他的注意。汉斯·法郎克出自一个有三个小孩的德国中产阶级家庭，父亲是一名律师。但他父母的夫妻关系很早就走上穷途末路，小孩年纪还小时，母亲就离家跟随情夫而去。汉斯·法郎克的生活从此被拉扯在离异的双亲间。长大以后，他前往慕尼黑上大学，修读的是法律，这时他的思想开始变得极端。他以近乎偏执的方式迷恋德国文化及德国强盛的理想。1923 年，他加入纳粹党的“冲锋队”。当时希特勒还只是个在啤酒馆摇旗呐喊的煽动者，但这个口若悬河的演说家拥有号召庶民的力量，汉斯·法郎克很快就拜倒在他的魅力下。

大学时期，他遇到后来的妻子布莉姬特·赫布斯特。二十九岁的布莉姬特当时是巴伐利亚议会的秘书，年纪比汉斯大五岁。1925 年 4 月 2 日，他们的婚礼在慕尼黑举行。1926 年，汉斯取得法律学位，然后在纳粹党的“奋斗”蹿升期间成为希特勒和纳粹党的辩护律师。

1933 年，汉斯·法郎克被任命为巴伐利亚司法部部长及德国法律学院院长，一年后，他又成为德意志帝国不管部部长。他为希特勒的极权政权打造出法律基础，虽然后来他否认这点。法郎克表示：“第三帝国的宪法制度是元首的历史意志在法律上的具体展现，但元首的历史意志并不在于满足他展开活动以前的法律条文。”[5]他开始采取措施，将犹太人摒除在总政府之外，并宣称：“如果法制不能获得维护，政府将失去它的道德良知，陷入黑暗及恐怖的渊薮……各位可以确定一件事，我宁可走向自我毁灭，也不愿放弃这个法制的概念。”[6]他认为自己不但是法制的仆佣，而且几乎是为法制赴汤蹈火的志士。至于希特勒，他却痛恨法制，认为法学家是人间最像罪犯的角色，所有从事法律的人就算不是生性邪恶，也会随着时间逐渐变得邪恶。[7]

1939 年秋天，汉斯·法郎克最小的儿子尼克拉斯才七个月大时，他被任命为波兰总督，确切地说是在纳粹占领的波兰中心地区担任首长。他因此成为负责管理犹太居住区的官员，其中包括规模最大的华沙犹太区（华沙犹太区成立于 1940 年，1943 年摧毁）。在法郎克管辖的区域内，将近两百万名犹太人在贝尔赛克（Belzec）、索比布尔（Sobibor）及特雷布林卡（Treblinka）的集中灭绝营被送进毒气室。[8]

汉斯·法郎克有五个小孩，包括三个男孩和两个女孩。长子诺曼出生于 1928 年 6 月 3 日，最小的儿子尼克拉斯则在 1939 年 3 月 9 日诞生。布莉姬特·法郎克很喜欢提醒丈夫她为他生了五个小孩的事，借此强调他们的结合具有高度正当性。如果她在怀胎时无法确定小孩爸爸的身份（她有时会红杏出墙），她宁可把肚子里的孩子拿掉。而当汉斯·法郎克显出怀疑的态度时，她会宣称自己流产，而且婴儿还太不成熟，无法存活。

1939 年 11 月 25 日，汉斯·法郎克在波兰中东部城市拉多姆（Radom）发表演说向民众介绍自己时，将他的使命描述如下：“我很高兴终于有机会对犹太种族进行身体攻击。他们死得越多就越好。”[9]当时有六万六千名犹太人住在克拉科夫。汉斯·法郎克主张全面消灭这个城市的犹太人，重新建造完全属于德国人的城区，让人能呼吸“德国好空气”。小儿子尼克拉斯依稀记得，希特勒任命他的父亲为波兰总督时，他向他母亲宣布：“布莉姬特，你现在是波兰王后了！”1941 年秋天起，汉斯·法郎克的优先工作是解决“犹太问题”。自此以后，任何擅自离开特别居住区的人都可能被判处死刑。猎杀犹太人的行动正式展开，可怕的屠杀事件在德占波兰全境蔓延。犹太人不再只是被遣送到特别居住区接受管制，而是被运往集中营，一下火车就被直接送去消灭。⑩

尼克拉斯不太记得从什么时候开始法郎克家年纪比较小的三个小孩被迫过着来回在德国和克拉科夫之间的生活。不过他指出，他的母亲不喜欢跟稚龄小孩一起出行，而他们每年只在克拉科夫住几个月。其他时间他们都待在巴伐利亚的老家，由保姆希尔德照顾。⑪只有排行第一的大女儿希格莉德和老二诺曼从 1941 年开始就一直住在克拉科夫，在当地的德国学校上学。

法郎克夫妻跟小孩比较疏离，不太会给他们温暖。在家里，尼克拉斯的小名是“陌生人”。他记得父亲会问他：“你是谁，小陌生人？你根本不是我们家的人，对吧？那你到我们家是要做什么呀，小陌生人？”然后他会追着小朋友绕着圆形大餐桌跑，但一直抓不到他。那时小朋友心里想要的只有一件事，就是爸爸会把他抱进怀里，只要一次就好。尼克拉斯说自己是个会让别人不自在的小孩，他个性安静，习惯在旁默默观看他那个“罪犯家庭”。⑫

他的母亲是个尖酸刻薄而且充满控制欲的女人。多年以后，尼克拉斯写了一本关于她的书，他在书里以愤恨的笔调将母亲描述成典型的“德国母亲”。⑬法郎克家的孩子都不记得小时候父母曾经亲过他们或抱过他们。他们说他们的父母只是忙着过各自的生活。他们不太记得父母在身边的情景，负责照顾他们的人是保姆。在诺曼的幼年生活中，他只记得母亲的存在，父亲几乎不在家。但是就连母亲也很少花时间陪伴孩子。法郎克夫妇不断设宴款待客人，不是一些第三帝国重要人士，就是著名的音乐家、歌剧演唱家、电影明星。汉斯·法郎克认为自己是个文化人。第二次世界大战期间曾在东欧前线担任战地记者的意大利作家库尔齐奥·马拉巴特*在《完蛋》中提到，他记得汉斯·法郎克梦想自己是个文艺复兴时代的意大利领主，在毫不知羞的奢华排场中举行华丽盛宴，让一群朝臣众星拱月，而与此同时，外面的波兰人民却在忍受饥饿与焦虑的煎熬。热爱古典音乐的暴君法郎克喜欢坐在法国普雷耶尔钢琴**前面弹奏肖邦的乐曲让宾客欣赏。然而讽刺的是，这位浪漫乐派作曲家被纳粹摒弃，纳粹甚至摧毁了耸立在华沙市区的肖邦塑像。马拉巴特特别指出，“他们（那些刽子手）患了一种神秘的疾病。他们特别害怕弱者、身无寸铁的人、被压迫的人、病人；害怕老人、妇女、儿童，害怕犹太人”。周末和假期时，法郎克

---

* 库尔齐奥·马拉巴特（Curzio Malaparte，1898—1957）：意大利作家、电影导演、记者、战地特派员、外交官。本名库尔特-埃里希·苏克尔特（Curt-Erich Suckert），父亲为德国人。年轻时期曾加入意大利法西斯党，后与其疏离，并于希特勒崛起之初即加以谴责。二战爆发后被派往东欧地区报道战地新闻，墨索里尼垮台后才返回意大利。马拉巴特被誉为二十世纪最重要的意大利散文作家之一，经常以薄伽丘式的年代纪事风格创作。最知名作品为自传体小说《完蛋》（*Kaputt*），他在书中以冷酷而诙谐的黑色笔调描绘他在二战时的经历与观察，见证欧洲崩溃解体的过程。

** 普雷耶尔（Pleyel）：知名奥地利裔法国作曲家伊格纳斯·普雷耶尔（Ignace Pleyel）于1807年所创的钢琴品牌，受到肖邦、圣桑、斯特拉文斯基、法利亚、拉威尔等大师的喜爱。其子卡米耶·普雷耶尔（Camille Pleyel）设立的音乐厅是当今巴黎著名音乐厅“普雷耶尔厅”（salle Pleyel）的前身。

一家人会前往克拉科夫附近美不胜收的克雷森多夫（Kressendorf）城堡。男孩们特别喜欢这个地方，他们在那里可以拿气动卡宾枪打鸟。诺曼记得他在那里打死的麻雀可能多达九十八只。[14]

有时汉斯·法郎克会同意在出差时把1940年就到波兰跟父母同住的大儿子诺曼带在身边。虽然当时诺曼已经十三岁，但他对那段日子的记忆很少。在前往维也纳的路上，他们有时会经过奥斯维辛，但诺曼表示当时他完全不知道那里在发生的事。就行政上而言，这个纳粹建立的第一大集中营区并不属于汉斯·法郎克以总督身份所管辖的领土，但它距离克拉科夫只有六十七公里。当然，诺曼知道那是个关押囚犯的营区，但他说他只在大战结束以后才听说那是进行大规模灭绝的地方。他的幺弟尼克拉斯认为他是在说谎。[15]

他记得有一天，他的保姆希尔德主动带他和一个哥哥进到一个劳动营内——应该是位于克拉科夫郊区的普拉绍夫（Plaszow）营区。他在那里目睹一个幼小儿童看了会觉得很好玩的情景：一些身体虚弱的瘦弱男子被放在猛力冲撞的驴子背上，结果那些可怜的人当然很快就被抛向地面，在旁观看的人群则显得乐不可支。然后一名身穿制服的亲切军官（尼克拉斯推测他应该跟希尔德走得很近）给了他一杯热巧克力。[16]

法郎克家的小儿子跟长子诺曼大相径庭，他什么都要知道。追求真相的欲望化成他的毕生职志。他对父亲的感觉到后来只剩下憎恨。他这样说他的爸爸：“可怜虫！他只对珠宝、城堡、派头十足的制服感兴趣，人命对他来说毫无价值。”他的统治风格以恐怖著称。汉斯·法郎克曾高声宣布：“我是波兰的德意志国王”，但一名在场人士告诉他，真正的国王绝不会说“我是国王”，这时法郎克冷静地回道：“我掌有波兰人民的生杀大权，但我不是波兰国王。我带着国王的宽容和善意对待波兰人，但我不是真正的国王。波兰人不值得拥有像我这样的国王。他们是一个忘恩负义的民族……他们不值得享有被一名德国人主宰的光荣。”⑰

法郎克夫妻的婚姻并不幸福。汉斯鲜少待在夫人身边。他在纽伦堡被监禁期间，曾向他的心腹之交、心理学家吉尔贝特（Gilbert）宣称他觉得无论就身体或精神层面而言，他的妻子对他来说年纪都太大。布莉姬特完全不符合纳粹所定义的理想妇女——从不离开家门，全心照顾家庭。布莉姬特野心勃勃，非常势利，而且跟法郎克的一名友人发生婚外情。据说她甚至早在订婚旅行期间就已经红杏出墙，对象是一名汉堡船公司老板的小开。后来汉斯·法郎克跟儿时青梅竹马的恋人莉莉·葛罗（Lilly Groh）旧情复燃，因此向妻子要求离婚，但这时布莉姬特却有办法说服他放弃离婚的念头。无论如何她也不肯让他抛家弃子。为了保有丈夫，她不择手段，甚至向海因里希·希姆莱密报说丈夫的情妇是犹太人。尼克拉斯认为这件事证明他的母亲当时已经知道发生在犹太人身上的事。⑱她也请希特勒出面反对她丈夫的结婚请求，“宁可当一名帝国部长的寡妇，也不接受跟他离婚”。小儿子尼克拉斯非常喜欢这句话。⑲汉斯·法郎克方面则强调妻子布莉姬特有情夫，特别是他的朋友、拉多姆行政官卡尔·拉许（Karl Lasch）博士。这对通奸的恋人据说曾经一起从事走私交易，而且尼克拉斯其实是拉许的儿子。在尼克拉斯撰写的《找父亲算账》* 一书中，他对自己的身世提出质疑。他曾在多年后向父亲的前秘书询问这件事，但后者

---

* 德文原版标题为 *Der Vater. Eine Abrechnung*，最初于 1987 年以连载方式刊登于《亮点周刊》。尼克拉斯·法郎克在该书中对父亲进行前所未见的残酷批判，在德国引发极大争议。

对他肯定地表示拉许博士不是他的生父。总之，汉斯·法郎克的儿女陆续都提及他们的父亲终其一生都非常怕老婆，即使被关进纽伦堡监狱之后也一样。[20]

1942 年起，汉斯·法郎克的权力显著减弱。他在德国各地大学发表演讲时，有时会强调法官独立的必要性，因此引起当局不满，但更重要的因素是他的贪腐及累积个人财富的行径。法郎克招致马丁·鲍曼及海因里希·希姆莱的敌意，他们决心证明法郎克不适任，并主张将他解职。法郎克被迫将他在警务工作方面的主要职权让给希姆莱[21]，不过，尽管希特勒陆续向他提出十四个辞职方案，他却坚守在克拉科夫的岗位上，直到 1944 年 8 月间“他的权威全面崩垮”。1945 年 1 月 17 日，他被迫逃出瓦维尔城堡，跟几个月之前就已经转往巴伐利亚的家人重聚。在离开波兰的“封地”之前，汉斯·法郎克特别将他大肆搜刮而得的众多珍贵物品和艺术作品运到巴伐利亚，其中包括伦勃朗、拉斐尔等大师的名作及达·芬奇画作《抱银鼠的女子》等。他甚至举行排场盛大的宴会，庆祝他光荣返国。[22]

在巴伐利亚，一家人重新生活在重新整修过的老农庄“薛伯霍夫”（Schoberhof），位于施利尔湖*附近。汉斯·法郎克于 1936 年买下这座五千平方米的典型巴伐利亚风格大宅，建筑物主体以白色水泥打造，覆以深灰色板岩屋顶，上方还建有一个深色原木楼层。法郎克家小孩中有几个在那里度过了地道小农夫般的幼年生活。[23]

1945 年 5 月 4 日，汉斯·法郎克在这栋自家住宅被美方逮捕。几天以前，他把五万帝国马克交给夫人。尼克拉斯回忆这

---

* 施利尔湖（Schliersee）：位于慕尼黑南方，距离奥地利不远。

件往事时说："我父亲像嫖妓那般把那笔钱给了我母亲。他是在我哥哥诺曼面前做这件事的，那时他没有表现出一丝感情。"㉔

诺曼这个最受宠的大儿子当时十八岁，他认为盟军毫无疑问即将到来。他已经有好一段时间留意听对方的收音机报道，因此他知道盟军正在大步逼近。他的父亲也很清楚这点，但他冷静地等待自己被逮捕。诺曼到他的办公室看他时，他的桌子布置得漂漂亮亮，上面摆了咖啡和蛋糕。他的父亲对他开玩笑说："我一定是唯一一个能这样快快乐乐等着让人逮捕的部长。"㉕他以为他发表过的一些演讲以及他自愿把日记交给盟军的事能让他获得无罪开释（他的日记一共有四十多本，记录了他在1939—1945年的日常活动）。汉斯·法郎克没想到的是，他的讲词和日记中有许多东西反而会成为不利于他的事证。例如他做过一些这样的声明："我必须要求各位加强心理武装，对抗任何与怜悯有关的考量。无论何时何地，我们必须尽一切可能消灭犹太人，以便在本地区确保帝国的整体结构……对我们而言，犹太人也是我们必须供养而且害处极大的一群人。在总政府辖区内，目前共约有两百五十万犹太人，加上与他们有亲属关系及其他密切关系的人口，一共可能高达三百五十万。我们无法枪毙三百五十万犹太人，我们没办法把他们都毒死，但我们还是可以实施一些行动，以某种方式达成消灭他们的目的，而这个部分必须在帝国中央政府层级加以讨论，据以采取重大措施。（波兰）总政府跟（德意志）帝国一样，都必须清除所有犹太人。"㉖大战结束以后，法郎克期望只要他多提跟纳粹上级之间发生过冲突的事，他就能挽回名誉。他的大儿子诺曼认为父亲所受的待遇是令人无法理解的轻蔑之举。法郎克被逮捕时，负责押送他的美军中尉瓦尔特·斯坦（Walter Stein）向他的孩子们承诺他很快就会回家。[27]当时尼克拉斯十岁。

汉斯·法郎克被捕当天，他遭盟军人员殴打之后，试图割颈自裁。两天后，他再度企图自杀。他被羁押在纽伦堡监狱中时，将希特勒描述为心理变态狂、撒旦恶魔，身边围绕着一群妖魔般的“行动执行者”，例如鲍曼和希姆莱；法郎克还设法辩称第三帝国犯下的残酷罪孽都是这三个人秘密计划的结果。[28]跟其他许多纳粹一样，汉斯·法郎克无法承担自己犯下野蛮暴行的责任。终归一句，那些都是希特勒那个恶魔诱使胁迫他做的事。

在“薛伯霍夫”农庄，布莉姬特·法郎克会在夜间遭到从劳动营释放出来的波兰工人和乌克兰工人的入侵盗窃，但她早已未雨绸缪，把一盒珠宝放在邻居家。他的儿子记得，在那之后不久，她曾将其中部分珠宝拿到犹太难民营换成粮食。[29]

另有一次，一名荷枪实弹的美军士兵霸占了法郎克的酒窖，并且强迫布莉姬特及孩子们面墙排成一列，威胁要处决他们。尼克拉斯记得母亲非常沉着，用坚定的态度请求对方不要对小孩子开枪，最后由于那名士兵的长官介入，一场一触即发的危机才得以免除。

1945 年 8 月，一家人被迫离开“薛伯霍夫”这栋大房子，而且只能带两个行李箱和几件毛皮大衣。他们先被送到一家客栈，然后转往不远处的施利尔湖畔新豪斯村，安顿在一间小小的双卧房公寓。布莉姬特·法郎克把毛皮大衣变卖以后，有时还会叫小孩去街上乞讨食物。她试图把长子诺曼送进附近唯一一所中学，但被该校校长拒收。那位校长坚决不让一名战犯的小孩进他的学校就读。当时已经十八岁的诺曼不得不在家中自行学习，结果没通过高中毕业会考，后来完全放弃学业。

汉斯·法郎克在五个月间音讯全无，家人再次听到他的消息时，他又发生了企图自杀的事。全家人每天通过收音机密切注意审判的进展情况。1946 年 9 月，法郎克的家人在正式宣判前最后一次去探望他。诺曼觉得父亲的样子不一样了，他变得非常瘦。他对长子说的最后一句话是："你要坚强，而且要记得，话一定要仔细想清楚以后再说出来。"[30]

尼克拉斯想起最后那些时刻不禁感到愤慨："他死的时候我才七岁，我没有哭。我们在 9 月初到监狱里探望他。我知道他就要死了，收音机上大家都在说这件事，学校里也一样。我坐在我母亲的膝盖上，他在一扇窗子后面。他说：'尼克啊！再过三个月，我们就要全家一起在家过圣诞节喽！'我心想：'他怎么到现在还在说谎？我们再也不会见面，他居然还对我说谎？'"直到今天，他依然不明白何以父亲从不曾对他说："尼克拉斯，我是个罪犯，所以我死是很正常的事。我参与了那一切，我觉得很后悔。"他无法忍受父亲毫无悔意这件事。他表示："他犯的错成了我们的祖产。"[31]他用激烈至极的字眼描述父亲，将他视为"杀人犯"，"懦弱"而"虚荣"，"虚伪"且"卑鄙"，而且是个可悲的"马屁精"。他又说："但建造那些毒气室的，却是那个懦弱的人。"

汉斯·法郎克被纽伦堡大审判法庭依战争罪及违反人类罪判处死刑，于 1946 年 10 月 16 日以绞刑处决。他在被捕几个月之后皈依天主教，而爱尔兰方济各会神甫西克斯图斯·欧康诺*是促成这件事的主要人物。尼克拉斯认为这位神甫是"对我父亲的

---

* 西克斯图斯·欧康诺（Sixtus O'Connor，1909—1983）：欧康诺神甫与路德派牧师亨利·杰瑞克（Henry F. Gerecke）一起被派往纽伦堡担任战犯的心灵导师，并使数名战犯皈依。1946 年 10 月 16 日十名战犯被处决时，他是现场的告解神甫。

事最清楚”的人。洗心革面的法郎克毫不迟疑地表示：“我同时是两个人。一个是现在在你们眼前的这个人，另一个是原先的那个纳粹领导干部，有时我自己也不知道为什么那个法郎克会犯下那种罪行。”[32]不过尼克拉斯觉得神甫不喜欢他的父亲。后来他曾经问神甫他父亲走上绞刑台时最后说了什么话，神甫回答说他不记得了。汉斯·法郎克被绞死后，欧康诺神甫将他的祈祷书寄回给了他的小孩。[33]

对大儿子诺曼而言，死刑判决好过像鲁道夫·赫斯那种终身监禁。他表示自己可能难以接受父亲受到无期徒刑的判决，因为“如果父亲被判处终身监禁，恐怕等于全家人一辈子坐牢”。[34]

十名死刑犯被处决那天，汉斯·法郎克是唯一一名面带微笑走向绞刑架的人（当天预计要处死的战犯共有十二人，但赫尔曼·戈林先前已经自杀身亡，马丁·鲍曼则因行踪不明，在缺席情况下被判刑）。他整个人看起来仿佛已经摆脱所有心魔。他在绞架前说了这句话：“感谢各位在我拘禁期间对我的照顾，但愿慈悲的上帝愿意收容我。”1934 年，一名吉卜赛占卜师在帮他看手相时，不就已经预言将会有一场大审判，而且他在五十岁以前就将因暴力而死？这个预言并未让当时身为律师的他感到特别讶异。[35]汉斯被处决时，年纪是四十六岁。

跟所有在纽伦堡受审中被判刑的纳粹战犯的妻子一样，布莉姬特·法郎克在 1947 年 5 月底由负责除纳粹化作业的部长罗里茨（Loritz）下令逮捕。警方找到她时，她正在上巴伐利亚新豪斯公寓的厨房内。她感到六神无主，因为她被迫留下无依无靠的四名子女。长女希格莉德则已经在 1945 年结婚。那天是尼克拉斯生平第一次看到母亲哭泣，平时母亲是那么强悍的女人。纽伦堡大审判宣布结果时，她漫不经心地在纸上写出所有被告的清单，然后在被判死刑者的姓氏上画个十字架，在其他人的姓氏旁则标出他被判处什么刑罚。她毫不迟疑地在丈夫的姓氏上画了十字架。丈夫被处决那天，她没有流一滴眼泪。

布莉姬特·法郎克被带到奥古斯堡附近的格京根监狱。其他被判刑战犯的妻子也被关押在那里，包括艾美·戈林、依尔瑟·赫斯、前纳粹经济部部长瓦尔特·冯克（Walter Funk）的妻子露易丝·冯克（Luise Funk）、前希特勒青年团团长巴杜尔·冯·席拉赫的妻子亨莉叶特·冯·席拉赫等。布莉姬特·法郎克的囚犯编号是1467。这些在大战期间生活豪奢的高官夫人在监狱里尝到躺卧草席、与老鼠和虱子为伍的滋味。饥饿的侵扰和众人杂居的生活成为她们的日常写照。狱方只让她们的小孩偶尔前来探视。她们特别担心小孩的遭遇，在战后萧条凄惨的德国，她们想知道孩子们是否能填饱肚子。

格京根监狱中出现过一些令人惊异的对话。赫尔曼·戈林死亡的消息传出时，布莉姬特·法郎克向艾美·戈林贺喜，她说戈林是个“卓越不凡”的人，并且非常遗憾自己的丈夫身上没有氰化物胶囊。艾美·戈林则反唇相讥：“波兰女王现在没了帝国，也没了男人!”不过她们仍旧举杯“祝福她们死去的丈夫万寿无疆”，也向“她们的男人为他奉献黄金岁月”的阿道夫·希特勒致意。在除纳粹化法庭上，布莉姬特·法郎克否认自己曾通过黑市交易或其他任何方式获取珠宝。面对如山的铁证，山穷水尽的她为了替自己辩护，只能搪塞一句：“我不是反犹主义者。”[36]她的儿子到监狱探视过母亲四五次，其中有一次布莉姬特让他听依尔瑟·柯赫（Ilse Koch）唱纳粹老歌。依尔瑟·柯赫是布痕瓦尔德（Buchenwald）集中营总指挥官的妻子，由于具有极端虐待狂的倾向，被称为“狗娘”或“巫婆”。布莉姬特听她唱歌时笑得非常开心。

布莉姬特于1947年9月中旬获释[37]，当时她的肤色已经被晒得相当黝黑。据说她向孩子们宣布："我在那里度过了最美好的假期……艾美·戈林也很喜欢关在那边的生活。"[38]这两个女人在羁押期间发展出某种情谊。艾美于除纳粹化审判时列出她拥有的珠宝清单，令布莉姬特艳羡不已。[39]

1951年，诺曼·法郎克决定离开家庭的怀抱，移民阿根廷。但他的行踪被阿根廷的纳粹发现，那些人将他视为他父亲名正言顺的接班人。他在不得已之下，只好转往玻利维亚边境的一处矿场工作。

同年，尼克拉斯·法郎克被送到弗赫尔岛上维克*念寄宿学校，在那里待到1959年二十岁为止。在他的回忆中，那是一段无比快乐的幸福时光。他得以离开原来的家，不必听母亲的叫喊声。寄宿学校执行非常严格的条顿骑士团**戒规。晨间点

---

* 弗赫尔岛上维克（Wyk auf Föhr）：位于德国北部的北海小岛，距离德国与丹麦边界不远。

** 条顿骑士团：又称"德意志骑士团"，正式名称为"耶路撒冷的德意志弟兄圣母骑士团"，与圣殿骑士团、医院骑士团合称为中世纪三大骑士团。十二世纪末的第三次十字军东征期间，来自德意志地区的东征骑士多次获赠土地和城堡：1195年香槟区亨利伯爵赠送提尔（Tyre，位于今黎巴嫩境内）为据点，1196年又赠送位于雅法（Jaffa，今特拉维夫附近）的封邑，另有神圣罗马帝国皇帝亨利六世在1197年赠予意大利和西西里的教堂、修道院和医院等，德意志骑士开始在耶路撒冷地区形成势力。1198年，条顿骑士团于阿克（Acre，今巴勒斯坦境内）宣布成立，其后长期以阿克为总部，极盛时期势力遍及现今德国、波兰、捷克、波罗的海东部、意大利、法国、希腊南部等地区，称霸德意志人主要居住的中欧及东北欧，建立"条顿骑士团国"。十三世纪中叶起陆续与蒙古、俄国、土耳其等交战失利，势力逐渐衰微，1454年又败给波兰。1525年，骑士团总长在马丁·路德的影响下宣布改信路德教派，切断与名义宗主罗马教廷的关系，随后解散骑士团，改为普鲁士公国，成为臣服于波兰权力下的世俗君主。1809年，拿破仑又解散作为军事组织的条顿骑士团。1929年，教宗庇护十一世训令条顿骑士团成为纯宗教修士会，口号为"帮助、守卫、救治"，以公益性质继续活动。

名后，整个上午在教室上课，下午则是体育活动。尼克拉斯觉得寄宿学校就像他的家。同学知道他的身世背景，不过他们对此并不在意。热心于照顾纳粹小孩的牧师洛曼（Lohman）在尼克拉斯心目中成为替代父亲角色的人物。他认为洛曼虽然本身不是纳粹，但他真心疼爱他们这些纳粹小孩。[40]尼克拉斯十二岁时，有一次写信给母亲，他的信首标上“尼克拉斯·法郎克，波兰王子”的头衔，洛曼看到以后用严厉的口吻告诉他：“你不可以这么做。”[41]第三帝国外交部部长约阿希姆·冯·里宾特洛甫的两个儿子阿道夫（Adolf）和巴特霍尔德（Barthold）也在同一所寄宿学校就读，不过他们跟尼克拉斯不熟，尼克拉斯也不记得自己曾跟他们提过双方父亲的事。

大战期间的荣华富贵悄然远去。1947 年政府将布莉姬特的财产充公，一共只留下五千马克，她只能节衣缩食，每个月用五百马克勉强支撑自己和小孩过活，直到五千马克耗尽为止。[42]

1953 年，为生活所逼的布莉姬特不假思索地出售丈夫在被处决前不久撰写的回忆录，以《面对绞刑台》（*Im Angesicht des Galgens*）为名出版。这本书立刻成为畅销书，无数民众会在私底下偷偷阅读，以万册计的销售佳绩则为身兼编辑的法郎克寡妇赚进大约二十万德国马克。

在这本回忆录中，汉斯·法郎克特别提到希特勒的犹太血统。他在书中指出，希特勒曾被勒索，主谋者是一位名叫威廉·帕特里克·希特勒（William Patrick Hitler）的人——希特勒同父异母哥哥 * 的儿子。希特勒于 1930 年代末期派法郎克调查

---

* 即小阿洛伊斯·希特勒（Alois Hitler Jr.），为希特勒的父亲阿洛伊斯·希特勒（Alois Hitler）与第二任妻子法兰西丝卡·玛策尔伯格（Franziska Matzelsberger）于 1882 年所生。生于 1889 年的阿道夫·希特勒则是父亲与第三任妻子克拉拉·普勒泽尔（Klara Pölzl）的结晶。

此事，特别是针对他的祖母玛丽亚·施克勒格鲁伯（Maria Schicklgruber）。这位祖母曾在一位名叫利奥波德·法兰肯伯格（Leopold Franckenberger）的犹太人家当厨师，后来生下希特勒的父亲——阿洛伊斯·希特勒*。汉斯·法郎克宣称在希特勒的祖母与法兰肯伯格家的通信中找到一些要求赡养费的信函。但希特勒本人认为，那些信完全无法用来证明当年法兰肯伯格家的公子就是他的祖父，只能说她的祖母以揭发那名私生子的父亲身份为由威胁她服务的那家人，成功诈取了金钱。包括伊恩·克肖**在内的主流历史学者认为汉斯·法郎克的说法不足采信，但陆续有某些历史学家采纳法郎克的观点。对尼克拉斯·法郎克而言，他的父亲并没有找到确凿的证据，不过那个插曲倒说明了一件事：那个以身世背景为依据主宰生杀大权的纳粹枭雄本身的身世就充满不确定。

1958年，法郎克的回忆录已经不再有销路，这时住在慕尼黑的布莉姬特只好另谋生计，到火车站招徕旅客到家里过夜，每晚索价五马克。在她家的大房间里，有时她一个晚上就可以收容五名房客，床铺只用床单简单地隔开。

高中毕业以后，尼克拉斯·法郎克虽然对戏剧有浓厚兴趣，但他还是决定进大学修习法律、历史、社会学及德国文学。他没有拿到文凭，后来成为记者和作家。他为男性情色杂志《她》主编文化版，接着又当了三年的《花花公子》杂志文化版编辑。后来他与德国《亮点周刊》维持了二十年的合作关系。跟某些

---

* 由于阿洛伊斯是一名私生子，他在三十九岁以前一直冠母性，称为阿洛伊斯·施克勒格鲁伯（Alois Schicklgruber）。

** 伊恩·克肖爵士（Ian Kershaw，1943— ）：英国历史学者，主要研究二十世纪德国社会史。

纳粹要员的孩子相反，尼克拉斯的立场非常清楚："我不害怕过去，我要知道一切。"终其一生，在他保有的亲人照片中，一直有那张父亲遗骸的照片。有人问他这件事时，他的回答是："我很满意这张照片的模样，他确实死了。"

父母完全不承认自己的罪恶，对此也没有任何悔意，这种行为对子女造成的影响因人而异。某些人会仿效父母毫无罪恶感的行径，其他人则可能完全无法忍受父母的行为，并且予以全然排斥。就尼克拉斯而言，父亲从不表示懊悔，甚至企图合理化自己的罪行，这是他永远不能接受的事。"没有。他对什么都不后悔……我恨他，我恨这个在地狱里烈火加身却还对我纠缠不清的混蛋，"他这样说他的父亲，"每天我都会不由自主地产生一种恐怖的感觉，觉得自己是个人偶，而他还在背后操纵我……各位可能想象？我在年纪还小时，就已经深深相信自己属于一个罪犯家庭。当时的感觉还比较朦胧，可是我确实知道这点，我跟我的兄姐们都不一样，他们一直拒绝接受显然的事实。我很快就看到报纸头版上的集中营照片——堆积如山的赤裸尸体，衣衫褴褛、瘦得不成人形的囚犯，还有那张小朋友伸出小小的手腕露出囚犯编号的照片……他们跟我年龄相仿，他们被封闭在我们住的波兰城堡附近，而我的父亲却在城堡里累积金银财宝，我自己则踩着玩具车，自以为是个小王子。这个对照使恐怖之情在我内心油然升起……我疯了似地把自己投射在那些照片上，设法在我的身体中感受那种痛苦，感受那些犹太人面临死亡时的焦虑。我试图让自己变成他们。直到现在，那些人依然在我心中萦绕不去。"

父亲的死也成为久久不去的梦魇。他不断在脑海中重新经历父亲生命的最后时刻，想象那种等待，步向死亡的通道，听他告解的神甫，登上绞架的十三个台阶，套上脖子的绳索，以及最终的死亡。尼克拉斯试图理解那一切，他仔细研读他能找到的所有文件，最后下了这样的结论："我找不出任何好的东西。我看到的只有无尽的贪婪和狂热的权力欲。虽然他针对犹太人作了许多残酷野蛮的声明，但我相信他对那个问题毫不在乎，他也不是真正的反犹主义者。就算当年希特勒要他对法国人或中国人做那种事，他也会援引尼采、席勒、歌德、高乃依这些伟大文人的著述，写出慷慨激昂的讲词来反法、反中。"

有一次尼克拉斯在接受德国《明镜周刊》专访时表示他宁可自己的父亲是个简单的面包师傅。不过跟其他纳粹高官的小孩一样，他认为自己已经算是不幸中的大幸：要是他的父亲名叫戈林或希姆莱，那才真叫天大的悲哀。[43]

尼克拉斯认为他父亲"被处决是罪有应得，而他为此感到快活"。他质疑父亲后来信仰天主教的事，认为他之所以决定皈依，只是为了逃避自己的错误。不过尼克拉斯承认他在自己身上找到几个父亲的人格特质。他说自己跟父亲一样是个优异的说谎家、出色的演说家，拥有一种攻击性的幽默感，那种幽默感是法郎克这家人的特色。[44]他于 1987 年在德国出版的著作《找父亲算账》引发强烈争议，特别是诸如克劳斯·冯·席拉赫、马丁·阿道夫·鲍曼等其他某些纳粹要员的小孩反应都相当激烈。马丁·阿道夫·鲍曼当时是一名神学教授，他很遗憾没有机会跟尼克拉斯·法郎克针对这本书进行讨论。有些人认为没有人有权利否定自己的父亲。还有些人认为作者的言论及行为过于暴力。他的哥哥米夏埃尔（Michael）对他展开公开攻击，并致函德国《亮点周刊》表明他的立场，信中最后一句话是："胞弟尼克永远都会是个陌生人。"他的朋友纷纷离他而去，连他最亲近的友人也不例外。尼克拉斯·法郎克的这部作品以惊世骇俗的方式展开——他在第一页描述了一个自慰场景:“我从小时候就把你的死占为己有。10 月 16 日之前的那些夜晚在我眼中有了神圣的色彩。我在宽大的厕所里全身赤裸,躺在发臭的亚麻地板上,双腿伸直,用左手碰触瘫软的私处,我轻轻抚触它,然后开始看见你。”[45]

那个情景发生时,尼克拉斯跟他的四个兄姐一起住在杜恩巴赫街(Dürnbachstrasse)七号的一间小公寓。有一次某个记者对他指出,书中描述的性高潮是一种象征,代表他在父亲死后继续生存的意志,尼克拉斯表示这个分析让他大开眼界。[46]但尼克拉斯要说的绝不仅止于此,他公开批判德意志民族:“日复一日,我不断想着我的父亲以及德国人所做的一切。世人永远不会忘记这些。每当我出国在外,无论人在何方,只要我说我是德国人,他们只会想到‘奥斯维辛’。我认为这是完全合乎情理的。”后来《明镜周刊》以连载方式刊登该书的五分之一内容,标题为《我的父亲是纳粹杀手》,每星期刊出一篇文章,为期七周。他在这些文字中多次提及自己每逢父亲忌日时,都会在他的肖像上自慰,或想象自己在肢解他。

他在笔下也对母亲毫不留情,将她描述成一个暴发户般的乡下女人,一心只想攀权附贵。“我的母亲既愤世嫉俗又软弱。她疯狂喜爱毛皮大衣,会在一群党卫军的护送下搭乘奔驰轿车前往特别居住区,用便宜得离谱的价格买进那种犹太人特别擅长制作的紧身胸衣。至于那些人的死活,她完全不在意。”

在阿登纳领导的德国,只有一句口令:“不要问问题,全民建设新国家!”尼克拉斯·法郎克非常后悔当时他没有找母亲问个清楚。关于战后的德国,他做了这样的评论:“你们以为德国人对纳粹帝国的怀念已经消失？不！他们不择手段，避免纳粹政权被批判，避免纳粹的小孩质疑自己的父亲，避免任何真诚的自省。我们将为此付出代价！所幸全世界的媒体都在密切监督我们，每当有某个土耳其人遭到攻击或某个犹太墓地被人亵渎，他们都会表示谴责。若非如此，一切都可能再次发生。我爱德国人，但我对这个民族完全没有信心。”㊼

他认为他的母亲完全没有道德意识，并且跟当年的许多德国女性一样，想尽办法利用第三帝国得到好处。尼克拉斯在他出版于2005年的著作《我的德国母亲》（*Meine deutsche Mutter*）中表示，他恨那个从不曾表现出任何懊悔之意的女人。不过他也指出，她的母亲在战后并没有试图颂扬她的丈夫，而且除了老爱说一件关于希特勒的风流韵事以外，她不曾再提第三帝国的事。这时的她必须把生活重心摆在如何拉扯小孩长大。㊽

尼克拉斯说他曾在1959年某天让母亲服用剂量太高的药物，试图借此杀害母亲。当时她因为心脏病发作，被送到慕尼黑大学附属医院。尼克拉斯在3月9日生日之前几天到医院跟她一起庆生。母亲体重过重、腿部水肿，但当天她特地为儿子打扮了一番，并请护士帮她化妆。她的双唇涂上红艳艳的唇膏，儿子见到她时，觉得她上了太多脂粉。她知道尼克拉斯从不曾爱她，但她还是忍不住问了他这个问题：“亲爱的儿子，你真的从不曾爱过我这个妈妈吗？”儿子沉默不语，母亲为了掩饰尴尬，只好改口建议他跟父亲一样去修读法律。她希望小儿子“也能拥有伟大的造化”。㊾她说话的语气让人觉得仿佛一切都不曾发生。几天后，在尼克拉斯生日当天——3月9日，布莉姬特·法郎克咽下了最后一口气，时年六十三岁。㊿

长子诺曼在阿根廷待了五年。他认为远离德国和家人那些年对他而言是一种“解放”；他说母亲令他无法“呼吸”。另外，他若无其事地提到父亲跟青梅竹马的恋人发生婚外情的事，并表示他能理解父亲为什么抛下妻子，跟随他心爱的女人。[51]返回德国以后，诺曼住在母亲原来住的大公寓里，里面分别挂了父亲和母亲的肖像，以及几件他们从前使用的家具。他对自己的过去感到害怕；他佩服幺弟尼克拉斯能撰文批判父亲，并且无论在言词或行动上都能如此严苛地攻击父亲。对诺曼而言，质疑父亲是非常困难的事。他爱他的父亲，从来无法真正摆脱那份感情。他跟幺弟不同，他曾一天天看着父亲在纳粹政权中爬升。尼克拉斯·法郎克认为大哥为此而糟蹋了他的工作生涯，甚至错过了他的个人生活。尼克拉斯育有一名女儿，但诺曼跟其他一些纳粹后代一样，决定不要小孩，以免将法郎克家族的基因传递下去。他唯一真正爱过的女人名叫爱伦丝（Ellens），他曾经拿出一万马克，设法争取到她离婚，但她却在 1967 年 6 月 3 日过四十岁生日当天自杀身亡。根据尼克拉斯的说法，诺曼的第二任妻子是个极端的反犹主义者。[52]

诺曼在慕尼黑的寓所中死去以前，一直在床头上方挂着一幅父亲的油画肖像，尽管他经常借酒浇愁，借此遗忘他。在尼克拉斯的“法郎克家庭三部曲”最后一部《家兄诺曼》（*Bruder Norman*）中，他提到嗜酒如命毁了他大哥一辈子。该书一开头描写这位大哥在 2009 年去世的事，而封面上印有诺曼常挂在嘴边的一句话：“我父亲是个纳粹罪犯，但我爱他。”在人生的最后几年，诺曼成天坐在一张摆在窗前的扶手椅上，凝视外头的街景。在那段时间中，他跟幺弟的关系变得亲近了些。写作《家兄诺曼》一书的契机是他们之间的一场对话，内容是他们的人生，尤其是他们父亲的人生。母亲在道德上的丑恶，父母离婚，希特勒，父亲皈依天主教，以及他被处决……他们无所不谈。但对于那一切，兄弟两人的观点有如天渊之别。一个不顾一切地想看到一切，另一个拼死命要将过去忘却。诺曼的墓志铭是："现在你已从你因为爱父亲而受的痛苦中解脱。"（Jetzt bist du all die Liebesqualen durch deinen Vater los）

关于他们在波兰的生活，诺曼这个被父亲昵称为"诺米"的长子有迥异于幺弟的看法。当时已经是一名青少年的诺曼有能力理解周遭的世界，但他表示当时他只对自己的青春期感兴趣。前往克拉科夫的德国学校上学时，他必须骑脚踏车穿越整座城市，但他对学校旁边的纳粹党卫军军营毫无印象。他也完全不记得"打着赤膊的犹太人在零下二十度低温中将煤炭装上卡车"，而他的一名同学清楚记得这件事。[53]他的弟弟妹妹不常跟他一块住，而他的姐姐希格莉德有她自己的生活。他的少许记忆不是涉及他那疏离的父母，就是跟他的孤独有关。其他一切仿佛一片空白："波兰总政府统治那段时期让我感觉非常奇特，整体而言我很快乐，我正在经历青春岁月。我沉迷在青春期的奇妙感受中，对周遭发生的一切不太关心。"[54]大战结束以后，他看到父亲生前写的文字，表示自己"感到羞耻。那不可能是我敬爱的父亲。他身上竟然有那么大的矛盾，我无法理解。他的学识那么渊博，对我又那么好，怎么可能会说出那么愚蠢而且充满仇恨的话?"[55]

不同于他的弟弟，诺曼不肯承认父亲在数百万犹太人被灭绝的历史中所扮演的角色，尽管在尚未成年时，他曾亲眼看到无数卡车开过，车身上用大大的字体标着"奥斯维辛"。在七十七岁的高龄，他终于愿意面对尼克拉斯在"法郎克家庭三部曲"

中揭橥的历史真相——父亲。不过尼克拉斯记得大哥是当年兄弟姐妹中唯一曾经真正质疑父亲做法的人。有一天，他跟其他一些德国小孩在城堡下方踢足球，他听到枪声，然后在一道墙边看到一排被枪毙的人倒卧在血泊中。当时诺曼的年纪是十四岁或十五岁，他问父亲为什么要处死那些几分钟前还在唱波兰国歌的人。父亲的回答是："在战争结束以前，你别再跟我扯这些。"

关于他们的姓氏所造成的影响，两兄弟也有不同意见。诺曼认为"法郎克"这个姓成为一种阻碍，但尼克拉斯的看法相反，他觉得因为他的家庭背景使别人把他看得更重要。不过两人同意一点：家世背景在他们的人生中扮演了决定性的角色。[56]

在法郎克家的孩子们中，只有诺曼和尼克拉斯愿意承认父亲是罪犯的事实，其他三个小孩都拒绝接受历史真相。他们各自有不同的人生，而且大都是悲剧性的遭遇。法郎克的长女希格莉德于 1966 年随着第二任丈夫移民南非，她非常赞同当时南非实施的种族隔离政策。尼克拉斯在某次接受采访时谈到大姐对纳粹历史所持的否定论。他说，在他们的最后一次电话交谈中，希格莉德说了这段话："假如真的有六百万犹太人被烧掉，那么其中每具尸体燃烧的时间只有六秒钟，由此看来，那一切都是一派胡言。"

法郎克家的第二个女儿布莉姬特后来罹患癌症，在 1981 年四十六岁时自杀死亡，跟她的父亲去世时年龄相同。尼克拉斯认为她深信父亲的无辜，而且一直无法承受在父亲死后继续活在世上的事实。[57]她育有两名儿女，在服用过量安眠药求死那晚，八岁的小儿子就睡在她身边。[58]

1990 年，法郎克家的三儿子米夏埃尔以五十三岁之龄死于肥胖症。他在生前每天可以喝上十三公升牛奶。

尼克拉斯是汉斯·法郎克的小孩中唯一还在世的一个。他依然锲而不舍地继续他在超过半世纪以前展开的真相追查行动，并成为他父亲——那个他深恶痛绝的父亲——最主要的传记撰写者。他无法忍受某些其他纳粹小孩的态度，譬如他曾经这样评论马丁·阿道夫·鲍曼："人不可杀害父母——这是个源自远古的道理。鲍曼的儿子就是按照这个原则在运作。无以计数的德国学校邀请他去演讲，因为他到处说他的父亲不只是个罪犯，也是个慈爱的爸爸。这种做法令人作呕，因为他借此减少了他父亲所应承担的罪恶，而八千万伪善的德国人齐声认同这种论调。"[59]

目前尼克拉斯·法郎克和夫人生活在汉堡北方的乡村地区，但每年他都会到各地学校演讲。欧洲爆发移民危机*后，德国大规模接纳逃离中东及北非的人民。当尼克拉斯被询问到这个问题时，他表示德国政府的做法值得嘉许，但他认为绝大多数德国人其实对此抱持反对立场，只是不说出来罢了。

---

* 欧洲移民危机（或称"欧洲难民危机"）：指 2010 年底"阿拉伯之春"发生后数量激增的难民或经济移民，他们从中东、非洲、亚洲等地经地中海及巴尔干半岛进入欧盟国家寻求居留，形成二战后欧洲最大的移民潮，其中多数来自叙利亚、阿富汗及厄立特里亚，尤其在 2011 年叙利亚爆发内战以后，难民人数更急速攀升。默克尔总理领导的德国对移民收容的态度最开放，并为他们慷慨提供福利。但移民危机造成欧洲社会及经济动荡，许多国家及政治人物批评默克尔的政策间接实现了极右派民粹主义的预言，导致民粹思想重新崛起。2016 年，默克尔所属的基督教民主联盟在多个州议会选举中失利，一般认为是反映选民不满政府的难民政策。基民盟在 9 月的柏林州议会选举受挫后，默克尔承认在难民收容方面准备不充分。

Martin Adolf Bormann Jr
马丁·阿道夫·鲍曼：帅俊的“小王储”

1971 年 4 月 25 日傍晚时分，大雨倾盆，一辆白色欧宝汽车的驾驶员失去控制，猛烈撞击一辆美国军用卡车。他准备开进一条省道，来不及看到那辆熄灯行驶的深绿色大卡车正朝他的方向急驰而至。巨大的正面冲击力使轿车车体完全扭曲，车头彻底撞烂，整辆车被挤压成一堆废铁，驾驶员则被困在里面，濒临死亡边缘。他从头到脚被铁皮及仪表板卡死，无法从驾驶座拉出。距离出事地点不远，一名修车厂老板瞥见卡车经过，然后听到巨响。他冲到现场，设法帮汽车驾驶员脱困。他是否还活着？没有人知道。事故的严重性让人不得不作最坏的打算。两名美军站在一旁看修车厂老板奋力与汽车残骸搏斗。他用铁锹将卡住驾驶员的铁板一一撬开。随着障碍物逐渐清除，他终于能接近伤者的身体，看到他的脸孔。他觉得那五官并不陌生——他认得这个人。他看见过他，但那是在哪儿？是在他的“前生”吗？在那个他宁可忘却的过去，那个他不愿再提的往昔？从前他曾是一名司机。或许他开车载过这人，但那是什么时候？在那个年代，眼前这名四十岁左右的男子应该还是个小孩。

再切开一些铁板，他就可以拉出伤者的身体了。他一边费劲救人，一边设法在那个“前生”中搜寻男子的昔日踪迹。这时一幅画面出现在他的脑海：他开着一辆黑色轿车，一名十一岁小男孩规规矩矩地坐在后座。小男孩身边坐了他的母亲和两个姐妹。他穿了一条德国人常穿的吊带式皮短裤（Lederhose），一件红色方格衬衫，以及一双高筒毛袜。那是上巴伐利亚地区居民的传统装束。当时他的老板在上巴伐利亚有一栋别墅。更确切地说，现在的修车厂老板在那个年代的服务对象是个名叫海因里希·希姆莱的人——也就是纳粹党卫军首脑、德国警察总管。而今天他抱在怀中这名性命垂危的男子，是纳粹领袖个人秘书马丁·鲍曼的公子小鲍曼。这两个场景之间相隔了数十个年头，但现在他记起来了。他经常开车载这个小孩在格蒙德和希特勒的山庄所在地——上萨尔茨堡之间往返。但有一件事令他感到讶异：眼前这个全身是血的人似乎穿了一件教士的长袍。难道鲍曼的儿子是个神甫？

救护人员迅速抵达现场，他的满心疑问旋即被淹没在一片忙乱的喧嚣声中。伤者消失在救护车车门后，被载往最近的医院。他的伤势非常严重，有生命危险。没有人能断言他是不是能逃过死劫。他陷入重度昏迷，十天后终于醒过来。

马丁·阿道夫是希特勒个人秘书马丁·鲍曼和夫人格尔姐的儿子。1930 年 4 月 14 日，他出生于格林瓦尔德 *，在十个小孩中排行老大。他是阿道夫·希特勒的第一个教子，而他被取了“阿道夫”这个名字，正是为了向这位帝国元首致敬。他的教母则是依尔瑟·赫斯，元首书记鲁道夫·赫斯的夫人；当时赫斯是鲍曼的直属上司。为了遵守纳粹礼仪规范，从第二个小孩开始，鲍曼夫妇就不再为小孩施洗礼。

---

* 格林瓦尔德（Grünwald）：位于巴伐利亚南部的小镇，地名原意为“绿树林”。

马丁·阿道夫的父亲马丁·鲍曼被称为“影子元首”，因为作为希特勒的事务总管，他经年累月在元首身边效力，逐渐在所有领域掌有大权。这个对工作狂热的纳粹官僚精于算计，是个不择手段的权术家，因而被冠上“行政体系中的马基雅维利*”这个称号。[①]鲍曼于1900年诞生在德国中北部萨克森—安哈尔特（Sachsen-Anhalt）州的一个小资家庭。1923年，他在经历过一场黑暗的刺杀事件后，拜倒在当时正在崛起的希特勒的魅力下。有些人认为这个身形矮胖粗短、缺乏领袖气质的人逐渐变得比希特勒更有权力，因为希特勒完全无法离开他。起初他在纳粹党书记鲁道夫·赫斯的团队中工作，但随着他的地位日渐爬升，他设法将这位上司排除在希特勒的个人圈子之外。所有想跟希特勒接触的人都必须经过他过滤，希特勒则绝对信任他的忠诚，甚至在他山穷水尽之际指定他为遗嘱执行人。直到最后一刻，马丁·鲍曼一直相信帝国会胜利。不同于其他纳粹高级官员，即使在纳粹开始失利以后，他依然坚持不跟同盟国进行和平协商。

1941年5月10日，鲁道夫·赫斯展开远赴英国的疯狂飞行，这时马丁·鲍曼的事业来到决定性的转捩点。鲍曼顺理成章地成为赫斯的继任者，接下“Parteikanzlei”（国社党总部）领导人一职。他的蹿升无人能挡。1943年4月，他正式成为“元首书记”。他是“希特勒山”——上萨尔茨堡的擘划者，1939年，希

---

* 尼可罗·马基雅维利（Niccolò Machiavelli，1469—1527）：意大利哲学家、历史学家、政治家，文艺复兴时期重要人物。他在《君主论》中提出现实主义政治理论，《论李维》则探讨共和主义。由于他的政治观侧重实力原则、双重主义，甚至赞同不择手段的策略，“马基雅维利主义”（Machiavellism）在西方成为“权术”的同义词。

特勒庆祝五十大寿时，他送给希特勒“鹰巢山庄”，一栋建于克尔史坦（Kehlstein）山巅、海拔超过一千八百米的木造别墅。另外，鲍曼也是希特勒的个人财务管理人。任何事都逃不过他的指掌，希特勒则盛赞他的才干。所有人都怕他，甚至包括海因里希·希姆莱、赫尔曼·戈林，乃至鲁道夫·赫斯。阿尔贝特·施佩尔说他是希特勒亲信中最危险的一号人物。他对元首发挥巨大的影响力。从1935年初开始，他一手包办希特勒的所有财政事务，其中包括《我的奋斗》一书的销售利润、上萨尔茨堡的购地置产事宜、希特勒肖像用于邮票所得的权利金等。

施佩尔不是唯一对他持怀疑态度的人，大统领的所有其他亲信都对他又恨又怕。任何人一旦失宠，都会认为那又是鲍曼搞的鬼。在德意志帝国式微的那几年，他的权力达到高峰。与大统领朝夕相处的他慢慢削减了其他纳粹要员的光环。

他的夫人格尔妲·布赫（Gerda Buch）是一名国社党重要成员的女儿，她的父亲也是希特勒的好友之一。两人于1929年9月2日按照纳粹礼仪结婚，成为一对夫唱妇随的好夫妻。由于鲍曼经常不在妻子身边，他勤于跟她通信。1936年夏天，一家人迁离慕尼黑附近的普拉赫（Pullach），移居上萨尔茨堡。1930年出生的马丁·阿道夫对他的幼年生活记忆甚少，只是隐约知道那是一段无忧无虑、轻盈欢乐的时光。不过有一件意外让他印象深刻。某天在花园里，他的妹妹被秋千撞到头，他在一阵恐慌中躲进地窖，以免挨爸爸骂。他把自己藏得太好，结果一直到天黑才被发现；独自躲在黑暗中的他内心充满惶恐。小男孩在这件事中受到严重的心理创伤，他的母亲则认为那份恐惧让他尝到了教训。②

除了一个出生不久就死去的妹妹以外，马丁·阿道夫共有九个弟弟妹妹，分别是 1931 年出生的双胞胎依尔瑟和艾伦嘉德·法兰西丝卡（Erengard Franziska）、1933 年 7 月出生的依儿姆嘉德（Irmgard）、1934 年出生的鲁道夫·格尔哈德（Rudolf Gerhard）、1936 年出生的海因里希·胡戈（Heinrich Hugo）、1936 年出生的爱娃·乌特（Eva Ute）、1940 年出生的格尔姐（Gerda）、1942 年出生的弗烈德·哈特穆特（Fred Hartmut），以及 1943 年出生的佛尔克（Volker）。

在上萨尔茨堡山的贝希特斯加登，长子马丁·阿道夫就读村里的小学。他的父母公开反对基督教，因此要求让儿子免上宗教课。

马丁·阿道夫记得，其他同学上教理课时，他会被送到另一间教室，坐在教室后方的课桌前写功课。年纪小小的鲍曼很快就意识到他跟其他同学不同，他是唯一没上教理课的学生，但他不明白为什么。他问父母这件事时，他们的回答斩钉截铁："我们不需要。"元首的山庄正在修建，由于父亲负责统筹这项工程，小男孩也从旁参与了这个工作。1930 年代初期，贝希特斯加登的原有居民被强迫迁移，整个地区实施安全戒备，并被全面改造，成为第三帝国高官的居住地以及接待各国贵宾的场所。上萨尔茨堡位于奥地利边界附近，面对气象万千、形态诡谲的温特斯贝格山（Untersberg），希特勒由衷喜爱这座德奥边界的山峰。马丁·阿道夫的家位于元首特区内，他在这里跟一群弟弟妹妹度过不食人间烟火的童年时期。在这个由党卫军严密警戒的纳粹特区中，居民都是纳粹政权的高级干部——包括赫尔曼·戈林、阿尔贝特·施佩尔等人——以及他们的家室。

小男孩的玩伴除了这些住在上萨尔茨堡的纳粹高官的孩子

以外，还有园丁、司机、总接线员的小孩。跟所有同龄儿童一样，他们玩警察抓小偷、牛仔打印第安人以及其他打仗游戏。没有任何陌生人会进入这个特区，虽然有时一些好奇民众会设法从外头窥探这些"山上人家"。特区占地七平方公里，完全由铁丝网包围。对阿尔贝特·施佩尔而言，"我们仿佛生活在一个用来狩猎大型动物的保留区里"；那是一个完全僵化的样板世界，居民的生活与外界的现实完全脱节。马丁·阿道夫记得一些外国要人造访的事，例如英国首相张伯伦（Neville Chamberlain）、达拉第*、墨索里尼等，这些人拜会元首时通常会待上几天。在这种场合，小男孩会特别穿上隆重的制服。他一辈子都记得跟墨索里尼握手的情景。那一刻让他激动不已，结果那天的所有其他活动他都记不清楚了。

纳粹高官的夫人很少真正符合纳粹定义的理想女性形象，但马丁·阿道夫的母亲格尔妲·鲍曼无疑是完美的纳粹妇女典型。她是个地道的贤妻良母，成天在厨房张罗，从不过问政治，而且非常认真看待自己扮演的"生育者"角色。她一共生了十一个小孩，尽管丈夫风流成性，她一直对他忠贞不渝，甚至公开主张以生育为目的的一夫多妻制，为繁衍后代的"纳粹天职"牺牲奉献。她甚至也想帮元首生小孩，并曾以书面方式在这个议题上热情洋溢地表态："这场战争结束以后，我们有必要像三十年战争时那样立法赋予身体健康的堂堂男子汉拥有两名妻子的权利。"马丁·鲍曼则在这段文字旁加了注脚："元首的看法与此完全相同。"③ 每当鲍曼成功吸引了某位美丽女星，夫人格

---

* 爱德华·达拉第（Édouard Daladier，1884—1970）：法国政治家。1938—1940 年担任法国总理期间，为避免战争而与德国签订《慕尼黑协定》。法国被德国攻陷后因反德活动遭德方逮捕，被囚禁至大战结束。

尔妲都非常开心，因为她希望丈夫身边时时有“能派上用场”的女人为他服务。知名女星曼雅·贝伦斯（Manja Behrens）成为他的情妇时，格尔妲热烈恭贺丈夫，并祝福他们两人早生贵子。鲍曼会毫不迟疑地把情妇带到上萨尔茨堡的寓所，跟家人一起生活。不是所有人都欣赏他这种鲁莽的行为，但由于他的妻子完全通融这些事，因此他的艳色人生从来不曾酿成丑闻。[④]至于马丁·鲍曼，除了这位情妇以外，他还在外头四处猎艳，因此他非常高兴妻子的反应，也极力赞赏妻子对女性角色所持的看法。格尔妲是狂热的纳粹支持者，直到最后一刻，她一直对纳粹政权绝对忠诚。她希望建立“国难婚姻”的制度。[⑤]第三帝国开始瓦解时，她的丈夫终于意识到情况危急、前途无望，这时夫人曾写信对他说：“有朝一日我们梦中的帝国必然将诞生。只不过，我们和我们的孩子是否有机会看到那一天？”[⑥]

在学校里，马丁·阿道夫·鲍曼不太好学，父亲因此经常对他严厉斥责，后来甚至决定把他送到一所纳粹寄宿学校，让他接受“管教”。为了替帝国确保优秀的下一代接班人，希特勒提倡建立以训练纳粹精英为宗旨的教育体系，但讽刺的是，帝国顶层高官们无论是多么狂热的政权支持者，都没有把小孩送到那些学校。唯一的例外是鲍曼，而他的目的其实是为了处罚儿子。马丁·阿道夫在十岁时进入巴伐利亚南部施塔恩贝格（Starnberg）湖畔小镇费尔达芬（Feldafing）的帝国学校。这所学校由恩斯特·罗姆*创办于1933年，目的是培养国家社会

---

* 恩斯特·罗姆（Ernst Röhm，1887—1934）：德国纳粹早期高层人士，纳粹冲锋队创建者。1934年初夏，希特勒不满冲锋队势力过大，遂捏造罗姆图谋政变，借此名义发动清算行动“长刀之夜”，罗姆遭谋害。此后纳粹进一步巩固绝对权力，走上极端独裁专制的道路。

主义精英。除了慕尼黑和柏林这两个大区*以外，每名大区领导人只能遴选三位学生前往就读。马丁·阿道夫是唯一靠关系进入该校的学生，他在那里跟其他同学一起接受军事化教育。身为“鲍曼公子”，他并不具备就读该校所需的资质，因此学校课程对他构成艰难考验，而他必须独自加以克服。他难以跟上其他同学，特别是在运动方面，但体育在男生的教育中扮演着举足轻重的角色。所幸拥有坚强意志，他终于得以顺利融入学校生活。他上国家社会主义相关课程，在这门课中，学生必须牢记纳粹党纲，研读《我的奋斗》，进入高级班以后，还得读罗森贝格**的《神话》⑦，只不过无论老师或学生都无法把这部著作真正看完。后来马丁·阿道夫曾经表示，他的父亲也曾多次企图好好读完这本书，但每次都半途而废。

到纳粹学校就读是马丁·阿道夫·鲍曼人生中的重要转折点，他后来再也不曾返回家中居住，可以说是永远离开了家庭。他只能在学校放假时跟家人团聚，但他返家期间，父亲经常出差在外。父亲如果在家，则会展现出马丁·阿道夫认为充满训诫意

---

* 大区（Gau）：德国的行政区划单位，于中世纪时期即已出现，类似于日本的县、英美的 county（郡）或法国的大区/省（département）。纳粹德国于 1938—1945 年以大区为一级行政单位，取代传统的邦（Land）。

** 阿尔弗雷德·罗森贝格（Alfred Rosenberg，1893—1946）：纳粹德国重要成员，也是纳粹党的思想领袖。他是纳粹党最早的成员之一，1919 年初即加入纳粹党前身德国工人党，希特勒则于同年 10 月加入。罗森贝格曾担任纳粹刊物主编，并获 1937 年第一届德国国家艺术暨科学奖。1929 年成立反犹政治会社“德国文化抗争联盟”，后来又创办“犹太问题研究学院”，致力于辨识德国文化中的犹太元素并加以攻击，以及从激进民族主义观点改写犹太历史。1930 年发表种族理论著作《二十世纪的神话》（*Der Mythus des 20. Jahrhunderts*），深入探讨“犹太问题”等国社主义主要议题。罗森贝格也经常对党内成员发表演说，主题包括种族清洗、地缘政治、德意志生存空间、纳粹主义等。1941—1944 年出任德国在苏联的东部占领区政府首长。战后于 1946 年纽伦堡大审判中以战争罪及违反人类罪被判处绞刑。

味的严厉态度。比如他记得有一次见到希特勒时，他喊了声“希特勒万岁”对他致意，结果父亲掴了他一个耳光，因为直接跟希特勒说话时，应该用的问候语是“元首殿下万岁”。这种严厉对儿子造成深远的心理影响，而且相对于此，父亲并不会向他作出任何亲情的表示。父子关系中没有任何沟通，而且完全缺乏温情。在那些返家度假的时日，他通常会跟着一名园丁做事，或到上萨尔茨堡的一处农庄工作。他对第二次世界大战那些年保有很好的回忆，即使他意识到自己跟父亲的关系非常疏远。

马丁·鲍曼非常忙碌，时时刻刻都必须陪同元首出行，因此他只在 1943 年抽出时间到寄宿学校看过儿子一次。马丁·阿道夫清楚地记得那天父亲去看他时，他问了父亲一些问题。其中一个问题是：“国家社会主义是什么?”父亲只给了个现成的简短答案：“国家社会主义就是元首的意志!”对马丁·阿道夫而言，这足以显示纳粹运动缺乏深刻的思想基础，而他父亲对“他的上帝”希特勒的景仰与忠诚也有待商榷。马丁·阿道夫在 1996 年出版的著作《对抗阴影的人生》（*Leben gegen Schatten*）中强调，缺乏明确政纲导致国家社会主义德国工人党的不同领导团体享有极大空间，能对国社主义进行各式各样的解读。希特勒本人尽可能避免发表言论，而且大部分时候只会提供模棱两可的说明，因此他得以在不同团体间巧妙地进行合纵连横。马丁·阿道夫认为，“元首的意志”及纳粹意识形态的“宗教性根源”为反犹主义和对一切基督教元素的仇恨心态提供了合理化的托词。⑧

关于他的父亲，马丁·阿道夫这样质疑：“我到底知道他的什么?”他从小听着纳粹歌曲长大，受到的教育是以铁一般的纪律和崇敬元首（“上帝的特使”）为依归的严格训练。在那个成长过程中，他极少见到父亲，从没有机会真正认识他。他最后一次见到父亲是在1943年的圣诞节。1945年4月23日，帝国学校关门大吉时，马丁·阿道夫是十五岁。当局打算把年纪比较大的学生送到前线，但德国投降在即，这个计划没有付诸实行。“最可怕的一刻是在5月1日凌晨两点时，我们通过收音机广播知道元首死去的消息。我觉得一切都结束了。我清楚记得那时的一片死寂，大概有四个小时之久吧，可是我不知道怎么描绘那种情景……没有人说话，但过了不久，有人开始往外走，第一个人出去以后，马上就是一声枪响，接着又是一声，然后又是一声。房子里没有人吭声，唯一听得到的声音是外面的枪声。我们觉得我们都会死掉（……）。我看不到任何未来。许多尸体倒卧在小小的庭院里，忽然间，有个男生从那些尸体后方冒了出来，他年纪比我大，十八岁。他请我坐在他身边。空气中充满芬芳，鸟儿在歌唱，我们就这样走出了那个地方。我知道在那个关头，要是我们没在那里互相扶持，想必我们早已不在人间。这点我很肯定。”那段日子构成马丁·阿道夫生命中的最大转折，他与原先那个由“高等人”和“低等人”组成的世界决裂，踏进一个由爱——对全体人类、对所有上帝的孩子的爱——所打造的生命。

帝国学校的学生们流落在外，设法自行找到家人。元首死去以后，被昵称为“小王储”的马丁·阿道夫辗转回到上萨尔茨堡，身上还穿着袖子上有纳粹十字臂章的希特勒青年团制服。但他的母亲已经离开那里的寓所，前往南蒂罗尔。这时她已经用“柏格曼”的身份在那个地区的小村镇沃肯斯坦落脚，歌德伦和她的母亲也在那里避难。

他父亲的秘书还没有离开鲍曼的官邸。那名秘书接待了他，给他一件灰色外套，并嘱咐他立刻烧毁希特勒青年团制服，以及开始使用化名。他拿到一张姓氏为“柏格曼”的假身份证，上面盖了这个地址：“布伦纳山口斯泰纳赫* KLV 营区 39 号”。然后他被安排会见国社党区主任、萨尔茨堡大区首长古斯塔夫·阿道夫·谢尔（Gustav Adolf Scheel），谢尔发给他一张新的出行令，这次是以农业学徒的身份前往彭高（Pongau）的圣约翰学校。他抵达那里时，所有学生都已经离开，整个学校只有他一个人。隔天，他在街上远远看到一辆黑色奔驰轿车，跟他们家的车子一模一样。他本来以为好像看到母亲坐在车内，但很快发现自己弄错了，于是决定继续逃亡，他在路上遇到一支溃逃中的纳粹部队，索性跟着他们一起走。

少年活在极端恐惧中，他相信要是盟军抓到他，一定会当场把他枪毙，因为他是马丁·鲍曼的儿子。他完全不知道父亲的下落。后来初步传出的消息显示，鲍曼在陷入火海、已成一片废墟的柏林逃亡时，已经不幸丧生**。

四十年后，以色列心理学家丹·巴尔-昂（Dan Bar-On）访问了马丁·阿道夫·鲍曼。他发现这位当年的“小王储”提

---

* 布伦纳山口斯泰纳赫（Steinach am Brenner）：位于奥地利蒂罗尔州。

** 纽伦堡大审判时，马丁·鲍曼行踪不明。根据审判期间希特勒青年团团长阿图尔·阿克斯曼（Artur Axmann）的供词，1945 年 5 月希特勒在柏林元首地堡自杀身亡后，他与鲍曼、纳粹医生斯敦普费格（Ludwig Stumpfegger）及其他一些人试图突破苏军包围逃走，随后失散，后来他在月色中看到鲍曼和斯敦普费格倒卧在一座桥上，但无法确定他们是否已经死亡。由于阿克斯曼多次翻供，他对此事的说法不被检方采信，而且苏联未曾表示寻获鲍曼的尸体，因此在许多年间他被视为下落不明，并有多种不同说法浮现（详见下文）。1963 年，一名退休邮务人员向警方表示他在 1945 年 5 月 8 日曾被苏军派去埋葬两具尸体，当时他在其中一具尸体上找到斯敦普费格的薪水册，因此可推测另一具尸体是鲍曼。1972 年，工人在柏林莱尔特（Lehrter）火车站（今柏林中央车站）工地发现人类骸骨，地点与声称当年埋葬鲍曼和斯敦普费格的那位证人所言吻合。经过仔细研究，基本上可以证明那是鲍曼的遗骸。1998 年的基因检测进一步证实此事，但依然有人对分析结果存疑。

到那段人生时，依然情绪激动得无法自已。⑨他表示原先他对犹太人被迫害的事一无所知。年幼时的他从未曾听过什么“水晶之夜”*，也不曾看过“犹太星”，因为“贝希特斯加登和上萨尔茨堡山上都没有犹太人”。在家里，没有人会谈犹太人这件事。他记得比较清楚的是基督徒遭到迫害的事。他说：“那时天主教会被说成是锡安主义**的延伸形式。犹太问题不再是急需处理的议题，因为它被视为已经大致解决了。”⑩

---

* 水晶之夜（Kristallnacht）：又称“碎玻璃之夜”，指1938年11月9—10日纳粹党员、冲锋队及平民袭击德国全境犹太人的事件。1930年代，许多犹太裔波兰人居住在德国。1938年10月28日，近两万名犹太人在无预警的情况下在午夜被德国政府驱逐到波兰。起初波兰政府拒绝收容他们，这批犹太人只好待在德波边境，直到德国当局说服波兰同意他们入境。一名在法国的犹太裔德国青年赫舍·格林斯潘（Herschel Grynszpan）接到家人的信，内容叙述他们被驱逐的可怕经历。他向德国驻法大使馆秘书恩斯特·冯·拉特（Ernst vom Rath）寻求协助未果，结果在11月7日枪杀拉特，拉特于9日死亡。这个事件成为德国对犹太人采取暴力行动的借口。许多犹太商店的橱窗在当晚被打破，破碎的玻璃在月光照射下如水晶般发光，此为“水晶之夜”一名的由来。在这场事件中，一千多间犹太会堂（接近德国全数犹太会堂）、七千多间犹太商店、二十九家百货公司等遭到纵火或损毁。在奥地利也发生了类似的暴力事件，将近一百间位于维也纳的犹太会堂遭到破坏。另外有超过三万名犹太男性遭逮捕并被关入集中营，多数于三个月后释放（当时集中营的大规模灭绝行动尚未展开）。这起事件被认为是德国对犹太人进行组织性屠杀的肇始。

** 锡安主义：也称“犹太圣会主义”，或按其宗旨称为“犹太复国主义”，是起源于十九世纪末中欧及东欧的一种犹太民族主义政治和文化运动，旨在于以色列故土重建“犹太家园”。犹太人源自古代近东的黎凡特地区，其居住地迦南（即“以色列地”）被视为犹太人的应许之地。犹太人历经大起义失败、罗马帝国于公元70年毁灭耶路撒冷以及公元135年的巴尔·科赫巴（Bar Kokhba）起义失败等事件后，散居到罗马帝国各地。十九世纪欧洲反犹主义猖獗，锡安主义在相当程度上是对这种社会现象的回应，1894年发生于法国的德雷福斯（Dreyfus）事件则被视为激发现代犹太复国运动的一个关键因素。犹太裔奥地利人赫茨尔（Theodor Herzl）以该事件见证者的姿态，于1896年出版《犹太国》一书，阐述于二十世纪建立犹太国的理念，被后代历史学者视为锡安运动的创始者。在一连串进展和转折，以及纳粹对犹太人的大屠杀之后，锡安主义民粹运动于1948年以色列建国前后达到高潮。

1945 年 5 月底，马丁·阿道夫流浪到某处山区时发生严重食物中毒（沙门氏菌病），幸好他路过一间老农场，那里的好心农夫没问他任何问题，只是单纯地收留他、照料他，让他赶牲畜到山上放牧。农场位于奥地利萨尔茨堡南方的辛特塔尔（Hinterthal），距离德国边界不远。他告诉农夫他姓“柏格曼”，来自慕尼黑，他说了个假的住址，不过为了避免有人寻找他，他表示他的父母都已经在慕尼黑空袭时丧生。少年小心翼翼地遵守父亲秘书的忠告——绝不透露自己的真实身份。他清楚知道，在大战后的德国，“鲍曼”这名字会让他遭到天打雷劈。有些纳粹的小孩是在家庭中承受沉默的重担，但马丁·阿道夫·鲍曼随时随地都得保持沉默，过着隐姓埋名的生活。他记得那个收容他的农家把他当成自己的小孩。他们的信仰非常虔诚，并且在第一次带他望弥撒时就知道他没有受过宗教教育。马丁·阿道夫表示，他在那个家庭中发现基督徒生活的意义，那跟他先前被灌输的价值完全相左。在那个偏僻的山区，他找到一个温暖而充满关爱的新家。但是好景不长，关于战争暴行及犹太人灭绝的消息很快就传到他身边。他阅读农场上唯一的资讯来源——奥地利著名报纸《萨尔茨堡晚报》（*Salzburger Nachtrichten*），终于知道人类野蛮到了什么程度。过去从不曾听过“犹太人大屠杀”的他完全明白了纳粹的残酷和恐怖。

于是他不得不面对他自己的父亲在那其中所扮演的真正角色。贝尔根-贝尔森集中营*的照片被永远烙印在他的内心。他

---

* 贝尔根-贝尔森（Bergen-Belsen）集中营：位于德国西北部的下萨克森大区。这里原本是一座战俘营，1943 年一部分营区被改建成集中营。1941—1945 年，估计有两万名苏联战俘和超过五万名囚犯死在这个营区，其中超过三万五千人死于 1945 年初肆虐的斑疹伤寒等疫病。贝尔根-贝尔森集中营在战后成为纳粹暴行的象征，其牺牲者中最为世人所知的是十五岁时死去的犹太女孩安妮·弗兰克（Annie Frank），她的日记成为纳粹消灭犹太人的最佳见证。

在纳粹寄宿学校读书时见过来自达豪集中营的工人，但那些他认为是囚犯的人看起来跟1945年从各地集中营被解放出来的那些饱受饥饿折磨、骨瘦如柴的男女老少简直是天壤之别。骤然间，他看到人性能够施展的恐怖是多么无边无际。[11]他尖锐地体会到某些小孩何以因为父母所犯的罪行而觉得自己必须背负责任。他表示：“《十诫》中的第四诫*是要求小孩将父母视为‘父母’来敬爱，而不是将他们视为‘在社会中扮演某种功能角色的人’来敬爱。”“我们的父亲在他的政治职务中的所作所为，也就是说在他‘身为我们的父亲’这个地位之外的一切作为，一大部分并不为我们所知，而且更重要的是，那并不是我们造成的，我们无需为它负责，也不该被认为必须为它负责。在父母确实犯下罪行，而且小孩意识到这个事实的情况下，经常有些小孩会背负父母的错误。这一切对他们造成的痛苦及羞耻成为可怕的精神重担，被加之于他们身上，但错误并非由他们所造成，他们无需为此负责。在小孩犯下父母无需负责的错误时，情况经常也是如此，父母会不由自主地感受到那种重担，尽管小孩犯的错确实很容易被自动归咎于父母教育小孩时的疏失。”[12]年少的马丁·阿道夫·鲍曼无法漠视他的过去和他的家世。他认为“无论父母是什么样的人”，我们都无法逃脱他们。1947年，满怀绝望的马丁·阿道夫向圣母玛利亚朝圣教堂**的雷根斯（Regens）神甫告解。这时的他已经上了好几个月的教理课。博学、聪明而虔诚的神甫除了教他宗教教义，更引导他走向献身宗教的职志。他帮助马丁·阿道夫克服他在面对自己

---

* 天主教及路德教派中的第四诫是“崇敬父母”。

** 圣母玛利亚朝圣教堂（Maria Kirchental）：位于奥地利西部的阿尔卑斯山区，东邻纳粹高层居住的特区贝希特斯加登。

的身世时所感受的困顿，并促使他成为一名服务上帝的神职人员。

纽伦堡大审判法庭对他的父亲进行缺席判决，依战争罪及违反人类罪将他处以死刑，与此同时，马丁·阿道夫已经在上帝身上找到了救赎。他全面拥抱基督教——那个他父亲极力反对的宗教。马丁·阿道夫试图理解父亲对天主教会的反感。马丁·鲍曼曾经积极制定措施，限制教会权力。希特勒不就说过以下这段话："我们很倒霉没有好的宗教。为什么德国没有像日本人那种宗教，认为为国捐躯是至高无上的义举？我们这种基督教太过软弱包容，连伊斯兰教恐怕都比它好。"⑬不过，由于已经饱经战乱折磨的民众敌视那些措施，纳粹决定减少对教会的抨击，特别是在巴伐利亚这种天主教信徒比例高的地区。1941 年纳粹推出禁止在学校墙壁上挂十字架耶稣受难像的法律以后，民众的反抗声浪格外明显。

关于父亲信奉国家社会主义的原因，马丁·阿道夫找到的第一个迹象是父亲在十五岁时离家出走的事，当时马丁·鲍曼再也无法忍受继父*那种毫无妥协余地的宗教信仰，以及他对他这个继子的百般刁难。马丁·阿道夫还找到另一个可能因素——国家社会主义与基督教之间的意识形态竞争。对他的父亲而言，教会对人民的控制是一种显而易见的挑衅，必须阻止这种现象持续下去。况且，天地间怎么可能存在任何比希特勒更高等的圣灵可以领导人民？宗教对元首的最高意志构成阻挠。马丁·鲍曼狂热而且忠心耿耿地服膺希特勒，将希特勒所说的

---

* 马丁·鲍曼的父亲特奥多尔·鲍曼（Theodor Bormann）在他三岁时（1903年）去世，母亲安东妮（Antonie）为了生活，很快就改嫁给已故姐妹的鳏夫、当地银行家阿尔贝特·福尔克伯恩（Albert Volkborn）。

一切视为金玉良言，例如“基督教是大脑有病的人发明的东西”。元首的力量绝不可受到掣肘。另外，马丁·鲍曼的个人动机也是一个因素，在他眼中，基督教教义会妨碍他对征服女性的渴望。

马丁·阿道夫内心相信，他的父亲不但知道纳粹犯下残酷罪行，而且认可那些罪行。[14]他认为人类的个人自由不可能被剥夺到他会不得不犯下罪孽的程度。他能想到的唯一解释是，父亲一直浸淫在国家社会主义意识形态中，从未加以质疑，并将希特勒视为至高无上的父亲角色，对其进行偶像崇拜。但是，马丁·阿道夫认为自己没有资格评断父亲，上帝才有权这么做，因为唯有他能公允无私地评断人类。他不曾跟父亲谈他（父亲）参与过的种种暴行，但他想要为父亲那些所作所为承担责任，尽管他对这个生育他的人认识并不深。

1947年，马丁·阿道夫获德国天主教会接纳，于5月4日受洗为天主教徒。于是他进入萨尔茨堡里夫凌（Riefering）区的圣心传道中学读书，随后又修读了神学。1947年10月17日，他搭乘巴士前往萨尔茨堡参加入学甄试时，感觉车上有一名慕尼黑纳粹党党务处前秘书似乎认出了他。隔天他果然遭到警方质问，然后被送到美军反情报队（即美国陆军情报处），短暂羁押在湖滨策尔（Zell am See）。不过，虽然他是在有人匿名检举的情况下被逮捕，我们并不能确定检举他的人就是他在巴士里遇到的那位女秘书。事发后，萨尔茨堡总主教介入说情，让他立刻获释。1947年圣诞假期，十七岁的马丁·阿道夫前往巴伐利亚鲁波尔丁（Ruhpolding）的舅舅家过节，当时他用的是美军反情报队给他的名字“莱恩霍德·迈耶”。抵达舅舅家时，他才知道母亲格尔妲过世的消息——母亲于1946年3月23日即已因癌症并发症去世，当时她还不到三十六岁。在她人生的最后阶段，她似乎希望亲近上帝，并在死后以宗教仪式安葬。跟她接触最多的神职人员是梅拉诺战俘营的神甫泰欧·施米茨（Theo Schmitz），他答应她会照顾她的小孩。

大战结束以后，格尔妲·鲍曼在位于格罗本（Gröben）的山庄被逮捕，那时她跟马丁·阿道夫的九个弟弟妹妹一起住在那里（他们的年纪从一岁到十三岁不等）。盟军把她带到梅拉诺，将她秘密羁押。这些孩子们则全部受洗成为天主教徒（尽管年纪最大的几个先前已经受过洗礼），然后被安排住进一些接待家庭，其中包括医生、商人、农民、贵族等。但马丁·阿道夫的妹妹依儿姆嘉德拒绝正式皈依，因为她要“跟爸爸一样……”这个诉求跟歌德伦·希姆莱一模一样。

鲍曼的小孩有些死得比较早。先是小佛尔克，他在三岁时开始拒绝进食，身体日渐衰弱，几个月后死亡。然后是两个双胞胎姐妹之一——被取了小名“爱卡”的依尔瑟，她住在梅拉诺的一名医生家里。爱卡无论长相或性格都最像爸爸，她在1931年出生，父亲被判刑时她已经十五岁，但对她而言，父亲一直还是她心目中的那个伟人，而且毫无疑问是无辜的。这个少女个性刁钻，喜欢命令、主导，令收养她的家庭非常头痛。在她就读的英国女校，她会呵斥同学要对她毕恭毕敬。她读书非常用功，总是拿第一名，因为她希望父亲为她感到骄傲。1957年，她嫁给一名意大利工程师，生了一个女儿，然后在二十六岁时骤然死去。

其他小孩各自走上不同的人生道路。其中许多住在南蒂罗尔，跟大哥马丁·阿道夫很少联络。1948年，马丁·阿道夫被送到英戈尔施塔特*的耶稣会神学院研读。1951 年，他通过业士会考。1958 年，他获授神甫圣职。他主持第一场弥撒的地点自然是在圣母玛利亚朝圣教堂。[15]不过他表示，他对父亲的害怕依然萦绕不去，他持续生活在父亲可能归来的恐惧感中，担心他看到这个儿子因为皈依天主教而变成他的“敌人”时，会有什么反应。“我并不恨我的父亲，”马丁·阿道夫特别强调，“我花了好几年的时间，学会如何分辨我父亲的‘个人’身份和他的‘政治人物兼纳粹官员’身份。”

大战结束以后，马丁·鲍曼的下落引发种种光怪陆离的臆测。有人认为他在元首地堡中自杀，有人则说他成功逃出地堡。他的官方死亡证书上标示的日期是 1945 年 5 月 2 日，但这个日期应该是不正确的，而且并没有任何尸体被指认出来。有人说他逃过死劫，化身为苏联国家安全委员会（KGB）干员，为斯大林效力。根据这个说法，苏联人用袋子将他的头包住，把他偷渡到安全地点……1953 年，有人又说在智利看到他……1993 年，英国《独立报》（*The Independent*）刊出一则报道，说他曾到巴拉圭接受约瑟夫·门格勒（也就是那个恶名昭彰的奥斯维辛集中营医生）治疗，后来在 1959 年 2 月 15 日因为胃癌逝世。另外一条线索则指出，马丁·鲍曼移居南美洲，穿上黑色长袍当教士，在那里主持圣餐仪式、婚丧喜庆、临终圣事等。在许多年间，马丁·阿道夫在不知父亲下落如何的情况下生活着。1972 年，终于有人在柏林的一处建筑工地中发现一具骨

---

* 英戈尔施塔特（Ingolstadt）：巴伐利亚城市，位于慕尼黑与纽伦堡之间。奥迪汽车总部设于此地。

骸，经过牙齿鉴定后被认为是马丁·鲍曼的遗骸，1998 年进行的 DNA 检测又进一步证实这件事。不过即使有了这些证据，依然有人对分析结果表示质疑。

1961 年，马丁·阿道夫以天主教传教士的身份前往非洲，主要是到当时发生内战的刚果。他在非洲一待就是许多年，其间经历过一些不堪回首的事。他遭到酷刑虐待，多次被迫面对模拟处决的场面。虽然他并不怕死，但酷刑对他造成无法磨灭的伤痕。1965 年底，他因为得了传染病，不得不返回德国。在汉堡的热带疾病医学院，他通过他的主治医师得知另一名纳粹要员的儿子不久前也在那里接受过治疗——他就是沃尔夫·吕迪格·赫斯，前纳粹党党务部总书记鲁道夫·赫斯之子。他自己的父亲在 1941 年接替了那个职位。这两个纳粹高官的儿子大约在同一个时期都去过非洲，但他们的经验和从中获得的教训可以说是天差地别。1966 年 3 月，马丁·阿道夫·鲍曼最后一次前往非洲，九个月以后回国。

1971 年，马丁·阿道夫出了严重的车祸，那件事是他一生的转捩点，他的旅行宣道活动也自此画下休止符。一切都变得跟以前不同了。他幸运地活了下来，而他认为那要归功于“某种力量介入牵动命运的绳索”，或“某个神赐的礼物”。[16] 他恢复意识时，一名陌生女子在床边照料他。她是一位修女，刚结束一个到非洲加纳作采访报道的行程返回德国。两个人一见钟情，他们可以说是天作之合，自此他们不会再分离，没有任何障碍能阻挠他们的爱情。为了她，马丁·阿道夫·鲍曼决定还俗，她也做了同样的事，两人于 1971 年 11 月 8 日在荷兰哈伦（Haarlem）结婚。

1973 年，他决定教授教理课，这正是他的父亲在他小时候不准他上的课。起初他向穆尔多佛*的学校申请神学教职，但校方通知他说他们不希望让一个“有那种背景”的老师教他们学校的学生，所幸后来其他学校还是聘用了他。⑰他从 1973 年一直教到 1992 年退休为止，他的妻子则在加米施-帕滕基兴**担任教育人员。

1980 年代，以色列心理学家丹·巴尔-昂展开一项研究计划，目的是探讨纳粹罪犯的小孩如何跨越父母立起的那道高耸的沉默之墙，在特殊的家世背景下设法走出自己的路。计划内容还包括突破显然存在于社会中的缄默，安排让大屠杀死难者的小孩与纳粹官员的小孩面对面，设法打倒他们的心魔，激发双方间的讨论。丹·巴尔-昂认为，刽子手的孩子也是纳粹主义的受害者，因为他们内心承受着不该由他们承担的罪恶感。这些罪犯与死难者的后代共同参观奥斯维辛、达豪的集中营，美国华盛顿的犹太大屠杀纪念馆，以及耶路撒冷的以色列犹太大屠杀纪念馆***等地。马丁·阿道夫·鲍曼清楚地意识到他再也不会有机会跟他的父母谈论那个过去。这种寂然之感跟大屠杀幸存者的小孩所承受的感觉不同。存在于后者与他们的父母之间的是一种未曾言说、无法表达的伤痛，那种伤痛仿佛一道黑暗的高墙，耸立在两代之间。父母一心希望儿女免于接触到他

* 穆尔多佛（Mühldorfer）：位于巴伐利亚南部，贝希特斯加登北方。

** 加米施-帕滕基兴（Garmisch-Partenkirchen）：巴伐利亚南部山城。加米施-帕滕基兴是 1936 年冬季奥运会举办地，1940 年冬奥也曾预定在此举行，但因二战爆发而取消（该届冬奥最初由日本札幌获选举办，但因中日战争爆发，主办权转给瑞士圣莫里茨，后因争议又转给加米施-帕滕基兴）。

*** 犹太大屠杀纪念馆（Yad Vashem）：成立于 1953 年。希伯来文原名出自旧约圣经《以赛亚书》：“我必使他们在我殿中、在我墙内，有纪念、有名号，比儿女的更美；我必赐他们永远的名、不能剪除。”其中“有纪念、有名号”的希伯来语发音为 yad vashem。

们忍受过的恐惧与绝望，而且他们也无法找到正确的陈述方式，因为语言在这种情况中可以说完全失灵。孩子们只能隐约意会，他们设法感觉那份被隐藏在沉默中的恐怖，终至感受到某种义务，要以无尽的悲悯看待父母曾经遭逢的苦难。

马丁·阿道夫·鲍曼表示，他“背负的沉默重担”与此截然不同。“身为鲍曼的儿子，我害怕被人发现，害怕别人拿纳粹政权犯下的所有罪行来指控我，虽然我是在事后才得知那些罪恶。无论这种害怕是否真的有根据，我都不得不保持沉默，强迫自己闭嘴。我跟我的父母从来不曾有机会谈论那个过去，以及那个过去中有多少他们心甘情愿的成分。”[18]

马丁·阿道夫·鲍曼退休以后依然致力于原有志业，并于1993年赴以色列，进行“圣经般的旅行”。安排那个研修之旅的旅行社以“全体教会合一”为业务宗旨，为天主教徒和新教徒规划宗教旅行。旅行名称为“探索《出埃及记》的轨迹”，马丁·阿道夫对他看到的以色列和以色列人民感到无比着迷。

他也抽出时间撰写一份报告提供给德国的教师，主旨是通过研究纳粹文献（包括他父亲的书信），探讨纳粹如何以宣传为目的，对语言进行操纵。在许多年间，他跟丹·巴尔-昂一起在美国、德国和以色列主持一些相关工作坊。

他的教母依尔瑟·赫斯——鲁道夫·赫斯的夫人——于1995年去世。她的儿子沃尔夫·吕迪格在讣闻中写了这个墓志铭：“命运开始之处，即为神祇的终结”[19]，铭文上方是一张鲁道夫·赫斯跟夫人的照片，可能拍摄于他们结婚后不久。赫斯先生坐在驾驶座，夫人随侍在旁，她的眼神为照片赋予某种谜一样的特质。沃尔夫·吕迪格·赫斯特别请跟他母亲相当熟识的马丁·阿道夫·鲍曼在她的葬礼上宣读悼词。大战结束后，马丁·阿道夫曾到教母居住的小镇辛德朗*拜访过她两次。对这两个已过中年的纳粹小孩而言，那场葬礼是相聚叙旧的难得机会。他们长年维持书信往来的关系，但终于能够重新见面，两人都非常开心。在长达数十年期间，沃尔夫·吕迪格的父亲被监禁的事一直让他们非常伤感。

马丁·阿道夫·鲍曼于 2013 年 3 月 11 日挥别人世，笔者在那天开始撰写他的人生故事。

---

* 辛德朗（Hindelang）：巴伐利亚南部阿尔卑斯山区的温泉镇。

Les Enfants Höss
霍斯的子女：奥斯维辛指挥官的下一代

“妈咪妈咪，过来看！”布莉姬特拉着妈妈的手嚷道。她跑得上气不接下气。“快点过来，我在庭院后面看到了草莓，超多草莓。赶快嘛！”

小女孩对她的发现非常开心。母女俩大步朝美妙草莓的方向走去。

“你看草莓有多大！我可以吃吗？”

“不行不行，等一下，要先洗一洗才能吃。”

“为什么呢？以前在巴伐利亚的时候，我们都没洗就直接吃了呀！波兰的草莓不干净吗？”

“对！你没看到草莓上有一层黑色的灰尘，闻起来有火灰的味道？你看，你用手拿草莓的时候，连手指头都变得有点黑黑的！”

那层脏污不是灰尘，而是来自奥斯维辛的灰烬。

小女孩坐在家门口的台阶上，一边品尝可口的草莓，一边忍不住往四周看是不是有什么东西在烧。有时候，一股可怕的味道会呛进她的喉咙。某一天，她听到大人抱怨这件事。他们说到什么“焚化”，但九岁的小布莉姬特不知道这个词的意思。她还听到爸爸对某个部下说，再这样下去真的不行。因为天气恶劣或吹大风时，方圆好几公里都会弥漫肉被烧焦的味道。住在附近的人都在说犹太人死掉的事。另外有一天，她的爸爸妈妈提到爸爸跟一名纳粹党员之间的谈话，讨论主题是灭绝计划。有时，柴堆燃烧的景象在好多公里外都看得到。①

打从一岁那年开始，布莉姬特就一直生活在集中营附近。在迁居到奥斯维辛以前，一家人先是住在巴伐利亚距离慕尼黑不远的达豪，然后搬到柏林北方三十公里的萨克森豪森（Sachsenhausen）。她知道她父亲的工作跟一些被关起来的人有关。由于工作表现优异，他晋升为波兰奥斯维辛集中营的“头头”。

于是一家人住进奥斯维辛的一栋别墅，她的母亲将住家装修得又豪华又舒适。房子有两层楼，十来个房间，好几间浴室，一间大厨房，还有一间洗涤室。父母的卧房位于二楼，从窗口就可以看到集中营和第一座焚尸炉的烟囱。布莉姬特的房间有两张并排的浅色原木单人床，还有一张宽大的单人沙发。家具品质均属上乘，寝具精致华丽，墙上挂了艺术作品。从前她的父母没有这种东西，但搬到奥斯维辛以后，他们可以上那种名叫“加拿大”（这是集中营区的俚语，意思是“买卖货仓”）的仓库，那里摆满了集中营被害者的财产，里面有各式各样的美丽物品。那是个令人触目惊心的阿里巴巴洞窟，而她的父母可以在里面随心所欲地挑选宝藏。②

一群用人被调派过来服务他们，都是从爸爸指挥的营区来的男囚犯，他们身上穿着条纹制服，衣服上有黄色星星或黑色三角形。③小女孩觉得他们人很好，因为他们经常跟小朋友玩。有时他们会用木头做出一些很棒的玩具给他们。布莉姬特记得其中有一架有轮子的飞机，它会在地上跑，而且大得可以让人坐上去。

布莉姬特大叫道：我的小弟弟汉斯-尤根（Hans-Jürgen）

超爱这个！在我们家的一张照片上，可以看到他坐在驾驶座上，笑得很开心。多么神奇的一刻！一些囚犯成了我们家的园丁，把整个花园整理得焕然一新。他们种了许多漂亮的花草树木，五颜六色，应有尽有。数以千计的花盆和各种种子经常被送到家里。妈妈喜欢在花园里消磨时光，种植新的花卉。我们家还有一个菜园，里面种了各式各样的蔬菜。春光明媚的时候，整个园子里开满了花。爸爸甚至请人造了一座水池，我们可以在里面玩水，还有一个大溜滑梯，都是让我们玩的。我们家也很喜欢养宠物。爸爸请人送来形形色色的动物，有兔子、乌龟、猫、游蛇、貂等。爸爸监管的那些穿条纹衣服的人经常带新的动物到家里来。花园尽头还有一座蜂屋，爸爸会教我们怎么拿出蜜脾才不会惊动蜂群。[④]我们家一切都太美好了。许多照片上可以看到我们家人满脸笑容，在那个美丽的花园里休闲，那是奥斯维辛的一段美妙时光。住家附近建了一间马房。爸爸一直很喜欢马。他小时候有一匹小型马，他会趁父母不在家时，把小马带进自己的房间。每天工作结束以后，他喜欢在傍晚骑马奔驰在大自然中。他说这样可以洗涤心灵，让他暂时忘记一些在心中纠缠的事。星期天时，爸爸常带我们去马房看小马，或拿铁齿梳刷马匹，我们也会去狗房，那里有一些德国牧羊犬。天气好的时候，我们还会到奥斯维辛附近的索拉（Sola）河上划独木舟。我很喜欢把我的小白鼠带到那里，让它们在茂盛的草地上奔跑。“人在奥斯维辛，仿佛置身天堂。”[⑤]我们住到那里以后，似乎所有愿望都能得到满足。不过我心里最想要的其实是爸爸能有更多时间陪我们。他超级忙碌。不管是白天或半夜，有时会忽然有人请他到集中营里解决某个问题。他说某些工作不可能让别人代劳。爸爸的工作很辛苦。有时他回家的时候，我们会看到他精疲力竭而且精神紧张。我的爸爸叫鲁道夫·霍斯，他是奥斯维辛的指挥官，负责每天管理人类历史上最惨无人道的巨大杀人机器。

鲁道夫·霍斯是德意志第三帝国犯罪事业中最狂热的执行官之一。这个人犯下的是我们既无法理解也无从解释的绝对罪恶⑥，他到底怎么有办法每天杀害成千上万的人，同时又无条件地关爱家人，完全不会产生道德矛盾？他在纽伦堡跟美国心理医师吉尔伯特（G. M. Gilbert）谈话时曾经指出："我是个完全正常的人。即使在我执行灭绝任务的时候，我依然过着正常的家庭生活。"⑦他要所有人知道他也是个"有副好心肠"的人。

鲁道夫·霍斯不是纳粹顶层高官的一员，而是一名种族屠杀任务的执行者，没有这些人，大规模屠杀就无法进行。从所有角度来看，他都是个平凡无奇的人物，因此可说跟艾希曼或索比布尔的刽子手、特雷布林卡的屠夫弗朗茨·施坦格尔*半斤八两。这些人杀人不眨眼，在上级长官命令下消灭无以数计被视为"国家敌人"的无辜民众——犹太人、吉卜赛人、同性恋者，不分男女老少，通通都得死。

1901年，鲁道夫·霍斯出生在德国黑森林的巴登-巴登，那是一座环境优美的温泉水疗名城，深受上流社会人士青睐。霍斯的家庭极为虔诚，鲁道夫的父亲是个狂热的天主教徒，性格非常专制，用军事化的方式管教小孩。他决定让家中唯一的男孩成为神甫。霍斯家另有两个小孩：鲁道夫的妹妹玛丽亚

---

* 弗朗茨·施坦格尔（Franz Stangl，1908—1971）：曾任索比布尔集中营及特雷布林卡集中营指挥官，任内杀害九十万人。战后辗转逃往巴西，1967年才被捕，并引渡回联邦德国，于1970年被判终身监禁，半年后因病死于狱中。

（Maria）和玛嘉莉特（Margarete）。

霍斯先生很早就教儿子必须无条件“尊敬、崇仰所有大人”。鲁道夫针对这点作过说明：“每当他们需要帮忙时，他们都会让它显得像是责无旁贷的义务。我不断被提醒必须立刻遵守父母、老师、神甫、所有大人的命令和要求，绝不能有任何迟疑，绝不能让其他事妨碍我执行这个任务，因为凡是他们说的永远是对的。”犯了再怎么小的错，他也得忏悔。鲁道夫·霍斯永远无法摆脱这种对大人、上司的绝对尊敬。“那些原则在我的教育过程中被烙印在我的整个心灵中。”⑧

童年时期的鲁道夫个性孤独而封闭。他接受的所有教育都是为了让他成为神甫。但某一次发生了一件事，让鲁道夫认为他对人的信任受到践踏。有一天，听他告解的神甫把一件平凡无奇的学校争吵事件转告给他的父亲。这件不义之举在他眼中是种天大的背叛，自此以后，他的宗教信念无可挽回地动摇了。他开始背离教会，1914 年他的父亲过世以后，他永远脱离了教会。但入世的平民生活让他感到害怕，他想从军，就像父亲那边的所有男性亲属一样。1914 年爆发的第一次世界大战给了他一个绝佳机会，他在十五岁时，就决定穿上军服。

军队成为他身心平衡的源泉，1918 年德国战败以后，为了重新享有军事生活，他在 1919 年加入东普鲁士边防军，成为罗斯巴赫自由军团 * 的一员。这个准军事单位是由一些民族主义

---

* 自由军团（Freikorps）：原指志愿军，首批自由军团于 1759 年七年战争期间由腓特烈二世招募组成。第一次世界大战后，部分德国退役军人也组织自由军团，吸收一些寻求稳定工作的老兵，以及因不满德国战败而想打倒共产党的人。在当时的国防部部长支持下，军团残酷镇压共产党起义。罗斯巴赫自由军团系由民族主义者格尔哈德·罗森巴赫（Gerhard Rossbach，1893—1967）所成立，一般认为他率先推出纳粹冲锋队“褐衫军”的褐色制服。

者所创建的，目的是对抗波罗的海地区的共产党人。霍斯后来表示，他在那段时间中第一次目睹平民百姓所受的残酷迫害。1922年，他加入国家社会党，党员编号3240。以手段残暴著称的罗斯巴赫自由军团导致鲁道夫·霍斯锒铛入狱。他因为跟一位名叫马丁·鲍曼的同袍涉及谋杀共产党人瓦尔特·卡多夫*的行动，于1924年被判处十年劳役。马丁·鲍曼也就是后来希特勒的个人秘书。

无条件遵守国家法律是一种绝对的义务：绝不拒绝执行命令，因为“在过去接受的教育影响之下，无论接到什么命令，都不可能有违反的念头”。⑨假如有人命令他处决自己的小孩，他会不会执行？终其一生，鲁道夫·霍斯只盼望一件事：不必决定，只要执行。他认为这样他就可以免除所有个人责任。监狱那种所有生活细节都规定得清清楚楚的铁一般的纪律完全契合他的个性。鲁道夫·霍斯是个模范囚犯，他喜欢遵守一切。他在柏林勃兰登堡监狱**被关押了四年，获释以后，他一度考虑务农。他接洽了一个称作“阿塔曼人”*** 的小集团，那个团

---

* 瓦尔特·卡多夫（Walter Kadow，1860—1923）：德国教师，原为纳粹党员，后来成为共产党。1923年，由于他被疑向当时占领德国鲁尔区的法国检举德国民族主义者施拉格特（Albert Leo Schlageter），导致他被法国处决，霍斯在鲍曼协助下，于5月31日将他杀害。隔年霍斯被判刑十年，但服刑四年即获释。施拉格特被魏玛共和国视为烈士，后来成为第三帝国的宣传工具。

** 全名勃兰登堡-戈登（Brandenburg-Görden）监狱，位于柏林西郊的哈维尔河畔勃兰登堡，1935年建成，当时是欧洲最现代化、安全措施也最严密的监狱。

*** 阿塔曼人（Artamans，德文全名 Artamanen-Gesellschaft）：一个以“血与土”的德意志民族精神为依归的极右派农业公社组织，活跃于两次世界大战之间，与纳粹关系密切，后由纳粹吸收。组织名称由中古德文 art（农业）及 manen（人）组合而成。

体由一群年轻民族主义者组成，他们希望回归一种亲近大自然的健康生活，认为大自然是德意志民族的生命源泉。海因里希·希姆莱也是该组织的成员。霍斯喜欢乡村生活。通过这个组织，霍斯于 1929 年间认识了未来的妻子海德薇格·韩瑟尔（Hedwig Hensel）。他们可说是一对天作之合，不但观念相同，甚至连理想抱负都一样。他对她报以绝对信任，但同时他认为他自己的问题只有他能解决，因此他从不跟海德薇格分享内心的私密想法。[10]夫妻两人一共生了五个小孩。结婚三个半月后，长子克劳斯（Klaus）于 1930 年 2 月 6 日呱呱坠地，第二个小孩海德特劳特（Heidetraut）则于 1932 年 4 月 9 日来到世间。通常被人用法文名字“布莉姬特”（Brigitte）称呼的茵格·布莉姬特（Inge Brigitt）在 1933 年 8 月 18 日诞生，接下来是 1937 年出生的汉斯-尤根和 1943 年出生的安妮格蕾特（Annegret）。

德国政治风云变幻之际，霍斯一家人在波罗的海边的一座农场上过着遗世独立的生活。霍斯夫妇每天拼死命地工作。结婚头几年，在丈夫鲁道夫加入纳粹党卫军的军事活动部门以前，三个小孩陆续出生，夫妻两人必须竭力设法供应家庭所需。他们坚守对农业生活的理想，但农场上的生活真的非常辛苦。1929 年，鲁道夫结识党卫军海因里希·希姆莱，后来在他的号召之下加入党卫军。这时是 1934 年 6 月，党卫军帝国领袖希姆莱在“长刀之夜”事件结束以后，取得了党卫军竞争对手——冲锋队的控制权，开始管理冲锋队所属的军营。

于是，霍斯在 1934 年被派到慕尼黑附近的第一座纳粹集中营——达豪。集中营指挥官提奥多尔·艾克（Theodor Eicke）教他集中营体系的基本运作原则：在心理、精神及身体层面将囚犯全面击垮。艾克使用的信纸上印有这样的笺头：“唯一要务：执行命令！”鲁道夫·霍斯完全认同这个箴言。艾克认为，党卫军成员必须有能力消灭任何反抗希特勒政权的分子，就算是最亲近的家属也不例外。[11]海因里希·希姆莱的目标是消除党卫军的一切人性及感性成分，在这个原则下，任何情感表现都是懦弱的象征。鲁道夫·霍斯毫无困难地解除了自己的人性面向，让自己完全服从上级命令，仿佛是个后面有人操纵的傀儡。在纽伦堡跟他谈话的精神科医生认为：“他外表上让人觉得像是正常人，但骨子里有精神分裂者的麻木不仁，以及最严重的心理变态患者那种毫无同情心的特征。”[12]

抵达达豪以后，他的妻子和三个小孩很快就到这里跟他团聚，当时小孩的年纪分别是四岁、两岁半和一岁半。一家人住在集中营附近的一栋军官宿舍中。1937 年，海德薇格再次怀孕，霍斯夫妻有了第二个儿子汉斯-尤根。他们的小孩跟其他军官的孩子一样，在达豪的公立学校就读。霍斯在达豪使出浑身解数接受考验。按照希姆莱的心意，这个营区必须成为未来所有集中营的模范。通过他的惊人效率、务实精神及策略能力，他的地位迅速蹿升，达豪则扩展到可以容纳将近两万名囚犯的规模。

四年以后，他被调到柏林附近的萨克森豪森集中营，成为那里的第一副指挥官，他的家人跟着他一起迁移过去。一家人虽然就住在集中营旁边，但他们的生活丝毫不受影响。然后大战爆发，1939 年 9 月 1 日，纳粹德国占领波兰，大量囚犯开始涌入。

每天晚间或周末下午，霍斯总爱念故事给小孩听，不是德国民间传说，就是马克斯和摩里茨（Max & Moritz）的故事——他特别喜欢这两个违抗命令的小孩所经历的冒险故事。

霍斯也会用留声机播放音乐给小孩听。他一边当好爸爸，一边夜以继日参与系统性处决数百万人的重大任务。在好几年间，他若无其事地过着这种两面人的生活。

后来希姆莱决定在上西里西亚*地区、波兰克拉科夫西面六十多公里处兴建一座新的集中营，这时已经在集中营这个业务领域积累相当经验的霍斯被指派前往现场探勘。那里原本是一个波兰炮兵营区，位于波兰小镇奥斯维辛附近的一个沼泽地带。这是 1940 年 5 月的事。霍斯发挥高度效率，时间才刚进入秋天，二十二座砖造营房就已经准备好容纳首批囚犯。营房分成三排，四周装设两圈高达四米的有刺铁丝网围栏。营区入口处的沉重铁栅门上方标有铸铁打造的德文题词："Arbeitmacht-frei"（劳动带来自由）。

集中营兴建完成后，鲁道夫·霍斯的家人搬进营区旁边的一栋房屋。跟父亲先前派驻其他地方时一样，小孩也被送到当地的公立学校就读，但父亲的特殊职务性质使他们难以融入学校生活。

囚犯数量大幅增加，为了疏解收容压力，柏林当局提出越来越急迫的扩建要求，使霍斯的生活繁忙得无以复加。他在回忆录中写道："每一道新的障碍都进一步激发我的工作热情。"他知道他不能仰赖上司，也很清楚他的部属才干不足。在他的

---

* 上西里西亚（Haute-Silésie，德文 Oberschlesien）：中欧西里西亚的东南部地区，位于克拉科夫以西一带，当时属于德国，目前主要划入波兰南部，一小部分划入捷克共和国。中世纪以降，上西里西亚曾陆续属于大摩拉维亚、波希米亚王国、波兰、神圣罗马帝国、奥地利哈布斯堡王室、普鲁士王国以及后来统一的德意志帝国。西里西亚于 1815—1919 年之间是普鲁士的一个省份，1919 年魏玛共和国时期分为上西里西亚和下西里西亚两省，1938—1941 年期间两省又曾合并。

《回忆录》中，霍斯不断提到他如何为了有效执行命令，必须克服后勤作业上的重重困难。早晨，他是第一个抵达工作岗位的人，晚上他比任何部属都更晚离开。希姆莱不想听到任何建材不够、设施运作不良、人员素质不够、疾病肆虐营区之类的问题，他要不惜一切，迅速推展营区扩建工程。鲁道夫·霍斯指出，1941 年 3 月希姆莱视察营区后，“这项业务的规模变得不可同日而语，营区不只是要容纳三万名犯人，而且必须进一步扩大，以囚禁十万名战犯”。[13]

1941 年 10 月，他展开当地第二个营区的建设工作，也就是“奥斯维辛-比克瑙”（Auschwitz-Birkenau）集中营，距离原有营区不到五公里。1941 年 9 月，工作人员开始测试以齐克隆 B 毒杀囚犯的作业。齐克隆 B 是一种用氰化氢制成的杀虫剂，原先已经被用来消毒营区。这种药剂于低剂量即可致命，而纳粹拥有大量库存。

鲁道夫·霍斯在回忆录中指出，1941 年夏天[14]，海因里希·希姆莱对他宣称：“元首下令开始进行犹太人问题的‘最终解决方案’，并由党卫军负责执行此项命令。”霍斯继续写道：“我没有权利思考；我必须执行指令。我的心思不够宽广，无法让我针对灭绝犹太人的必要性进行个人评断。”选定奥斯维辛作为灭绝现场的理由是这个地点比较偏僻，而且离铁路很近。[15]鲁道夫·霍斯从柏林返回奥斯维辛，开始认真导入毒气灭杀程序。所有其他灭绝方式——特别是针对妇孺——“对负责执行的党卫军队员都会太过难受”。霍斯认为以毒气进行灭绝工作的最大优点是避免“血流满地”及用机关枪屠杀的恐怖景象；对“灭绝特遣队”成员而言，那种情景令人无法承受，以至于他们必须把自己灌醉才能面对工作，他们甚至因此而发疯。[16]约阿希姆·费斯特*指出，这种将杀人工作机械化的做法后来成为鲁道夫·霍斯的借口，让他拒绝承担任何责任，并排除一切罪恶感，因为他在不觉得自己参与杀人工作的情况下就完成了灭绝任务，一切不过是行政作业而已。⑰

对霍斯而言，死亡是日常生活的一部分：他的任务是杀人，而他秉持无比的狂热执行这项任务。他是训练有素的执行者，在追求工作效率及数字表现的偏执心态下，他积极灭杀，而后致力统计死亡人数。被关押在波兰期间，他撰写了个人回忆录《奥斯维辛指挥官如是说》**，在书中详细描述1940—1943年间他担任奥斯维辛指挥官时如何建置灭绝犹太人的工业化体系，以及这个体系如何运作。他仿佛失去人性，从不否定自己怀抱的“理想”，一方面诉说他在工作上面临的困难，一方面设法合理化自己的行为。对他而言，怜悯与同情是懦弱的表现，党卫军中不容许有这种东西存在。他描述了最初使用齐克隆B时的情形：“一开始有几个人陆续喊：毒气！然后全体人员开始尖叫。所有人都往门口冲，但他们再怎么推，门也不会开。几个小时以后我们才把门打开，那是我第一次看到成堆被毒气杀死的人。我有一种不舒服和恐怖的感觉。不过先前我一直以为，使用毒气会造成更大的痛苦。”他特别强调自己从不曾亲手杀过任何囚犯，也从不容许部属滥权残害他们；他只是以最高的效率达成上级交付给他的任务。

---

* 约阿希姆·费斯特（Joachim Fest，1926—2006）：德国历史学家、记者及出版人。著述以批判纳粹德国著称，包括一部重要的希特勒传记，以及一些关于阿尔贝特·施佩尔和德国人民反抗纳粹的书籍。

** *Le commandant d'Auschwitzparle*，德文原名 *Kommandant in Auschwitz: autobiographische Aufzeichnungen*（《奥斯维辛指挥官：自传式纪录》）。

1942年，集中营的范围已经达到方圆数公里。霍斯抱怨说，党卫军队员几乎老是喝醉酒，他每天都得设法提振他们的士气，他们才会愿意加快焚化炉的运作速度。[18]不过，他对自己在这个恐怖任务中的优异表现以及他获得的战功十字勋章感到非常自豪。直到最后一刻，他唯一念兹在兹的事是工作上面临的困难。希姆莱对他完全信任，先是钦点他建造奥斯维辛集中营，然后又在原本可以指派其他上司的情况下，特别指示由他执行最终解决方案，这一切都令霍斯深深感动。他只有一个心愿：绝不辜负这个被托付给他的使命。

鲁道夫·霍斯跟家人生活在奥斯维辛，住家就在毒气室的围墙外边。死亡如此接近，却丝毫不影响家庭生活的安宁。本书述及的其他纳粹小孩在日常生活中与第三帝国的恐怖隔绝，但霍斯家的小孩却与死亡朝夕为伍。他们跟死亡现场之间有一道栅门相通，而霍斯的孙子莱纳（Rainer）将它称为“地狱之门”。

霍斯一家人的生活称不上浓情蜜意，不过倒也算是其乐融融。鲁道夫非常重视让家人高兴。希姆莱曾经严正命令他绝不能透露最终解决方案的事，但他在1942年底还是告诉了他的妻子。他感觉在他对她透露他每天工作的确实性质以后，妻子的肉欲减低了[19]，尽管妻子跟他一样嫌恶犹太人和波兰人，认为“他们的存在就只是为了一直工作到死”。[20]

霍斯在家中是标准的好爸爸。只要情况允许，他会在白天抽空回家，跟小孩一起玩耍，念诗给他们听。他是个慈爱的父亲，而对于自己没有更多余力照顾小孩，他感到强烈的遗憾。

除了两名住在家里的用人（通常是耶和华见证人）以外，还有一整个工作团队忙着满足霍斯一家的需求和欲望，其中包括厨师、家庭教师、油漆匠、男装裁缝师、女装裁缝师、理容师、司机等。别号“奥斯维辛天使”的海德薇格认为她一定得有这组人员帮忙，才能好好招待来访的帝国要员，例如海因里希·希姆莱、犹太人遣送作业统筹阿道夫·艾希曼、集中营总督察长理查德·格吕克斯（Richard Glücks）等。“海尼伯伯”（即海因里希·希姆莱）来访时，全家人都感到万分荣幸。几个小孩都穿上最漂亮的衣服，轮流坐在党卫军帝国领袖希姆莱腿上，爸爸则开心地拿相机拍照。[21]

园丁史丹尼斯劳夫·杜比尔（Stanislaw Dubiel）是一名波兰政治犯，1946 年 8 月 7 日，他在波兰接受地区纳粹罪行调查委员会的侦讯。他表示，他在霍斯的家庭内部观察到他们的生活，并且记得霍斯夫妻举行过非常精彩的宴会。他必须经常大量买进各种产品：葡萄酒、肉品、牛奶、糖、可可、面粉……霍斯家生活得相当豪华；霍斯夫人有各式各样的要求，而他的职责是设法满足她。他不得不挪用集中营粮食库中的食材，不过这种事当然必须保持机密。霍斯家什么钱都不必付。在“加拿大”，霍斯夫人可以拿到高贵的织品，那都是从被毒气杀死的妇女那边盗取的东西。两名被派来服务霍斯家的犹太裁缝师用这些偷来的材料帮夫人制作羽衣霓裳。杜比尔指出，霍斯夫妇让人把房子整理得美轮美奂而且设备充足，某天霍斯夫人甚至声言，她“生要在这里，死也要在这里”。[22]霍斯被送走时，必须动用四个铁路货运车厢，才装得下囤积在他家里的物品。

1963 年 1 月 13 日，霍斯夫人的裁缝师雅妮娜·胥祖雷克（Janina Szczurek）接受侦讯，这位在霍斯家工作期间年约三十二岁的波兰人表示，她的女主人对他们的态度一直很正直，孩子们也相当可爱：“他们很喜欢到花园里绕着那些正在工作的囚犯跑。”鲁道夫每天晚上都会哄孩子入睡，每天早上则都会亲吻夫人。他也会写一些诗，描绘“奥斯维辛之美”。雅妮娜忆起她在霍斯家服务时发生的一件事：“有一天，孩子们来找我，请我帮他们制作囚犯的衣服，并在他们的衬衫上缝黑色三角形或黄色星星，跟那些犯人身上的一样……”小朋友扮成犯人在花园里玩，老大克劳斯在袖子上别了囚监*臂章，对弟弟妹妹发号施令……他们在园子里跑跳的时候，忽然被他们的爸爸看到，结果他马上扯掉他们衣服上的那些标志，打断他们的游戏，然后厉声斥责他们。㉓

鲁道夫在家里从不谈在集中营内的工作，但一年年过去，他的小孩发现爸爸变得越来越疲倦、紧绷。他说他有义务不分昼夜参与灭绝作业的整个流程，甚至透过毒气室的小窗口观察死亡过程。㉔他在回忆录中承认自己变得日益“严峻而难以亲近”，但他依然必须保持良好形象，因为他是周围所有人的注意焦点。每当灭绝作业时发生的一些悲惨意外在他的脑海中浮现，他就无法再承受看到妻子浑身散发幸福光彩、小孩围绕在她身边的温馨画面。㉕妻子认为丈夫心情不好是因为工作上的困扰，于是不断告诉他：“别再一直想工作的事了，花点心思在我们身上吧。”她陪他看戏剧表演、参加社交聚会，使出浑身解数想改变丈夫的心态，但徒劳无功。鲁道夫·霍斯向来不是个善于表达的人，他是在自己的孤独中找到救赎。他说自己从不曾跟亲人建立亲密的关系，也不曾有朋友，连在年轻时也一样。他一

---

* 囚监（kapo）：正式名称是“功能性犯人”（Funktionshäftling），指集中营中由党卫军委任监督劳动、承担管理任务的犯人。囚监享有某些特权，例如住独立房间、穿着便服等，并可暂时逃脱被处死的命运。囚监为求自保，经常巴结党卫军，某些囚监于战后以通敌罪受到审判。

直认为自己一个人就够了。

随着霍斯调职，孩子们原先住在达豪的农场（有些小孩在那里出生），后来迁到萨克森豪森，最后又来到奥斯维辛。年纪比较小的孩子一直在集中营旁边成长。布莉姬特出生在波罗的海附近的一座农场，一岁到五岁住在达豪，五岁到七岁住萨克森豪森，七岁到十一岁在奥斯维辛度过。霍斯的第五个小孩、老幺安妮格蕾特则是在 1943 年 9 月 20 日出生于奥斯维辛。

霍斯的工作又出现大变动。1943 年 12 月 1 日，他获任命为党卫军经济暨行政总局局长，负责集中营的督导及管理。霍斯本人相信这是奥斯维辛集中营被分割成三个独立行政单位的结果。其他人则持不同看法，某些人认为起因是集中营内贪腐严重，导致上级展开调查整肃，有些人认为是因为英国的广播电台强力报道集中营囚犯被灭绝的传闻，还有些人认为他被调职是因为上级希望改善其他集中营的效率。[26]总之，心力交瘁的霍斯在 1943 年尾获准休六个星期的过劳假，独自前往一处山区小屋静养。

他离开时，最小的女儿才两个月大，而他要到半年以后才会再看到她。在那段时间中，海德薇格和孩子们一直住在奥斯维辛的家里。1944 年 5 月霍斯返家时，他更没有时间陪家人，因为他被交代要迅速消灭四十多万名匈牙利犹太人。灭绝作业高速运转，黑色烟雾笼罩在方圆数公里的大地上。

德国投降以后，鲁道夫・霍斯在一段时间中躲过了盟军的追捕。一家人跟随海因里希・希姆莱的脚步，往北方逃逸，跟他们一起的还有集中营总督察提奥多尔・艾克的妻子和小孩。

为了躲避检查，他们在夜间行进，并关闭所有车灯。他们走的路经常遭到盟军轰炸，而森林是他们唯一的避难处。在这个逃亡过程中，他们于 1945 年 5 月 1 日听到了元首希特勒死亡的消息。

跟其他许多国家社会主义支持者一样，鲁道夫·霍斯一度打算举家自杀。他事先已经特地准备了毒药，以备在被苏军逮捕时服用。因为，他们还有什么未来可言？于是霍斯向妻子提议一起了断，但想到他们的小孩，他们便放弃了这个念头。后来他很后悔没有走这条路，因为那样做可以为家人免除许多痛苦，而且可以让他跟着“我们与它建立了坚不可破的联结”的那个世界一起消失。[27]

在柏林稍事停留以后，大儿子留在父亲身边，海德薇格和四个小孩则转往德国北部毗邻丹麦的荷尔施泰因（Holstein）地区躲避，在鲁道夫妹夫的协助下，他们栖身在一间老木棚里。棚屋非常简陋，只有一个烧柴的炉灶和两三件老家具，连一张床都没有。一家人睡在地上，没有被毯，也很少能有东西吃。

鲁道夫·霍斯和大儿子前往荷尔施泰因北端的港都弗伦斯堡（Flensburg）跟海因里希·希姆莱会合，当时第三帝国临时政府设在那里。鲁道夫认为十五岁的儿子已经可以加入纳粹作战。当年他决定从军时，不就是这个年纪？但是希姆莱给他们下的最后一道命令只是一句：“老兄，一切都完了，你们知道接下来该怎么办。”他要他们藏身在国防军内。鲁道夫先把儿子送到母亲身边，然后成功逃过英军检查，藏身在德国北部叙尔特（Sylt）岛的海军部队中。德国投降以后，他在一处农场找到工作，距离妻小躲藏的地点不远。他通过书信跟家人联系，由他的妹夫负责送信。虽然妹夫在霍斯原先在奥斯维辛的司机帮忙下，偷渡了一些钱给他们，但一家人仍旧被迫偷煤炭烧火取暖。

他们没有衣服也没有鞋子，酷寒的冬天来到，他们只能光脚走在雪地里。

后来霍斯夫人跟孩子们被安排住进圣米夏埃里斯顿（St. Michaelisdonn）村糖厂楼上的一间小公寓，1946 年 3 月 8 日，海德薇格在这里被逮捕，小孩顿时失去依靠。几天以后，英国军官试图通过这些孩子查出他们父亲的去向。布莉姬特当时十三岁，她记得那些军官对她大声喊叫："你爸爸在哪里？你爸爸到底在哪里？"但是小孩口风很紧，并发誓他们不知道。于是军官决定把长子克劳斯带到母亲被羁押的监狱。

英方威胁海德薇格，如果她不说出丈夫的藏匿地点，就要把她遣送到西伯利亚。原先一直宣称丈夫已经死去的海德薇格在威吓下松了口，于是在英军给她的纸上写下丈夫的化名"法兰兹·朗"（Franz Lang），以及他藏身的农场的地址。

不久后，1946 年 3 月 11 日，鲁道夫·霍斯在弗伦斯堡附近的农场被捕。他的毒药瓶已经在两天前被摔破，因此他无法自杀。霍斯被送到纽伦堡，以证人身份接受审问。他设法为一名叫卡尔滕布鲁纳*的被告辩白，卡尔滕布鲁纳希望通过霍斯的证词，证明他没有参与最终解决方案。霍斯本人则表示他从不知道自己参与最终解决方案的原因。美国心理医生吉尔伯特问他是否认为犹太人被杀害是他们罪有应得，他这样回答："我们没有立场思考……犹太人被公认必须对一切负责，那是我们唯一听到的说法……我们有义务保护德国。"

---

* 恩斯特·卡尔滕布鲁纳（Ernst Kaltenbrunner，1903—1946）：奥地利裔纳粹党卫军上层集团领袖、帝国安全总局局长。他是纽伦堡大审判中位阶最高的党卫军领导人，因战争罪、违反人道罪被处以绞刑。

霍斯起初是英方羁押的犯人，后来被转交给波兰，于 1947 年 3—4 月在波兰最高法院出庭受审。他在狱中是个模范囚犯，进到法庭则成为模范被告，以精准方式回答问题，不会拐弯抹角，而这想必是因为他从头到尾似乎都无法体会自己的行为有多恐怖。他说他在很久以前就已经不再有人类情感。对这个死忠的国家社会主义者而言，奥斯维辛应该跟德国城市被轰炸的事相提并论。追根究底，鲁道夫·霍斯一直秉持国家社会主义思想，认为那是“唯一适合德国民族性”的世界观，“能让整个德国民族逐渐回归到一种符合其本性的生活”。被关押在波兰克拉科夫期间，他写成自传《奥斯维辛指挥官如是说》。该书末尾这段话令人哑口无言：“就让大众继续把我当成禽兽吧，随他们把我看作残忍的变态狂、杀害数百万人的刽子手。对于前奥斯维辛指挥官，老百姓不可能会有其他想法。他们永远不会明白，我也有副好心肠……”[28]处决前夕，他表示在他心目中，家人跟国家社会主义一样珍贵：“我一直非常关注家人的未来，我本来希望让那个农场成为我们真正的家。对我的妻子和我而言，孩子是我们的人生目标。我们想让他们受到良好教育，把一个强大的祖国留给他们……我彻底牺牲了我的个人存在。现在问题解决了，我管不着了。可是以后我的妻子和小孩怎么办？”[29] 1947 年 4 月 16 日，霍斯被处以绞刑，地点是奥斯维辛集中营门口，距离他原来的家只有五十米。

1947 年 4 月 11 日，他给妻儿写了最后一封家书，他在信中请妻子远走高飞，并改用娘家姓氏，因为“我的家姓最好跟着我一块儿消失”。然后他对孩子写道：“爸爸现在必须离开你们了。”他对长子说：“克劳斯，我亲爱的大儿子，你是老大。现在你要在茫茫人海中找到容身之地。你得在人生中走出自己的路。你有很好的能力，你要善用它。保持你的善良心地。长大成人以后，务必让温情与人性引导你。学会如何秉持良知，自己思考和判断。不要不经批判就接受一切，认为那是绝对的真理。”㉚

接下来，霍斯的家人过着穷困潦倒的生活，并设法低调谨慎。一家人活在对过去的否定中，仿佛他们的家世是在父亲死后才开始谱写的。㉛海德薇格带着孩子们在圣米夏埃里斯顿村住了十年，虽然部分邻居对他们不理不睬，不过他们终究还是慢慢融入了当地的生活。身为一名战犯的寡妇，海德薇格拿不到任何政府补助或抚恤金。小孩长大以后各自离家，建立起自己的生活，克劳斯移民澳大利亚，布莉姬特后来转赴美国，其他小孩则住在波罗的海三小国一带。

1950 年，排行老三的布莉姬特离开德国，前往西班牙。这名金发美女成为模特儿，特别是为巴黎世家（Balenciaga）担任品牌缪斯。住在西班牙时，她认识了一名爱尔兰裔美国人，他为一家总部设在华盛顿的公司工作。她父亲的回忆录在那段期间出版，成为人类历史的重要告白与见证。㉜两人于 1961 年结婚，生了两个小孩，一女一男。随着丈夫陆续调职，他们住过利比里亚、希腊、伊朗、越南。布莉姬特在他们认识不久以后就提到她的身世，她的未来丈夫表示相当错愕，但跟她平心静气地讨论以后，他明白女友本身也是受害者。那些事发生时，她还只是个小孩；转瞬间，她的人生从灿烂堕入困顿。

1972 年，夫妻两人落脚美国北卡罗来纳州华盛顿特区。布莉姬特难以融入当地社会。她没有朋友，不会说英语，没有一技之长，而且她承认自己连支票都不会写。她在一家商店担任销售员时，一名犹太裔女性非常欣赏她的穿着风格，于是提议她到一家名叫“萨克斯·詹德尔”（Saks Jandel）的精品店上班，那里是华盛顿社会名流选购服装的地方。新工作才做没多久，某天晚上她一时贪杯，结果在微醺中向店长透露她的父亲就是臭名昭著的奥斯维辛指挥官鲁道夫·霍斯。店长把这件事告知了犹太裔店主夫妇。这对夫妇本身也是纳粹的受害者，他们在1938年水晶之夜以后被迫逃离德国。但他们决定让布莉姬特继续在他们店里工作，因为他们认为她并没有犯什么错。布莉姬特很久以后才知道这件事，她跟着这对犹太夫妻工作了三十五年，他们单纯地把她视为一个独立的个体，而不是“那个人”的女儿，并且一直保守这个秘密。[33]她本身也一直隐藏自己的真实身份，对身边的人说她父亲在大战期间就已经去世。就连对自己的儿女，布莉姬特也一直没有勇气透露他们的外祖父其实是奥斯维辛集中营的指挥官。1989年，她的母亲在她家去世以后，她决定用别的名字埋葬她。

退休以后，已经离婚的布莉姬特定居在华盛顿附近，跟她当爵士钢琴师的儿子一起住。她的女儿则已经死于癌症。她自己也为癌症所苦，努力与病魔搏斗。不久前她接受托马斯·哈丁*访问，哈丁访问她是为了写《汉斯与鲁道夫》**，该书内容描述他舅公汉斯·亚历山大***的生平事迹——亚历山大就是战后逮到霍斯的那个德国犹太人。不过布莉姬特要求作者不能提

* 托马斯·哈丁（Thomas Harding，1968— ）：英国作家、记者、纪录片导演。

** 全名《汉斯与鲁道夫：那个搜捕奥斯维辛指挥官的德国犹太人》（*Hanns and Rudolf: The German Jew and the Hunt for the Kommandant of Auschwitz*），2013年出版，被多家英国主要媒体评选为当年度最佳书籍。

*** 汉斯·亚历山大（Hans Alexander，1917—2006）：犹太裔德国难民，1936年随家人逃到英国。1940年加入英国轻工兵部队“皇家先锋队”，1945年成为战争罪调查团翻译员，同年稍后开始专职从事搜捕纳粹的工作，先后逮捕古斯塔夫·西蒙（Gustav Simon）及鲁道夫·霍斯等人。

到她的姓氏，夫家姓和娘家姓都不行。她害怕报复，因此拒绝任何可能暴露她身份的资讯被公开。

布莉姬特愿意接受哈丁访问她只是因为她已经年迈。长年间，她一直把她的秘密埋藏在内心深处。随着年华老去，她开始能够承认再怎么亲的人也有犯下恐怖罪行的可能。大战结束后，起初她完全否定过去，然后她设法淡化父亲扮演的角色，并强调成立奥斯维辛并不是她父亲的想法。对布莉姬特而言，父亲只是按照希姆莱或希特勒的命令行事，而且他一直是个很棒的父亲。当哈丁问她："全世界最好的爸爸怎么可能成为奥斯维辛的指挥官?"布莉姬特的回答是：她完全不知道。父亲肯定有某种双重心理，但她只看过好的那一面。同时，她不相信数百万民众被杀害的事。她一直对此不以为然："假使真有那么多人被杀，怎么可能还有这么多人生存?"布莉姬特认为她的父亲后来之所以承认杀人，都是因为他遭到刑囚。她把父母的结婚照挂在床头，而她认为她的外甥莱纳·霍斯（Rainer Höss）是个"不折不扣的大骗子"。[34]

莱纳·霍斯是鲁道夫·霍斯次子汉斯-尤根的儿子。十二岁时，他发现祖父是"人类历史上最罪大恶极的大规模杀人犯"，他的人生因而受到无法弥补的冲击。

他的父亲一直忠于老霍斯的理想，莱纳·霍斯则将他描述为暴戾的独裁者、反犹主义者。跟他的妹妹布莉姬特一样，汉斯-尤根也从不肯告诉儿子那个沉重的秘密。每当儿子试图问身世方面的事，他会立刻像牡蛎般将自己紧紧缩进厚壳中。莱纳是在一个惨痛的事件中得知他的家庭背景的，他在寄宿学校求学时，学校的园丁是奥斯维辛的幸存者，当他知道莱纳的祖父是谁时，他把莱纳痛打了一顿。“他打我是因为他把他曾经被迫忍受的所有痛苦投射到我身上，”莱纳解释道，“不管你是祖父还是孙儿，霍斯就是霍斯，罪犯就是罪犯。”

这种令人如坐针毡的莫名沉默是许多家庭的重担，将他们压得喘不过气。莱纳·霍斯在家中碰到这道沉默的高墙，于是他展开漫长的探索，设法将那个秘密暴露在光天化日之下。他通过各种文献资料及网络搜寻，找出所有跟祖父有关的资讯。他收集到许多照片，呈现霍斯一家人在奥斯维辛的寓所共度欢乐时光的情景。他的母亲艾琳在跟他父亲结婚二十七年后决定离婚。她的丈夫从未向她承认他是奥斯维辛指挥官的儿子，她是后来在报纸上看到一篇文章才知道的。她说丈夫只会在伤心的时候提到奥斯维辛。

莱纳·霍斯一直难以承受这样的家族背景。他的身世对他造成沉痛打击，年轻时他甚至两度企图自杀。他曾经三次心脏病发作，而且患有哮喘，而他愈是翻寻家庭的过往，他的病况就愈是严重。但是，他跟其他家人不同，他无法视而不见。如果他的祖父是个大规模屠杀的罪犯，他当然应该感到哀伤与羞耻。他的家人将他视为叛徒，不愿再听到任何关于他的事。从1985年开始，他就完全不再跟家人来往。[35]他下定决心，不要让那个沉默的过去继续纠缠他的小孩。而随着年龄增长，他自己也不再因为家族背景而有罪恶感，尽管那种沉重负担依然压在心头。

不过值得注意的是，莱纳·霍斯是个引人争议的人物。有人指责他做阴森恐怖的投机生意。据说他曾试图将一些从前属于祖父的物品卖给耶路撒冷犹太人大屠杀纪念馆。在一封简单明了的信中，他明目张胆地提议出售祖父的部分遗物。“珍稀物品，奥斯维辛指挥官霍斯，”信首开门见山地写道，“我这边有一些奥斯维辛指挥官鲁道夫·霍斯的个人物品：一个标示有官方徽章的防火大箱，重五十公斤，是党卫军指挥官海因里希·希姆莱送的礼物；一把裁纸刀；一些未曾公布的奥斯维辛档案资料及照片；他在被拘禁于克拉科夫期间所写的书信等。感谢您的回复。莱纳·霍斯敬上。”莱纳否认这件事，他先是说那是另一名纳粹后代搞的鬼，后来又改口说是犹太人大屠杀纪念馆那边先出的主意。

莱纳·霍斯说出自己的姓氏时，感觉其他人会用不信任的态度看待他，仿佛他身上忽然间有了祖父那种恶魔般的性格。另外，他跟一位名叫约瑟夫·帕契辛斯基（Jozef Paczynski）的集中营幸存者见过面。这个人曾是他祖父的理发师，两人见面时，莱纳希望他们能进行和气而具建设性的谈话。帕契辛斯基请他站起来，以便好好看一下他，结果他狠狠地说了一句："你简直就是你爷爷的翻版。”不过，每当有人问起他祖父的事，莱纳总要说一句：“假如我知道爷爷埋在哪里，我一定会去他的坟上撒一泡尿。”㊱

2014年，莱纳·霍斯跟瑞典社会民主运动人士合作拍了一部欧洲议会选举宣传影片，目的是打击日益高涨的欧洲极端势力。宣传口号是：“千万别忘了投票”——通过选票，对抗正在今日欧洲逐渐壮大的极端主义。他认为当前的极右派运动比希特勒时代的德国更有组织，欧洲各国并没有从过去的历史中学到教训。

Les Enfants Speer

施佩尔的子女："恶魔的工程师"的后裔

法兰克福。2013年某个秋日下午，一天工作即将结束，阿尔贝特凝视着一座他在2000年汉诺威世界博览会时指导制作的模型。光是模型规格就有一百五十厘米见方，足见实际作品有多巨大。阿尔贝特很喜欢详细描述它的独特规模及优美造型。他说他并没有风格，仿佛他正在试图跟某人划清界限。1964年，他首度拿下建筑竞赛首奖，得奖作品为德国路德维希港(Ludwigshafen)火车站设计案，自此他主持过无数建筑设计计划。在那次不具名竞赛中得冠时，他才三十岁。他知道如果他的名字事先就让评审团知道，情况可能会有所不同，不过他向来宁可不去想这件事。他的姓、他的名，都跟父亲一样。那天，他知道父亲会为他感到骄傲。

傍晚的光线透过大型观景窗，照进他位于一栋玻璃帷幕大楼内的办公室。他的父亲喜欢石材；他则喜欢带来轻盈感受的建筑材料。他跟长年合作的工作伙伴们一起思考激发创造力的最佳方式。"创造力"是这个合作关系中的关键词，也是他的动力来源。他的合伙人问他希望建造多大规模的建筑物时，他的回答是：不要害怕把眼光放大。纪念碑式的巨大跟"大"本身完全无关。

在迈入八十高龄之际，他想到他这辈子不断追求的，就是为自己打造梦幻。他喜欢不可捉摸的建筑计划；那些平凡普通的案子，就让给别人吧。

他的行动范围不光只是法兰克福市，甚至不只是德国。他的建筑工程早已跨越国境，扩展到全世界。他的建筑事务所AS&P在许多年前就进驻亚洲，完成的案子不计其数。

今天，他梦想的是沙漠。他忆起在卡塔尔多哈的那场说明会。他背对投影机，让银幕上一个个影像出现而后消失。影像所呈现的作品都是他为2022年世界杯足球赛设计的建筑物。有人说那个规划案太疯狂，是人类历史上最荒诞的建设项目。面对这种污蔑，他的回答是：奥运会或世界杯这种活动的本质正是让不可能成为可能。[①] 他在1992年出版了一本书，标题是《智慧城市》[②]，他在书中指出，所谓“智慧城市”必须是既急进又人性化的城市，而它的唯一功能是使人愉悦，因此绝不可低估人性这个面向。城市必须显得自然且具自发性。城市设计者的介入必须隐而不彰：他创造指导性蓝图，为其他相关合作伙伴——建筑师、道路建设人员、空间规划师——提供简单的画布，让他们在上面挥洒空间美学。[③] 因为，他感兴趣的是城市本身，以及城市的复杂性，而不是个别建筑物的外在美感。他主要是将自己定义为“都市环境设计家”。

小阿尔贝特·施佩尔的夫人来到，他关掉工作灯，离开办公室，然后检查其他办公室，确保灯也已经熄灭。这样的行事风格，不正说明他是“环境友善建筑”的先驱之一？现在世人终于认识到降低能源消耗的重要性。许多人不是早已将他视为业界的“绿色良心”？[④] 他跟夫人英格玛·蔡司贝格（Ingmar Zeisberg）一起走出大楼，夫人过去是一名女星，也是四十多年来他唯一的挚爱。他们在1972年结婚，但她希望继续使用娘家姓氏。走在法兰克福市区，他欣赏这座城市的迷人夜色，心中想着自己在其中有若干贡献。在他眼中，法兰克福是德国唯一的国际化都市，也为世界提供了一个范例。在法兰克福，他的姓氏主要让人联想到的是这座城市的建筑，而不是他的父亲。"明星建筑大师"，是他。各有各的城市——仿佛这样分配就可以让他们避免互相比较。柏林是他父亲心目中的城市典范，他热爱的则是法兰克福——希特勒最藐视的"犹太人城市"。阿尔贝特想着，柏林人至今对他的姓氏还会感到不自在。据说某次他到柏林介绍他的设计案时，有人反唇相讥："施佩尔来柏林盖房子？我们已经试过一次喽。"⑤

2008年中国主办北京奥运会时，希望借此机会展现它的伟大。2002年，中国请包括AS&P在内的一些建筑事务所规划一个将故宫与国家体育场连成一气的城市方案。当时施佩尔的事务所推出了一个规模庞大的提案，令人不禁想到1936年柏林奥运会时兴建的体育场，以及由希特勒构思、他的父亲阿尔贝特·施佩尔负责设计的"日耳曼尼亚"（Germania）开发计划。"日耳曼尼亚"——千年帝国的世界都城。

根据该计划，柏林的街廓必须根据东西向及南北向两条轴线重新规划。计划内容还包括大规模调整轨道交通网络。城市核心是一个规模宏大的中央主轴，北侧是"人民厅"，一座以罗马万神庙为设计灵感，拥有巨大圆顶的雄伟建筑；西侧是纳粹党的新党务大楼及大统领宫殿；南侧是德意志国防军总指挥部，东侧则是德意志帝国国会大厦。

某个英国日报批评小阿尔贝特·施佩尔为北京规划的方案有仿效"日耳曼尼亚"之嫌，他本人也不免自忖这个论点是否具有某些真实性。⑥也有人认为，他甚至连在不自觉的情况下都要不顾一切跟父亲划清界限。任何人想在父母的专业领域成功走出一条路向来是非常大的挑战，而且被人拿来比较是无法避免的事。已经年高德劭的他当然不愿意再让人说他是“某某人的儿子”。但他不否定他的姓氏。虽然他跟父亲的姓名完全一样，他从来不曾希望改名字。他要的是从今以后，所有人提到他时说的都是他的作品、他的创作历程。他相信他已经成功走出这条路。⑦

在他的个人网站（www. albert-speer. de）上，施佩尔介绍了他们这个建筑师家庭的三个世代：他的祖父、他描述为“政治家型建筑师”的父亲阿尔贝特·施佩尔、他自己这个“都市规划师型建筑师”。他记得在成立这个网站时，他特地返回父亲非常喜爱的老家找照片。在那栋位于巴伐利亚附近阿尔高阿尔卑斯山区的房子里，他拿出年代久远的家庭照片，一盒盒仔细翻看。在网站的第一个版本中，他为三代建筑师分别选定了一个他自己最青睐的设计案。他帮祖父选的是德国曼海姆（Mannheim）旧市区的一个建筑物翻新案。他为父亲——希特勒的建筑师——挑选出他的伟大作品：新的帝国国务部；这个建筑杰作位于柏林市中心威尔海姆街（Wilhelm-Strasse）和佛斯街（Voss-Strasse）交会处，那里也是1938—1945年元首的官邸。最后，他为自己挑的是法兰克福的欧罗巴区规划案，该案从2005年开始执行，称得上是代表他的建筑师生涯的登峰造极之作。网站内容还包括他的专业生涯及私人生活年表，标题用意大利文写了“甜蜜人生”（Dolce Vita）。在这个部分可以看到他小时候跟弟弟妹妹站在父亲身边的影像，拍摄地点是巴伐利亚阿尔卑斯山区中的美丽山峰——上萨尔茨堡山。后来网站内容更新，画面上只剩下他的弟弟妹妹。父亲的身影消失了。

这张照片召唤出小施佩尔的欢乐童年，当时他生活在施佩尔家的舒适小窝，那是一栋木造山庄，四周是充满可爱动物的美丽森林。那是在现实人生拖他下水以前的事，当时他还没变成人们口中那位"恶魔的建筑师"的儿子，他的父亲还没因为战争罪及违反人类罪被判刑，关进柏林的斯潘道监狱。那年他才十二岁，他记得在那个时期，他说话结结巴巴，这个直到今天都还隐约存在的毛病在他的青春岁月造成极大的困扰。他不知道这个语言问题是什么时候开始的，但他认为应该"跟那一切有关"。[8]为了克服这个障碍，他不得不做他最讨厌的一件事：说话，说话，一直说话。[9]

施佩尔一家人于1938年定居在纳粹领袖的高山特区。他们的房子非常靠近希特勒的寓所，因此父亲阿尔贝特·施佩尔跟元首的关系益加密切。施佩尔跟帝国元帅戈林和希特勒个人秘书鲍曼一样，都在元首的贝格霍夫山庄附近拥有广大的庄园。希特勒请人盖了一间大型建筑工作室给施佩尔，方便他为他的设计案制作规划图；他跟家人则安顿在一栋原本属于某画家的房子。为了安置希特勒的特别卫队，马丁·鲍曼特地将贝格霍夫山庄附近的居民强制迁移。

小阿尔贝特·施佩尔是阿尔贝特·施佩尔的长子，1934年出生于柏林。随后他的弟弟妹妹陆续出世：希尔德（Hilde），1936年；弗里茨（Fritz），1937年；玛格丽特（Margret），1938年；阿诺尔德（Arnold），1940年；恩斯特（Ernst），1942年。老阿尔贝特·施佩尔晋升得非常快，陪伴家人的时间也越来越少。希特勒对建筑充满热情，他跟施佩尔自然而然产生了交集。建筑使阿尔贝特·施佩尔打入了第三帝国的权力核心，即使他后来在自传中用以下词句设法辩白："我觉得自己是希特勒的建筑师。政治生活的一切与我无涉，我只是为那些场合提供了一些壮观的背景。”[10]数以百万计的工人被送进他规划的那些疯狂至极的建筑物，在那里强迫劳动，我们不禁要想，难道他对那些人毫无恻隐之心？[11]

在制造纳粹这部巨大机器的工匠中，施佩尔可说是鹤立鸡群，因为他是被公认具有杰出个性的几个人之一，甚至是唯一的一个。这样一个人物何以会毫无保留地服膺纳粹的理想，投入那种杀人无数的疯狂孽业？为什么他会愿意为那个政权效力，直到最后一刻？没有他，第二次世界大战想必不可能维持得那么久。基于这个理由，某些人——例如英国历史学家特雷弗-罗珀（R. Trevor-Roper）——认为他才是“纳粹德国的真正罪犯”。[12]

施佩尔是来自黑森林的孩子。1905 年，他出生在曼海姆，父亲是一名建筑师，富裕的家庭环境保护他免于外界的波涛起伏。他在很小的时候就因为交感神经系统运作不良而机能不全，这使他体质孱弱，难以从事体育运动。但高度灵活的心智弥补了这个缺陷，十二岁时，他就用水墨创作了他的第一幅艺术作品。

十七岁时，阿尔贝特·施佩尔在上学的路上遇见了玛格丽特·韦伯（Margarete Weber），并对她萌生爱意。阿尔贝特的父母对他们的关系不以为然，他们认为这个家具木工的女儿配不上他们的儿子。但阿尔贝特意志甚坚，六年以后，他们在柏林结婚，他的父母没有受邀参加婚礼，只有新娘的父母韦伯夫妇到场为新人祝福。不过有一件事让阿尔贝特的父亲很满意：儿子原本打算修读数学，但后来还是决定往建筑的方向发展。他分别在慕尼黑及位于柏林夏洛特堡（Charlottenburg）的

"柏林高等技术学院"修读建筑，然后在1927年成为海因里希·特森诺*教授的助理。特森诺是新日耳曼主义建筑师及都市规划师，提倡所谓"捍卫祖国"的风格，这种风格出现于二十世纪初叶，在魏玛共和国时期非常盛行。

于是，阿尔贝特·施佩尔跟父亲年轻时一样学习建筑，而他的儿子后来也走上同样的路。阿尔贝特虽然生长在一个政治色彩不浓厚的自由派家庭，但他很快就认识到国家社会主义，因为他在这种意识形态跟他的老师特森诺教授的创作之间建立了某种类比关系。特森诺的一个重要观点是"所有风格都源自某个民族"。不过老阿尔贝特·施佩尔曾经强调，他所做的关联想必会让特森诺教授感到错愕，因为特森诺完全不认同国家社会主义的理想。⑬阿尔贝特·施佩尔则是在希特勒到柏林高等技术学院发表演说时拜倒在他的魅力之下，当时希特勒在学生圈已经有相当高的人气。施佩尔说："希特勒带给我刻骨铭心的感动。"⑭希特勒演讲时非常懂得顺应台下听众的反应，他的滔滔雄辩令施佩尔深感着迷。"他具有强大的说服力，他的声音称不上悦耳，但却充满独特魔力，他的举止在平凡中不乏出人意表的一面，还有他能用一种紧扣人心的简单方式说明当前的复杂问题，这一切都令我感到既困惑又陶醉。那时我对他的政见可以说还一无所知，他在我理解那一切以前就已经把我紧紧牵制住。"⑮

阿尔贝特·施佩尔家中不是只有他从一开始就投奔国家社会主义的怀抱，在国家面临混乱的大环境中，他的母亲很快就迷上国社党提出的秩序概念。由于他们的家庭深具自由主义传统，她

---

* 海因里希·特森诺（Heinrich Tessenow，1876—1950）：德国建筑师、都市规划师、教授，特别活跃于魏玛共和时期。

从不让丈夫知道她已经加入国社党，而且就算告诉了儿子，那也是很久以后的事。阿尔贝特·施佩尔当了几年助理之后，眼见经济危机导致薪水减少，曾经想自立门户，在家乡曼海姆开设自己的建筑事务所。这时是1931年，施佩尔二十六岁；他很快就明白，即使他随便什么项目都接，能找到项目的机会依然微乎其微。德国正在经历史无前例的超高通货膨胀，建筑业死气沉沉，谁会愿意把开发项目交付给一个没有经验的毛头小子？

施佩尔自己有一辆车，便主动向国社党驾驶协会提供服务，结果他获任为柏林郊区万湖（也就是他住的区）的国社党汽车协会会长。他的上司是国社党地区政治领导卡尔·汉克（Karl Hanke），汉克知道他的专业以后，请他负责整建位于柏林的党地区办事处。完工后，新的办事处被冠上“阿道夫·希特勒”的名字。汉克非常满意施佩尔所作的贡献，于是热心地将他推荐给高层。

希特勒被任命为帝国总理后，宣传部部长约瑟夫·戈培尔斯请阿尔贝特·施佩尔参与柏林党总部的整修工程。不过最令国社党高层印象深刻的是施佩尔为1933年5月1日的滕珀尔霍夫机场大集会*所作的造景设计。施佩尔为该活动设置了一座

* 滕珀尔霍夫（Tempelhof）：柏林南侧的一个区，2001年与舍恩贝格（Schöneberg）合并为柏林第七区。原为柏林三座机场之一的滕珀尔霍夫机场成立于1923年，是全世界第一座商用机场，并于1927年成为全球第一座以地铁连接的机场，其将出发、到达及货运分于不同楼层进行的前卫做法成为后来许多机场的典范。这座机场已经于2008年结束营运，改建成巨型公园。1933年5月1日，德国首次庆祝“全国劳工节”，在纳粹党号召下，工会于全国各地举行游行，当天晚间希特勒则于滕珀尔霍夫机场向群众发表演说，提倡“德国式社会主义”，消除所有阶级差异，将劳工阶级纳入团结的民族共同体。这些大规模集会背后的目的其实是消灭德国劳工阶级，隔天纳粹即开始对工会进行武装清算，工会负责人被遣送集中营。

宏伟的观礼台，观礼台后方是三面高度相当于六层楼房的巨大旗帜，中间旗帜上的图案是一个纳粹十字架。整个现场由一百三十具强力军用聚光灯照亮，灯光在天空中形成壮丽光束，宛如一座“冰砌大教堂”。[16]这个设计案大举成功后，施佩尔紧接着在同年稍后着手进行纽伦堡党大会的造景设计，国社党发现他有能力通过他的景观布置，展现领袖领导下的新德意志即将拥有的国力。希特勒深受吸引，阿尔贝特·施佩尔被引介到他身边之后，很快就明白“建筑”这个字眼能在领袖身上施展神奇力量。

在党总部的整修计划中，他获任命为希特勒政权首席建筑师保罗·路德维希·特罗斯特（Paul Ludwig Troost）的助理。特罗斯特的重要任务之一是向希特勒报告工程进度。某天希特勒亲自请他共进午餐时，他告诉希特勒他要找一名有能力为新德意志实现建筑大梦的年轻工程管理人。阿尔贝特·施佩尔正是他需要的能手。1934年，特罗斯特去世，情况加速进展：施佩尔成为国社党首席建筑师。

在奥地利边境附近的上萨尔茨堡山上，生活照常进行。每年希特勒生日时，大人会让小孩穿上最漂亮的衣服，然后带着他们前往希特勒的高山别墅贝格霍夫山庄，祝贺元首生日快乐，并跟他一起享用巧克力蛋糕。每个小孩会献给他一个花圈，然后希特勒会在这群小小仰慕者簇拥下让人拍照。希特勒的情妇爱娃·布劳恩拍了不少短片，片中可以看到元首笑容满面，开心地跟小朋友们玩。施佩尔的小孩当然在场，他们忙着跟马丁·鲍曼的小孩或戈林的女儿玩耍。物换星移，现在小阿尔贝特·施佩尔看到一段自己小时候跟妹妹和希特勒一起玩的影片时，心中总会想起那个好伯伯的形象，对小朋友来说，他真是个和蔼的大好人。不过他的父亲却又曾表示，小朋友不怎么喜欢希特勒，因为他“掌握不到吸引小朋友的技巧，做的事都落空”。[17]

施佩尔的子女们在整个大战期间就过着这样的生活：住在高山地区，衣食无虞，不会有不速之客或陌生人干扰。在1945年4月25日以前，这个地方不曾落下一颗炸弹。他们从住家即可饱览瓦茨曼（Watzmann）山群的壮丽景色，耸立在上萨尔茨堡上方的瓦茨曼山是德国最高的山峰之一。施佩尔家已届学龄的孩子就近前往贝希特斯加登村的学校读书，跟避居在这个辽阔私人特区的其他纳粹高官的子女们一样。每天早晨，他们必须走一小时的路到六公里外的村庄，回程也得走这段路。小阿尔贝特·施佩尔记得自己很讨厌上学，因为都是别人在告诉他该做什么。[18]施佩尔家没有任何跟国家社会主义有关的元素，没有任何象征物，没有任何制服或仪式。他的妹妹玛格丽特·尼森记得，他们所受的家教跟鲍曼家的小孩很不一样，鲍曼夫妇身为狂热的纳粹主义者，他们是遵照国家社会主义的信条在训练小孩。

施佩尔的家庭生活非常圆满。他也是个举止高尚的人，对马丁·鲍曼低俗粗野的行径很不以为然，难以接受他居然当着妻子的面把情妇安顿在家里一起生活。在玛格丽特的记忆中，童年时代相当快乐，父亲很少摆出权威姿态，而且拥有一定程度的幽默感。不过在权威这个部分，她的哥哥似乎却有不同感受。

上萨尔茨堡的生活迫使阿尔贝特·施佩尔必须不断前往希特勒寓所参加无聊派对，那些社交聚会使他无法依照他希望的速度进行各项工作计划。施佩尔是个工作狂，他感到最快乐的事是夜以继日、不眠不休地绘制设计图。但希特勒很喜欢他出现在身边，对此施佩尔表示，假如希特勒算是有朋友，他就是其中一个。⑲希特勒可以感觉到他的部属之间有竞争乃至敌对的关系，但他认为施佩尔懂得如何跟那些低级的"宫廷勾当"保持距离，全心全意地献身于工作。1942 年担任军备部部长以后，施佩尔甚至决定不跟家人一起庆祝岁末佳节，宁可远赴拉普兰*闭门造车。跟平常一样，他的妻子对于丈夫不在家只能逆来顺受。

1945 年 4 月，施佩尔感觉风云变色，世外桃源般的生活即将落幕。小孩很难过必须离开贝希特斯加登，他们记得那时他们感受到灾难正在逼近，但无法明白那是什么，也无法衡量它的规模。施佩尔知道，任何人只要逃跑，都会被希特勒视为叛徒，恐怕将遭受希特勒的无情惩罚。但他别无选择。为了逃离盟军攻击，一家人前往德国北部避难，设法投靠希特勒死后由邓尼茨**司令领导的临时政府。才刚加入这个昙花一现般的临时政府，施佩尔就在 1945 年 5 月 15 日被盟军逮捕。

施佩尔家人的生活场域从上萨尔茨堡的广大庄园换成了狭小的两房公寓。如同许多其他纳粹要员的小孩，施佩尔的孩子

---

* 拉普兰："拉普人之地"，是北欧原住民萨米人的传统居住区域，位于斯堪的纳维亚半岛北部，大部分位于北极圈以北，号称"欧洲最后一块原始保留区""圣诞老人的故乡"。萨米人过去称为"拉普人"或"拉普兰人"，但因这些原住民认为"拉普（兰）人"具有贬义，因此正式名称已改为"萨米"。

** 卡尔·邓尼茨（Karl Dönitz，1891—1980）：纳粹德国海军元帅、海军总司令，于第二次世界大战海军史上扮演关键性角色。1945 年 4 月 30 日—5 月 23 日任纳粹德国联邦大总统。于纽伦堡大审判被判处有期徒刑十年，获释后在汉堡附近乡村终老。

也被施洗为教徒。从此他们必须融入社会大众。他们只能跟着母亲相依为命，因为父亲已经成为战犯[20]，这个身份使一家人的名誉遭受玷污。施佩尔的子女走上一条漫长的人生道路，终至与父亲彻底决裂。他们后来都难以再跟他沟通，就连选择跟父亲相同专业的小阿尔贝特也不例外。话说回来，建筑倒也并非他父亲的特权，早先他的祖父就已经是一名建筑师。

阿尔贝特先被押送到卢森堡蒙多夫温泉镇的监狱，然后转往法国凡尔赛附近，最后再送到纽伦堡，等候 1945 年末的审判。他的家人则搬到黑森林地区的海德堡，住在施佩尔的父母家。他们的生活还算惬意。施佩尔的孩子们辍学一年以后，在海德堡的一所公立学校注册入学，没有一间学校想收阿尔贝特·施佩尔的小孩，因此他们是历尽千辛万苦才终于能够就学。

小城居民愿意接纳玛格丽特，因为她是海德堡本地人，他们也接受了同样来自黑森林地区的她的丈夫阿尔贝特。孩子们则相当幸运，部分学校老师非常明理，不会因为他们父亲的身份而歧视他们。

长子阿尔贝特的老师对其他学生说："同学们都知道某位同学的爸爸发生的事，但就是因为这个理由，我希望大家能对他更好。"[21]他的在校成绩并不好，十五岁时校方就建议他当木工学徒。在成为建筑师以前，他还有一段漫长的路要走，不过成功也即将接踵而至。经过三年在校学习，以及随后的晚间补习，阿尔贝特顺利通过业士会考，进入慕尼黑工业大学修读建筑，指导教授是汉斯·多尔加斯特（Hans Döllgast）。多尔加斯特在二战结束后的德国复兴时期以重建工程著称，1972 年荣获海因里希·特森诺建筑奖，而这位特森诺正是老阿尔贝特·施佩尔的思想导师。

施佩尔的两个女儿希尔德和玛格丽特被送到海德堡的一所基督新教女子寄宿学校，学校名称是伊莉莎白·冯·塔登(Elisabeth von Thadden)，这是一位进步主义教育家、德国抵抗运动著名人士。所有人都知道这两个小女孩的身份，她们在学校获得充分接纳，毕生对此深为感念。许多年后，希尔德特别向她的历史老师朵拉·卢克斯（Dora Lux）致敬。卢克斯出生于一个柏林的犹太家庭，在大战期间幸免于难。她在希尔德的智识养成过程中扮演了决定性的角色。[22]玛格丽特则特别记得自己在那所学校认识了一位名叫爱达的同学，她是汉斯·贝恩德（Hans Bernd）的女儿，而贝恩德是1944年7月20日的反希特勒阴谋中的一个关键人物。好同学的父亲被纳粹处决，而她自己的纳粹战犯父亲虽然锒铛入狱，却依然活在人间。这个对照为玛格丽特带来何等冲击！她第一次因为自己是纳粹罪犯的"坏胚子"而感到自责，在抵抗运动英雄的"好女儿"面前感到无地自容。至于排行第四的小孩阿诺尔德，他声称："1945年以前，他是我面对面相处的父亲，1945年以后，他就只是个战犯。"[23]

纽伦堡大审判期间，阿尔贝特·施佩尔研拟出一整套辩词，重点是谴责纳粹意识形态和纳粹元首希特勒，以及"犯下此等可怖罪行的集体责任"；他承认自己身为纳粹体制中具有高度影响力的人物，必须承担这个责任。[24]

阿尔贝特·施佩尔以四项罪名被起诉，但逃过其中"参与阴谋行动"及"违反和平罪"这两项罪名的可能处罚。1946年10月1日，他因为战争罪及违反人类罪被判处二十年有期徒刑。审判期间，施佩尔的表现跟其他战犯截然不同，他态度良好，并且勇于承认他的责任及他与纳粹合作的事实，这些都对他有利。另外，他也强调他曾图谋对希特勒造反，而且表示在纳粹高层中，可能只有他反对希特勒采取的“焦土政策”。这种种辩词都使他赢得审判官的好感。如同他的传记作者基塔·瑟伦利*所言㉕，假使当时他对犹太人遭受的可怕对待表示怀疑，他恐怕就不一定能得到检方信任。就算他只是暗示他知道犹太人被迫害乃至灭绝的事实，他可能也会自动被视为纳粹死亡机器的重要构成元素之一。因此，施佩尔无疑建立了一条巧妙的抗辩路线，而且他运气很好：虽然他的某些著述可能足以直接证明他涉及纳粹罪行，但在纽伦堡审判期间，检方尚未发现那些文字。

阿尔贝特·施佩尔入狱时的年龄是四十一岁。他被判刑以后，夫人去探视他时，他带着无比绝望的口吻对她说：“我该怎么熬过这些年头？难道这不是一种无止境的谴责，一种每天早晨都会重新展开的酷刑？”㉖但施佩尔终究能建造出一套求生术：他是个冷酷的人，具有强大的遗忘能力，以及压抑情感的顽强本能。被关进监狱以后，在他非常信任的童年好友、心腹之交鲁道夫·沃尔特斯（Rudolf Wolters）协助下，他为家人创设了“支援基金”，以便供应孩子们的生活所需。一些先前欠了阿尔贝特·施佩尔人情的人负责为这个基金提供经费。施佩尔的家人每个月会收到两百马克㉗，从 1948 年到 1966 年他获释为止，他们一共收到十五万马克的援金。他开始服刑时，最小的

---

* 基塔·瑟伦利（Gitta Sereny，1921—2012）：奥地利的传记作家、调查记者、历史学家，因采访调查少年杀人犯玛丽·贝尔（Mary Bell）、纳粹特雷布林卡灭绝营指挥官施坦格尔等争议人物而闻名。1995 年出版施佩尔的传记《阿尔贝特·施佩尔：他与理的战斗》，获得大奖肯定。

小孩年纪是一岁半，最大的是十一岁半。他建立了一个奖励制度，如果孩子在学校拿到好成绩，就可以获得奖金。借由沃尔特斯的帮忙，施佩尔得以从监狱远程遥控，"治理"家人的生活，管理他们的活动。玛格丽特有时无法独自照顾六个小孩，因此她也不时会请沃尔特斯这位忠实老友帮忙。通过某种"地下邮政"般的通信方式，沃尔特斯让施佩尔能够经常跟外界联系，他将自己每天的生活和心情化成文字，然后靠着这个特殊的"邮政服务"向外界发布。

在斯潘道监狱，阿尔贝特·施佩尔的犯人编号是"5号"，这个号码也成了他的署名。书写很快就成为他的主要活动，他渴望诉说一切，说自己的事，说希特勒的事。起初他甚至想写一本希特勒传记，但他很快就放弃了这个念头，把焦点放到自己身上。在将近八年期间，施佩尔跟鲁道夫·赫斯一样，不愿意见到自己的小孩。他之所以这么做，是否像他在《斯潘道日记》中所说，是因为他不想看到孩子见了他以后哭着离开？[28] 1953年，比较大的几个小孩第一次到斯潘道探监，这时他们都还是十多岁的青少年。

小孩每个月探视他一次，每次为时三十分钟，过程相当辛苦，而且气氛冷淡。施佩尔不知道该说什么，在小孩面前他的神态非常紧绷，笑容僵硬，不断设法找话题填补沉默。他只能问些不具个人色彩的问题，孩子们则礼貌性地回答。他觉得自己仿佛在对他们"自言自语"，不禁自问他"只是在被监禁期间失去了他们，还是已经永远失去了他们"。[29] 他感觉自己似乎不再认得他们了。入狱以前，他疯狂工作，经常被迫远离家人。他的妻子后来表示："在那些年里，我甚至不敢妄想阿尔贝特跟我聊任何一个孩子的事。后来，在斯潘道那段日子，他终于有时间了，他谈起孩子们的事了。”[30]

后来，阿尔贝特·施佩尔的子女终于通过他写的信慢慢认识了这个父亲，但对其中几个孩子而言，父亲将彻底是个陌生人。施佩尔跟子女之间只能维持一种形式上的关系，没有任何身体上的接触，见面只是说些客套话。就连“爸爸”这个称呼也成了禁忌。有时他不禁怀疑，是不是干脆不要进家门比较好。他这么写道：“他们跟一个六十岁的陌生人能有什么搞头？”[31]他的女儿玛格丽特清楚记得他们写信给爸爸时，仿佛像是在召开家庭会议，每个用字遣词都必须经过谨慎斟酌。[32]每封信里都会放一些照片，让施佩尔看到孩子们的成长过程。但他会把他们弄错，不太能清楚分辨每个孩子的模样。[33]在那些年间，为了维持跟小孩的关系，他努力写些内容轻松幽默的信，跟他们分享他的年轻时代和在监狱当犯人的生活。排行老二的女儿希尔德依稀记得，当年每每读到爸爸写的信，都会笑得很开心。

施佩尔再也无法跟自己的小孩建立亲近关系，即使是跟希尔德也一样，虽然希尔德后来成为父亲的最佳代言人。她秉持无限忠诚，致力确保施佩尔与支持他的人士之间的联系。每年她都会用施佩尔家的名义写信给德意志联邦政府，请求政府释放她的父亲。年复一年的请求激起社会上的一些正面回响，但即使法国总统戴高乐和维利·勃兰特（Willy Brandt）公开表态支持，她的努力依然无法促成父亲提前出狱。[34]后来施佩尔终于获释，当时勃兰特这位后来的联邦德国总理还只是柏林市长。施佩尔出狱时，勃兰特理所当然地送了一束红玫瑰给希尔德这个孝顺女儿。另外，因为勃兰特的关系，施佩尔得以逃过除纳粹化司法诉讼，因此没有遭受财产被充公的命运。

希尔德很可能是施佩尔最欣赏的小孩，他对她也感到特别骄傲，但无论如何她毕竟只是个女儿。对施佩尔而言，女儿跟儿子不同，儿子才是男人。因此，他后来把希望寄托在女婿乌尔夫·施拉姆*身上，他跟施拉姆维持密切的通信关系，认为他的心智通过这份交流而重新丰富了起来，这甚至胜过家人带给他的东西。他只跟施拉姆分享他的思考和分析，跟其他人的交谈内容都是些实务性的细节。[35]

十六岁时，施佩尔的宝贝女儿获得奖学金，打算前往美国留学。美方起初拒发签证，但经过一个声援小组的介入，以及预计接待她的以色列家庭的积极奔走，最后美国决定让步。同时，阿尔贝特·施佩尔相当担心美国人会怎么对待一个被判有罪的纳粹战犯的女儿。

1953 年 5 月 13 日，在写给父亲的一封信中，希尔德首次询问父亲何以会为那个恶魔般的政权效力。他回了一封很长的信给女儿，信誓旦旦地写道："我对你保证，当时我完全不知道那些可怕的事。"他建议女儿看美国心理学家吉尔伯特的著作《纽伦堡日记》，以便对过去发生的事有更深入的了解。那本书写道："阿尔贝特·施佩尔对集中营一无所知，就像其他部长对'V-2'** 毫无概念。"

施佩尔跟最小的儿子恩斯特之间最难建立亲子关系。他开

---

* 乌尔夫·施拉姆（Ulf Schramm，1933—1999）：德国学家，希尔德的丈夫。

** V-2 火箭，德文原名 Vergeltungswaffe 2（"惩罚二号"）。德国在二战期间研制的 V-2 火箭是世界上最早投入实战的弹道飞弹，目的是从欧陆准确打击英国本土目标。V-2 火箭不但揭开新式作战的序幕，也成为太空火箭的原型。大战结束后，美国借机接收纳粹的弹道飞弹设施并运回美国，成为了美国火箭科技的基础。

始服刑时，恩斯特才一岁半。这个小儿子到斯潘道监狱时总是一言不发，他个性闭塞而寡言，一辈子不愿谈及父亲的事。多年以后，他表示："我没东西说，这的确很悲哀，但情况一直就是这样。"不过，1968 年开始，恩斯特跟妻子和两个小孩在海德堡施佩尔老家的车库住了下来。"我从知道我父亲的时候开始，就一直认为他是个陌生人。"恩斯特坦言。他难以描述他跟父亲的关系，因为虽然他名义上有个父亲，但实际上却仿佛没有。[36]施佩尔觉得第二个儿子弗里茨很聪明，而且可能也最像他，不过他跟这个儿子之间同样难以建立良好关系。施佩尔在日记中表示，弗里茨的严肃让他觉得气恼，他在父亲面前表现出来的局促模样使他不知所措。他对儿子说话时，觉得自己仿佛在跟空气对话。至于他的老四阿诺尔德，他到斯潘道监狱时，似乎对谈话室的布置比较感兴趣，对父子间的谈话本身并不热衷，两人间可说毫无接触。[37]

施佩尔将他待在狱中的那些年月用来为自己平反，他借由书写记述他的人生，以及说明希特勒为什么对他造成那么大的影响。他写作也是为了避免陷入忧郁："要是我完全不提笔写东西，我有可能熬过那些年头吗？"[38]他也尝试做园艺，非常勤快地在监狱的庭园中来回走动。为了在精神上逃脱监狱，1953—1966 年，他每年都会走两千三百公里到三千公里的路。他在内心想象出一个环游世界的旅程。服刑期满时，他居然已经走了三万一千八百一十六公里！[39]

阿尔贝特·施佩尔于 1966 年 10 月 1 日凌晨零时获释，一大群记者守候在监狱门口，等着这位原来编号 5 号的六十一岁囚犯出现。在聚光灯及闪光灯的炫目光线照射下，头发灰白的男子离开监狱。虽然年事已长，而且刚度过漫长的牢狱生活，但他依然维持着相当高雅的神态。

那天唯一到现场接他的人是他的夫人。在不带感情的拥抱以后，原斯潘道5号囚犯平静地说了一句话："我得到的判决是公道的。"阿尔贝特·施佩尔旋即没入车内。他把成为自由人之后的最初感想保留给了德国《明镜周刊》。

隔天，施佩尔夫妇赶往德国北部凯勒尔湖（Kellersee）畔的一栋狩猎庄园，跟其他家人团聚。十五六名近亲在那里等着他，在那么多年的别离后，他们都迫不及待地要再看到他。可惜这个团圆的场合却近乎演变成一场灾难。每个人都试着表现得自然而亲热，但徒劳无功。零星的交谈间，是一阵阵漫长的沉默。已经长大成人的孩子们几乎不再记得那个他们还很小的时候就已经锒铛入狱的父亲。至于施佩尔的女婿和媳妇，他们从来不曾见过他，现在只能竭尽所能，设法建立起融洽关系，让气氛轻松起来。但一家人却难以找到热情、随兴的简单话语。施佩尔谈起斯潘道的事，但大家都已经知道那些故事，于是聚会变得更无趣。他的小孩想聊他们的计划、他们的想法、他们的朋友和生活，但阿尔贝特对他们的话题意兴阑珊。"这样可能太苛求他了。"他的妻子心想。[40]过去与未来、牢狱与自由，两个没有交集的世界无法相互沟通。他的女儿玛格丽特认为，父亲自己也拒绝谈他在进斯潘道之前的生活，于是家庭关系走入一个恶性循环。[41]能说的话题所剩无几，施佩尔就连对他的夫人也不肯说过去的事。每当他被问起国家社会主义、大战的事，他的回答总是一成不变："别再提那些老掉牙的事了。"[42]

家人跟阿尔贝特·施佩尔之间不是暂时难以沟通，而是永远无法沟通。1978年，基塔·瑟伦利到海德堡采访他时，他表示必须为这个失败负责，但他也承认自己从来不知道怎么处理这件事。他的存在成为一家人的重担。[43]跟大多数为人父母者一样，施佩尔知道小孩在学校功课棒、上大学表现好的时候，都会觉得很高兴。他对大儿子阿尔贝特的发展特别关心，而且这个儿子后来走上与父亲相同的专业生涯，成为一名建筑师。在斯潘道监狱时，他已经开始思考，他跟子女之间的距离到底只是暂时现象，还是永远无法改变的事实。在湖滨猎屋的那场家庭聚会证实了第二个假设，这使他心中充满酸楚。在那几天跟家人团聚的日子里，他甚至开始后悔他在监狱中过的那种僧侣般的苦修生活，后悔他写了那些书，后悔他用想象的步伐游历世界。他猛然意识到，一切再也不可能跟从前一样了。[44]他的子女也有这种感觉。老二希尔德曾经表示："我的兄弟和妹妹们一个个都放弃了，我们之间不再有沟通。"大儿子阿尔贝特则表示："我父亲很欣赏我的建筑作品，可是他不懂这些东西。我们的时代差距太大了。"[45]他的子女逐渐开始避免跟他见面，经常刻意挑他不在海德堡时去看他们的母亲。施佩尔对此似乎不特别在意；这时的他已经把生活重心放在如何平反自己的名声。所有媒体都想采访他。据他的子女们表示，他经常在海德堡的寓所中接见访客。

1971年，在接受《花花公子》杂志记者埃里克·诺登（Eric Norden）采访时，施佩尔承认了他对大规模屠杀的默许，并强调："如果我没看到，那是因为我不想看到。"[46]该名记者指出，采访过程中最令他感到不安的是施佩尔那种无动于衷的态度：他可以一面针对可怕罪行进行自我控诉，一面用同样的口气请他享用苹果派。[47]几年以后，施佩尔又告诉基塔·瑟伦利："当初我很怀疑真有什么可怕的事在发生。”这种怀疑心态无疑代表他间接承认他知道那一切。[48]

施佩尔的著作获得广泛反响：《第三帝国内幕》是一名纳粹高层要员的独特见证，《斯潘道日记》则收录了两万多则他每天用各种材料作的笔记，其中包括卫生纸——这种材料“具有出人意料的价值”。[49]《第三帝国内幕》在德国热卖超过二十万本，英文译本在美国也成为畅销书。在人生最后那些年，施佩尔幽居在南德阿尔高山区的住宅中。他跟妻子的关系早已支离破碎，之后他有了个情妇，跟小孩的关系因此当然更不可能改善。他跟外界的接触越来越少，不过他还是接见了一位名叫马蒂亚斯·施密特（Matthias Schmidt）的国家社会主义专家，他是为了准备博士论文而特地去拜访这位纳粹政权的建筑师。施佩尔建议他去找他的知交老友鲁道夫·沃尔特斯进一步详谈。不过沃尔特斯对施佩尔一味将责任推卸给希特勒的方式不太高兴，而且很失望施佩尔在他的书里没提到他，因此他特别让施密特看了他自己写的《纪实录》原稿。这部著作的内容是关于施佩尔在1941—1945年担任的职务，其中可以看到他积极参与纳粹恶行的事证，包括一些将犹太人逐出柏林的有关文件，署名者正是阿尔贝特·施佩尔。这部著作和其中收录的文件具体证明了施佩尔在纽伦堡大审判时确实昧着良心玩弄了司法当局。

1981年，施佩尔因为心脏病突发在他下榻的伦敦旅馆房间内去世。他是在情妇陪同下前往英国接受英国广播公司的专访，采访人是曾在纽伦堡担任检察官的美籍人士小亨利·金（Henry T. King Jr），以及牛津大学历史教授诺曼·斯通（Norman Stone）。

施佩尔的子女有一部分说他们完全压抑跟希特勒有关的任何记忆，他们不愿意承认自己跟那个希尔德·施佩尔描述为“令人作呕”的人物有过如此密切的牵连。希尔德拒绝回忆他的事，尽管小时候她曾经很喜欢希特勒。在许多照片上，我们可以看到她身穿白色小裙，头上装饰了鲜花，正开心地跟纳粹领袖手牵着手。她不记得了，或者该说她不想记得。那是在否定过去，抑或是昂首迈步，坚定地往前走？我们不可能绝对肯定。

希尔德成了一名社会学家，深耕政治研究。她一度跟德国绿党的一名领导干部走得很近，后来也曾担任柏林市议会副议长。2004 年，希尔德·施拉姆获得摩西·门德尔松终生成就奖*，以表彰她长年致力促进宗教与民族间的包容与和解。颁奖典礼原定于柏林的一间犹太会堂举行，但由于犹太人社群极力反对，尽管社群发言人阿尔贝特·梅耶（Albert Meyer）声言支持，最后依然未能按计划举行。对犹太人而言，在犹太教的神圣地点内颁奖给主要纳粹战犯之一阿尔贝特·施佩尔的女儿是无法让人接受的事。于是颁奖典礼移到一间基督教教堂。对于这样的决定，希尔德·施拉姆表示理解也愿意接受。[50]

大战期间，纳粹掠夺欧洲各地无数犹太人的财产，其中许多财物被运到德国拍卖。希尔德·施拉姆认为德国人有必要思考他们的财产来源为何，无论是他们家中收藏的艺术品，还是展示于上班地点的作品。这些作品是在 1933—1945 年购置或取

* 摩西·门德尔松（Moses Mendelssohn，1729—1786）：启蒙时代德国的犹太裔思想家，倡导十八世纪至十九世纪犹太启蒙运动“哈斯卡拉运动”。他也是一名杰出的纺织业者，为家族奠定财富基础，儿子约瑟夫·门德尔松创办门德尔松银行，孙子之一是著名浪漫乐派音乐家费利克斯·门德尔松。门德尔松学会于 1979 年创设摩西·门德尔松奖，旨在促进对异议思想家及不同民族和宗教的包容。

得的吗？对施佩尔的女儿而言，战后生存下来的人并不都有罪。她的意思是，我们不需要继承罪恶感，但我们确实继承到祖先的犯罪行为所造成的结果。因此所有人都应该以负责任的态度面对这件事，设法将不属于自己的财产归还给当初被掠夺的那些人。

她从父亲那里继承到一些画作。起初她拒绝接受这些作品，因为他的父亲是在大战期间以极低价格从原来的犹太主人手里购买到它们。后来她决定出售这些画作，并将所获收入——七万英镑——捐给"归还基金会"，一个以奖励文艺界及科学界犹太女性为宗旨的机构。希尔德表示，罪恶感是个复杂的概念。在思考了许多年以后，施佩尔的女儿认为人不该为自己没有犯过的罪负责任。今天，跟她的兄弟们一样，她拒绝谈论她的父亲，但她不介意提她对基金会的贡献。父亲位居第三帝国核心高位时，她还只是个婴孩。大战结束那年她九岁，不到一年后，父亲被关入斯潘道监狱。她跟阿尔伯特及其他弟弟妹妹一样，在很小的时候就明白，为了生存，她必须强调她没有罪，并与父亲的所作所为切断关系。今天，这位年高德劭的女性依然坚持拒绝别人持续将她与那位令人难堪的父亲联想在一起。她的感觉与其说是"罪恶感"，更该说是"羞耻"。她为什么有罪？罪恶感是应该传承的吗？[51] 1952 年，她的父亲就已经在《斯潘道日记》中写道："他们的父亲曾经位居帝国领导阶层核心，这个事实将长期成为他们面临的重大问题。"他的女儿则表示："当时我就明白，在我内心成形的并不是一种罪恶情结，而是某种羞耻的因素。"[52]希尔德知道，她的人生中最让媒体感兴趣的是关于她的父亲阿尔贝特·施佩尔的那个部分，她也承认，跟所有政治人物一样，她喜欢她在政治上的作为受人关注。冷静明智的她认为她有责任缔造出属于自己的光荣传记。[53]

阿尔贝特·施佩尔的幺女玛格丽特是一名摄影家，育有四名儿女。她很年轻就结了婚，冠上尼森（Niessen）这个夫姓，早已不再用"施佩尔"这个娘家姓氏。2007年，她出版了一本书《你是施佩尔的女儿?》，她在书中描绘了她在纳粹领袖的建筑师阴影下度过的人生。[54]这个书名取材自她的一名同侪某次得知她原来的姓氏时问她的问题。当时她在柏林担任摄影师，在一个名为"恐怖的拓扑"的展览筹备工作过程中，她看到一张照片，上面是希特勒和一名小女孩。玛格丽特·尼森认出笑吟吟站在元首身边的小女孩就是她自己。回想父亲的事，她心中浮现一个个问号。他怎么有办法将自己的才能贡献给那样一个政权？她刻画童年时代的往事，描绘家中那个男人，以及后来那人在大战、监禁期间以及重获自由以后的变化过程。对那个后来决定跟一名情妇来往的男人，她感到满心怨愤。他就这样进一步远离了家人，特别是抛弃了那个将一辈子奉献给他的女人。玛格丽特难以接受自己的身世，但她喜欢保有完好无缺的儿时记忆，而且不希望被迫感觉自己因为曾经发生的事而背负原罪。年轻时候的她不肯把父亲看成罪犯，因为他从不曾亲手杀过任何人。她不愿意正眼面对父亲必须为第三帝国那些年的事背负的责任。这种否定心理似乎呼应了施佩尔本人的心态。施佩尔在被问到犹太人种族灭绝这个议题时曾经承认："假如我想知道，我早就有办法知道了。"玛格丽特认为，她父亲之所以走上那样的人生旅途，主要是因为他的机会主义倾向，以及他不顾一切要达成目的的盲目决心。

玛格丽特将他描述成一个倾全力执行工作计划的人，他兢兢业业地想打造一个在象征意涵及实际影响上都超越个人作为的伟大事业。这样的分析仿佛是在回应她的父亲于《第三帝国内幕》一书中所做的陈述："我觉得自己是希特勒的建筑师。政治生活的一切与我无涉，我只是为那些场合提供了一些壮观的背景。"[55]

阿尔贝特·施佩尔将自己关闭在平反名声的欲望中，忽略了跟儿女的关系。然而包括跟这位父亲同名同姓的长子在内，这些子女们终其一生都在为父亲的事画问号。他们永远无法以个人姿态跟那个人对质，那个明明背负着个人责任，但却誓言对纳粹暴行一无所知的人。

相较之下，某些纳粹的小孩有了跟父亲的生命经历对质的机会。其中一个例子是约瑟夫·门格勒的儿子，纵使门格勒本人对自己的过去从不曾悔过。

Rolf Mengele
罗尔夫·门格勒："死亡天使"之子

2011年7月21日，设于美国康涅狄格州斯坦福（Stamford）、专营历史手稿买卖的亚历山大真迹公司（Alexander Autographs）举行拍卖会，现场第四组拍卖品的说明文字写着："内容完整的档案资料，可供深入审视二十世纪最残忍人物的心理样貌。所有内容均经详细阅读与分析，绝大多数未曾出版，甚至不曾有人阅览。"

成交，售出！拍卖官槌子落下的声音敲响厅堂。一名极端正统派犹太人通过电话出价，以二十四万五千美元价格买下三千三百八十多页以蓝色墨水写成的手稿。买主是一名大屠杀幸存者的儿子，他不希望公开身份。他认为这样的文件一定要让民众看到，借以对抗所有可能导致歧视的否定论*及教条。

这组文稿包括三十一本黑色、卡其色、绿色或方格设计螺旋装订学生笔记本，封面上分别以西班牙文印有 Cuaderno（"笔记簿"）、Cultura General（"文化素养"）、Agenda Classica（"古典教程"）等标注。内页上写满文字，工整的笔迹棱

---

* 否定论：历史修正主义的一种形式，通过某些不具正当性、不为严谨历史论述所容的手法（例如将伪造文件视为真实文件、操弄统计数据、刻意误译外文资料、妄下相反结论等）否定史实。最著名的否定论案例包括否定犹太人大屠杀、否定亚美尼亚种族屠杀、否定日本战争罪行等。

角分明，略朝右边倾斜。图画及速写穿插在自传式书写、诗作、政治及哲学思考评述之间。这些手稿是在 1960—1975 年撰写而成。

这笔拍卖引发热议。有些评论家认为这种文件不应该成为商业行为的标的，甚至批评这是一件"淫秽"的销售案。

这些文字的作者以第三人称叙述自己的故事，并采用笔名"安德烈亚斯"。这个人物是二十世纪最受瞩目的逃犯之一，他隐身在化名后方，生怕这些笔记本有朝一日会惹祸上身，让他行迹败露。他在笔记中回溯他在战后跨越欧洲大陆、逃向拉丁美洲的过程；跨海前往阿根廷、巴拉圭，最后抵达巴西。他也描述了他做过的各种实验，他认为那些实验结果对人类福祉有贡献。

在他的文字中，作者完全不否定国家社会主义的理想，并且致力阐述他在人口过剩、优生学、安乐死等方面的理论。

他在 1960—1962 年特别提到："一旦我们开始混合不同民族，文明就会式微。"① 他又说："自然界中没有好也没有坏，只有适当的元素和不适当的元素……不适当的元素必须被排除在繁殖程序之外。"② 他还说："我们必须扬弃女性主义思想；生物学与权利平等毫无关联……女性不应该掌管需要专业资格的职务。女性的劳动参与必须取决于她们有多少能力满足她们的生物配额。生育控制必须通过绝育方式进行，有基因缺陷的女性必须予以结扎。基因良好的女性则应在生育五名子女以后才予绝育。"③

这些笔记本于 2004 年在巴西圣保罗的一对男女住处被查获，他们在此之前曾经为这些文字的作者提供住宿。笔记本后来被转交给作者的唯一亲生子——罗尔夫。罗尔夫就是这些笔记的卖家吗？没有人知道，因为在那场拍卖中，卖家也不希望身份曝光。

日复一日，约瑟夫·门格勒都会坐在他的小桌前，重新观照他的光辉年代，以及那些仿佛永无止境的逃亡时日。在岁月的层层重压下，门格勒的身形已经逐渐蜷曲。十五年以前，他开始撰写这些笔记。此后他的信念从未改变，经过三十四年的潜逃，他仍然坚守原来的想法，直到最后一刻。他不但深信自己没犯过任何错，他的流亡生涯更使他成为书写偏执狂。他幽闭在圣保罗郊区的小房子中，将大部分时间用于写作。他在笔记本纸页上描绘他的巴伐利亚风格家具，画出一幅幅房屋、动物及植物的速写图案。他也勤于园艺、木工，热爱健行，喜欢观赏动植物。

1977 年，他等待多年的一天终于到来：他的独生子从欧洲过来拜访他。他已经二十一年没跟儿子见面了；最后一次看到他还是 1956 年的事。当时他的儿子并不知道这个使用伪造身份的人就是他的父亲。因此，父子两人是今天才真正相认，而且这是一场充满风险的会面，因为恶名传四海的约瑟夫·门格勒医师是地表最重要的通缉犯之一。他被冠上“死亡天使”的绰号，因为他在奥斯维辛做过无数骇人实验。

为了避免儿子的行踪被纳粹缉捕者发现，这趟旅行花了整整五年时间筹备。罗尔夫·门格勒动身前往巴西前，门格勒家的亲信汉斯·赛德尔梅耶（Hans Sedlmeier）安排罗尔夫和他的堂亲卡尔-海恩茨（Karl-Heinz）见面，这位堂亲先前在阿根廷跟约瑟夫·门格勒一起住过几年。赛德尔梅耶希望罗尔夫留意一个问题：年轻一代德国人对第三帝国的理解跟亲身经历过那个年代的人的内心感受有极大落差。他也打算转交一笔钱给门格勒——门格勒的亲人向来为他提供坚不可摧的支持。

罗尔夫听从父亲的建议，以匿名方式前往圣保罗，为此他事先特地在跟一名朋友一起度假时，盗取了他的护照。他决心要跟父亲重逢，尽管他表示自己已经不再像小时候那样认为父亲是个英雄。他认为自己跟父亲毫无共通之处。“我的见解跟他完全相左。我连听他说话都不想，对他的看法也完全没兴趣。我完全排斥他告诉我的一切。我对国家政治和国际政治的个人立场再清楚不过，所有人都知道我的政治理念属于自由派，基本上偏向左派。历年来我发表过的许多批判甚至让人怀疑我是共产党。”④

夜幕低垂之际，一辆老旧公交车开进圣保罗郊区这条尘土飞扬的街道，疲惫的老人一阵心惊，四肢开始颤抖。骨骼突出的双手嵌进旧长裤口袋，他板着脸孔，动也不动地等着。过去的他非常讲究穿着，现在他对自己的外表毫不在乎。他知道他的儿子这天晚上会到，但他不禁想到来者也可能是准备逮捕他的纳粹追猎者。即使在他的悲惨人生走向尽头之际，门格勒依然从不降低警戒。从前那个宰制奥斯维辛集中营、精于算计的冷酷男子已然远去，在长年的逃亡生活中，他早已成了个被恐惧啃噬的老头。他像偏执狂般地害怕自己被搜捕。这种恐惧比任何感觉都强烈，将他整个人吞没。焦虑使他不由自主地吸吮、啃食自己的胡须，经年累月下来，毛发在他肚子里形成球状物，堵塞他的消化道，使他痛苦难当，甚至连生命都受到威胁。

许多年来，门格勒独自一人过着与世隔绝的生活。他住的黄色灰泥小屋非常简陋，里面只有一张桌子、几把椅子、一张床和一个橱柜。房子的倾斜屋顶和两扇白色窗户，以及四周的几棵大树，使它稍微流露出阿尔卑斯小山庄的气息。

他的儿子走过庭院木门时，他难掩激动之情，泪水涌上眼眶。虽然他的腿难以支撑他，但他还是设法走到门口台阶上，欢迎突破艰难险阻前来看他的儿子。如同罗尔夫所言，他的父亲认为他敢到巴西看他，就足以证明他是个大胆跨越敌军防线的英勇士兵。[5]但情况并非一直如此。

这天，罗尔夫成了父亲心目中的英雄。为了见这个过去从来不屑对他表示兴趣的人，他冒了许多风险。在他的童年时代，他的父亲忙于犯下残暴得无以复加的罪孽，等他年龄稍长，父亲又忙着逃脱盟军及纳粹追猎者。他花在这个孩子身上的时间少之又少，只有一些往返书信勉强撑出某种亲情关系。

罗尔夫想要亲眼看到父亲，但跟他面对面时，他发现自己几乎认不得这个他至今只短暂见过两次的人。他非常惊讶地看到这个伪装高手身体变得如此瘦弱。他也知道这次会面对他的父亲而言是件天大的事。罗尔夫冒险犯难跨海而来，是为了像个检察官般审问这个三十多年来一直成功躲过同盟国法庭制裁的逃犯吗？不，他要的是设法理解。理解这个无论如何都是他父亲的人何以能如此疯狂地投入那部恐怖死亡机器的运作。

曾经长期被门格勒家族视为害群之马的他目前是一名在德国弗莱堡执业的律师。他的亲属认为他是个极端派左翼分子，他向来认为自己跟家人除了血缘之外没有其他任何共同点，而那个血缘非同小可，源自全世界最受憎恨的人——他的父亲。罗尔夫作这趟旅行时是三十三岁，他的父亲在同样年纪时，在奥斯维辛担任医生，只要做个手势，就能决定成千上万的人是生还是死。

没有任何幸免于难的人能够忘记这个人的模样，他拥有地中海地区人民的长相，举止高雅，身穿无懈可击的军服，皮靴擦得乌黑油亮，手里总是握着一根短马鞭。他用手指轻轻一点，就选定接下来的实验对象：往右是他的实验室，可以暂时活命；往左则是死。他把无数男女老幼赶向毒气室或阴森可怖的实验室时，脸上没有显露任何表情。他喜欢哼唱瓦格纳或普契尼的曲调，人们哪里知道美妙乐音出自一个位居死亡机器核心的人物。

罗尔夫只能轻声说了句“爸，好”。两个人的短暂相拥显得相当冷淡，他们都不习惯流露情感。罗尔夫强迫自己表现得亲切热诚，毕竟他都说过“他终究是我的爸爸”；但他难以真正做到这点，直到他感觉父亲的泪水沿着脸颊流下。

这是门格勒开始逃亡以后儿子罗尔夫第二次见到他；这也将是最后一次。第一次跟他见面时，他的母亲告诉他说，他会见到一位住在拉丁美洲的“弗里茨伯伯”。多年以后，他才知道原来那位伯伯是他的父亲，然后了解到这个父亲在德国那段晦暗历史中扮演了什么角色。罗尔夫纠结在两种情绪中：身为人子，他对父亲有敬爱之情，但想到那些泯灭天良的罪孽，他又无法遏制地唾弃他。对绝大多数世人而言，约瑟夫·门格勒是一名战争罪犯，但在门格勒家族成员的心目中，他依然是个值得嘉许的杰出医生。从家族的立场来看，最要紧的事是绝不可玷污家姓：他们可是巴伐利亚的产业界望族，而以老大约瑟夫为首的三兄弟有责任传承家风。

专营农业机具制造的“卡尔·门格勒父子公司”是巴伐利亚君茨堡（Günzburg）市的主要雇佣单位之一。由于这家公司鼎力支持国家社会主义，它在第三帝国期间成为德国农业机具制造界的第三大企业。希特勒曾经亲自莅临发表演说。“卡尔·门格勒父子公司”至今依然存在，公司名称以斗大字体标示在位于市区中央的工厂上方。有一条街道甚至以约瑟夫的父亲卡尔·门格勒命名。但在君茨堡，我们却找不到任何与那个令人困扰的儿子有关的痕迹。

农业机具从不曾引起老大约瑟夫的兴趣，他宁可把公司继承权让给两个弟弟。在校表现非常优秀的约瑟夫从小就满腔抱负、热血激昂，他的最大心愿是在历史上声名永传。

1930 年，他在慕尼黑修读哲学、人类学与医学时，纳粹的理想已经充斥在德国各地的大学校园中。他很快就开始向一些深信优生学的学者“拜师习艺”，对恩斯特·鲁丁（Ernst Rüdin）的讲座尤其热衷。鲁丁是纳粹德国的优生学泰斗，在他的背书下，德国通过了对患有遗传缺陷的人民实施绝育的法律。1935 年，在慕尼黑大学“种族卫生”专家提奥多·摩里森（Theodor Mollison）教授指导下，约瑟夫·门格勒完成了一篇内容充满优生学理论的博士论文，标题为《针对四个种族群体所作之下腭前端形态学检验》。当时门格勒就已经相信有一种优越种族的存在，也就是“雅利安型德意志人”，而他打算用科学方法加以证明。

门格勒在慕尼黑大学期间成为优生学家、种族纯净暨卫生研究院院长及纳粹优生学政策煽动者奥特马尔·冯·费许尔（Otmar von Verschuer）的助理，毕业后又于 1938 年转往法兰克福大学深造。冯·费许尔教授相信，金发碧眼的纯粹雅利安种族典范的关键存在于双胞胎的专属基因中。1937 年，门格勒加入国家社会主义德国工人党（即通称的纳粹党），党员编号 5574974，然后他又在 1938 年加入党卫军。为了证明他的血统纯粹，他积极调查自己的"种族纯净度"，一路回溯到1744年。

门格勒深信德国的未来维系在基因操纵上。通过他对双胞胎的研究，他野心勃勃地希望让德意志民族大量繁衍。⑥他跟冯·费许尔教授一起试图判定哪些基因密码可以催生出纯净的雅利安种族。国家社会主义需要为它所支持的种族卫生理论找到科学上的立论基础，因此门格勒积极投入这方面的研究。

1939年，约瑟夫·门格勒与罗尔夫的母亲伊雷妮·舍恩拜因（Irene Schoenbein）结婚。起初由于伊雷妮难以证明她父亲家那边没有犹太血统，结婚手续卡在这个问题上无法过关，一时之间，他们无法取得结婚许可。后来因为伊雷妮的"明显北欧长相"化解了上述疑虑，两人才得以顺利成婚。伊雷妮这个高挑的金发美女成为约瑟夫的一生挚爱，她自己则是个非常贤惠的妻子，但非常容易嫉妒。罗尔夫的父母一直无法好好过夫妻生活。对伊雷妮而言，这场婚姻带来的经常是独守空闺的苦闷，因为门格勒把生活重心完全放在专业生涯及爱国行动这个部分。结婚短短两个月后，德国入侵波兰，门格勒立刻斗志昂扬地参军，纵使将年轻妻子独自留在家乡也无怨无悔。

1942年，他加入党卫军"维京"装甲师医疗团，这支部队的行动范围是东方战线，特别是乌克兰。参军期间，门格勒因为救援并医治两名德国士兵，获颁铁十字勋章。后来他在战斗中受了伤，被迫提前退役，于1942年底返回柏林。他毫不犹豫地重新投入医学工作，尤其是在基因遗传领域，而他追随的老师依然是冯·费许尔教授。门格勒从军那段时间，冯·费许尔成为"威廉皇帝研究院"院长，这个科学机构的成立宗旨是基础科学研究，但在1927—1945年，研究重点是优生学及种族卫生。

四个多月后，约瑟夫·门格勒于 1943 年 4 月被任命为党卫军高级突击队领袖 *。5 月底，他被派到奥斯维辛集中营。这是纳粹政权成立的第一大集中营，位于克拉科夫以西六十七公里，接近捷克斯洛伐克边界。

奥斯维辛当时俨然已经是一部毫不留情的产业化灭绝机器。四个大型毒气室及焚化炉作业区不停运作，烟雾从那里不断冒出，使空气令人难以呼吸。天气炎热时，人肉的味道更是让人窒息。集中营占地辽阔，包含三个大区，而且不断逐年扩大，一模一样的红砖及木造营舍持续往外扩展。门格勒对这个人间地狱般的景象丝毫不为所动，他一到奥斯维辛，就马不停蹄地前往十号营舍。

他要立刻投入工作。对他而言，奥斯维辛是个有助于促进科学进步的独特场所，提供了针对“人体白老鼠”进行实验的绝佳机会，让他能证明他的种族理论观点。门格勒经常会将标有“战争材料，速办”这句话的人体碎块寄回威廉皇帝研究院，供同侪分析研究。

门格勒抵达几天以后，就毫不迟疑地将一千五百名吉卜赛人处死。讽刺的是，他经常自嘲长得比较像吉卜赛人，而不像完美的雅利安人。小时候，由于肤色偏深、头发全黑，而且眼睛呈褐色与棕色，他曾经因此在学校被取了“吉卜赛”⑦这个绰号。

门格勒只身前往奥斯维辛。他的妻子选择留在德国。在他待在集中营的一年半期间，妻子只去看过他两次，第一次是

* 相当于德意志国防军上尉。

1943年8月，然后是1944年8月，也就是在罗尔夫出生几个月以后。罗尔夫是在3月出生，伊雷妮前往奥斯维辛时将他留在德国。她问丈夫为什么营区中有那么可怕的味道，丈夫只给了这个回答："别问我这件事。"⑧不过伊雷妮似乎也不是很关心周边发生的事。她甚至觉得第二趟旅行非常浪漫，仿佛是在跟她心爱的男人度第二次蜜月。白天他们会到索拉河游泳，还有采蓝莓做果酱。在她的日记中，没有一句话提到她丈夫所做的实验或集中营的实际情况。⑨门格勒是个冷酷无情、愤世嫉俗而且深藏不露的人，很少跟同僚打成一片。他对自己的地位和他拿到的各种奖章非常自豪，身上总是佩戴着那个铁十字勋章。他的生活跟其他人没什么交集，一心一意地专注在他为自己定义的使命——改善人类的演化，即使为了达到这个目的，他必须置人性或怜悯于不顾。

门格勒的职务令某些同僚深感好奇，例如他在奥斯维辛集中营的工作伙伴汉斯·蒙希（Hans Münch）。"他从身体到精神整个都是意识形态的化身……他从不表现出任何情感；既没有仇恨，也没有狂热，"蒙希曾表示，"对他而言，毒气室是唯一合理的解决方案，而由于犹太人无论如何都得死，他认为理所当然应该事先用毒气室来做一些医学实验。"⑩所有人对门格勒医师都一无所知。他那种城府很深的保留态度使他跟其他人之间自然而然就拉开距离。1944年儿子罗尔夫出世时，他没告诉任何人；此外，妻子生产时，他也没有前去探视她。

起初小罗尔夫跟母亲一起住在黑森林地区的弗莱堡。1944年11月，约瑟夫·门格勒才第一次去看儿子，这时儿子已经将近八个月大。1945年4月起，伊雷妮带着罗尔夫迁居到巴伐利亚的奥滕里德（Auteried），那里距离门格勒家族的地盘很近。

于是小罗尔夫开始能跟祖父母朝夕相处，终于过起真正的家庭生活。

来自欧洲各地城市的火车不断开进奥斯维辛。新到的人必须经过一道预先筛选程序：被视为身强体壮的人会被送去强制劳动，其他人则直接被送进伪装成淋浴间的毒气室。不分昼夜，每当有火车抵达，门格勒都会守候在那里抓双胞胎，用他们做各种残酷实验，而这些实验通常会导致他们在恐怖的痛苦中死亡。通过这些与双胞胎现象有关的实验，他相信自己一定能破解基因遗传的秘密，全面根除有缺陷的基因。于是，当双胞胎出现在筛选过程中，他听到有人大声喊“双胞胎，双胞胎”时，他平日阴沉的脸孔就会骤然明亮起来。

他做了无数的实验，而且都在没有麻醉的情况下进行：操纵血液、接种感染基因、骨髓实验、器官割除、截肢、结扎。约瑟夫·门格勒也对眼睛的颜色深感兴趣，他想知道是否能改变人的眼睛颜色。为了达到这个目的，他会给他的“病人”注射化学物，结果大都造成他们失去视力。这些实验的唯一目标是：弘扬一个符合国家社会主义理想的优越种族。

1945 年 1 月 17 日，门格勒逃离奥斯维辛时，他在身后留下堆积如山的尸体。他的“人类白老鼠”几乎都不可能在他的恐怖实验结束以后存活，不过根据一名幸存者的说法，被门格勒排入实验名单至少能在短时间内带来生存的希望。纳粹政权解体时，大批落败德军往西方溃逃，使他借机躲过盟军的搜捕。他把党卫军制服换成国防军制服，然后躲避在捷克斯洛伐克地区。由于逃亡德军如排山倒海而至，盟军无暇应付，决定只抓党卫军，而党卫军成员的特征是在手臂内侧有个人血型的刺青。

不过，因为门格勒非常注重维护自己的身体，他拒绝像其他党卫军成员那样在手臂上留下刺青。这个个人坚持救了他一命，因为当时盟军没有完整的战犯名单。罗尔夫的母亲告诉过他，他的父亲极为注重外表，因此他认为绝不可以让身体遭受那种残害。门格勒只穿量身定做的高级西服，平日喜欢站在镜子前面观赏自己的英姿、赞叹自己的细柔肌肤，对这样一个人而言，党卫军的血型刺青不仅不好看，而且令人极度反感。[11]

伊雷妮很久没有丈夫的消息。大战结束后不久，一名医界朋友的妻子忽然通知她说门格勒安然无恙。不过他的名字已经开始流传，盟军密切注意任何可能有助于将他逮捕的消息。这名逃犯的所有家族成员都受到监视和讯问，但没有具体结果；他们都不愿提供任何讯息。德国《联邦报》（*Bund*）曾经刊登评论，指出门格勒家族对他提供坚实的支持，因为他们害怕约瑟夫·门格勒的被害者可能对他们提出赔偿诉讼。

伊雷妮接受两名搜寻她丈夫的美国军官讯问时告诉他们，门格勒已经消失无踪，很可能在东欧前线战死了。为了替这个假设提供可信度，平日总是一身黑色装束的伊雷妮特地在1946年夏天去找了君茨堡的神甫，请他帮忙作弥撒悼念她为国捐躯的丈夫。[12]门格勒夫人虽然曾经造访过奥斯维辛集中营两次，但她在相当长的时间中并不知道丈夫犯下的残暴罪行，不过到了这个时候，她已经不可能不知道，只是她选择不要谴责他。

门格勒在慕尼黑短暂停留以后，回到他的家乡君茨堡，躲在附近的森林中，他的家人经常会供应食物给他。当局完全没察觉到这件事，就连一份以色列警方的报告也没提到门格勒跟他的家人之间有任何接触。

1945年底开始，"死亡天使"用"弗里茨·霍尔曼"（Fritz

Hollman）的化名低调过活，在巴伐利亚罗森海姆（Rosenheim）当农工（后来他以“美洲伯伯”的身份见到儿子时，用的也是这个假造的名字）。他的家人——特别是他的妻子——经常到农场看他，有时妻子也会把当时才两岁的小罗尔夫一起带去。他们会小心翼翼地在一个湖边见面。在那段时间拍的一张照片上，可以看到满脸笑容的门格勒站在儿子身后。不过多数时候伊雷妮是单独赴约。1946 年 11 月，门格勒认为盟军已经松懈调查脚步，于是他壮起胆子前往奥滕里德看望当时已经搬到那里的妻儿，一待就是两星期。

罗尔夫表示，在大战结束以后那四年，他的母亲非常焦虑而且不快乐。她的心愿一直是能够在一个关系紧密的家庭中过传统的生活，但忽然间，她成了纳粹战犯的妻子，而且她跟丈夫从一开始就聚少离多，丈夫甚至逐渐成了陌生人。门格勒夫妻的关系在大战期间就已经受到严重考验，这时他们的婚姻开始解体。长久独守空闺的伊雷妮觉得丈夫已经变了一个人，不再是当初她嫁的那个男人。她开始寻找其他男人的慰藉，这使得丈夫暴跳如雷。约瑟夫的嫉妒心理达到病态的程度，每每妻子出门回来，他都会不断斥责，接下来夫妻会吵得翻天覆地。这几年来，伊雷妮早已不是原来那个忠贞贤淑的妻子。她再也无法忍受身为逃犯的门格勒所能提供给她的生活。1948 年，她又一次因为出门而被丈夫骂得死去活来，但那次出门时，她认识了未来的第二任丈夫。对方是弗莱堡一家鞋店的老板，名叫阿尔方斯·哈肯约斯（Alfons Hackenjos）。当时四岁的小罗尔夫把这个大叔叔视为他人生中第一个父亲的角色。

门格勒知道他的名字被列在即将于 1946 年 12 月展开的

"医生审判"名单中时，开始意识到危险逼近。"医生审判"是纽伦堡大审判中继战犯审理后的第二阶段审判。先前已经开始降低警戒的门格勒这时认为离开欧洲的时间到了。他决定远赴拉丁美洲，于是在意大利热那亚港登上"北方国王"号。这时约瑟夫·门格勒又有了新名字："赫穆特·葛雷戈尔"（Helmut Gregor）。他心里还抱着希望，认为他在布宜诺斯艾利斯安顿下来以后，妻儿就会立刻前去跟他会合，但情况完全不是如此。伊雷妮太眷恋德国和德国文化，完全不想离开她的家人，到地球彼端过逃犯生活。尤其是这时她的生命中已经有了另外一个男人，尽管她对小儿子的父亲仍然怀有感情，但她并不想把新的恋情牺牲掉。

伊雷妮厌倦了既有的夫妻关系，再次坠入情网。1954 年，她提出离婚要求。罗尔夫认为母亲的决定跟父亲在奥斯维辛的业务活动完全无关。在这对从佳偶转变成怨偶的夫妻之间，"什么也不问，什么都不说"曾经是他们维系关系的相处之道。但现在伊雷妮很高兴脱离门格勒家族，而且她特别高兴自己不必跟他们要一分钱就能离开。⑬同一年，约瑟夫·门格勒决定放弃他的化名"赫穆特·葛雷戈尔"，重新使用原来的身份。他通知联邦德国大使馆，赫穆特·葛雷格尔其实就是约瑟夫·门格勒。因此，1954 年 3 月 25 日夫妻两人正式离婚时，他用的是自己的真名。门格勒又成为门格勒，那个罪大恶极的"死亡天使"。

1956 年，门格勒返回欧洲，跟家人前往瑞士山区度假，这时他终于跟已经十二岁的儿子罗尔夫团聚。不过对小罗尔夫而言，他仍然是"拉丁美洲来的弗里茨伯伯"。一起度假的还包括约瑟夫的漂亮弟媳玛塔（他已故弟弟的妻子）和她的儿子卡尔-

海恩茨。每天早上，罗尔夫都会跟他的堂弟一起爬上“弗里茨伯伯”的床，听他说发生在苏联前线的精彩故事。小罗尔夫被当成大男孩看待，后来他说那次度假是他一辈子最棒的假期。小男孩非常快乐，不过他跟堂弟卡尔-海恩茨之间的竞争越来越明显。“伯伯”不断称赞堂弟，对他关怀备至，小罗尔夫因此感到受伤。他不知道的是，其实这位“伯伯”跟他的叔母已经有了亲密关系。

两年后的 1958 年，约瑟夫在乌拉圭首都蒙得维的亚跟他的弟媳结婚，玛塔带着儿子卡尔-海恩茨一起跟新丈夫在阿根廷生活了几年。

门格勒毫无困难地融入胡安·庇隆（Juan Perón）统治时期的布宜诺斯艾利斯。当时阿根廷是逃亡纳粹的新乐土，直到庇隆去世为止。然后门格勒跟许多其他纳粹一样，转往巴拉圭生活。他是独自前往巴拉圭，因为他的第二任妻子和继子卡尔-海恩茨希望返回德国。不若谣传所言，门格勒在巴拉圭其实只待了两年，1962 年就到了巴西。在那些年间，尽管他恢复使用原来的身份，而且冒险回了德国两次（分别在 1956 年和 1959 年），不过他一直没被逮捕。在那段期间，罗尔夫的母亲决定向儿子解释父亲为什么不在家，她说他已经在苏联前线死亡或失踪，不过他是个英雄。将近十年间，罗尔夫认为父亲已经死去，同时跟住在拉丁美洲的“弗里茨伯伯”经常通信，完全不知道那个假伯伯其实就是他的真爸爸。

十六岁时，也就是在瑞士山区度假之后三年，罗尔夫终于知道“弗里茨伯伯”是他的父亲——约瑟夫·门格勒。罗尔夫回忆道：“（对我而言）我父亲一直是死在东欧前线的那个战争英雄，他受过良好教育，会说希腊文和拉丁文。得知真相对我造成极大的冲击。身为约瑟夫·门格勒的儿子不是一件好事。"[14]学校同学开始激他："原来你就是门格勒的儿子，你爸是个战犯。"他们把他叫作"小纳粹"或"党卫军队员门格勒"。面对同学的侮辱，罗尔夫反唇相讥："没错，我还有个叔叔叫阿道夫·艾希曼呢。"罗尔夫在校表现比较懒惰，他的老师们认为背后原因应该是父亲不在所导致的心理创伤，而这个缺席的父亲原本被视为英雄，后来却成了刽子手。

虽然门格勒主动设法拉近他跟儿子的关系，但他一直无法成功在父子间建立亲密的联系。而且门格勒写信时，笔调显得冰冷而疏远。他似乎复制了他跟自己父亲之间的关系。门格勒为儿子撰写了一本图文并茂的童书，但这并无法改善两人间的关系。罗尔夫对父亲感到最不满意的部分是他对堂弟卡尔-海恩茨的关爱和赞赏。门格勒跟他这个侄儿比跟自己的儿子亲近得多，他们之间的关系宛如真正的父子。对罗尔夫而言，约瑟夫·门格勒一直是个陌生人。这也正是为什么罗尔夫会需要最后那场会面，尽管那个过着隐居生活、罹患抑郁症而且有自杀倾向的老人，那个名叫约瑟夫·门格勒的爸爸，早已不是母亲从前为儿子打造的那个战争英雄。

门格勒在圣保罗的住处极其简陋；他把床让给儿子罗尔夫，自己则在地板上摆了一个床垫凑合着睡。无论如何，他们到了夜里仍然一直在说话，因为罗尔夫渴望为他的种种疑惑找到答案。他一开始避免提到父亲参与奥斯维辛残酷暴行的事，不过后来还是把话题带到这个部分。父亲立刻全身紧绷："你怎么可能相信我会做出那种事？难道你看不出那些都是谎言，都是洗脑？……"老人激烈地为自己辩护："奥斯维辛不是我发明的东西，我个人对那里面发生的事不必负责。奥斯维辛在我去以前就已经存在了。我想帮助他们，但我的能力有限。我不可能帮助所有人。”

罗尔夫问父亲火车开到奥斯维辛后，乘客立刻被筛选的事。门格勒承认他参与过那件事：“那些人到的时候已经浑身是病，奄奄一息，我又能怎么办？当时那边的情况不是现在的人能够想象的。”从他的口气听起来，他的角色“只不过是”决定谁有能力工作，谁没有。他认为自己尽了一切可能将新到者归入身强体健一族，因此他相信他帮助了成千上万的人。下令灭绝那些人的并不是他，他不必为那件事负责。他发誓他从不曾亲手杀害或伤害任何一个人。

对他的儿子罗尔夫而言，“身在奥斯维辛，但却没有每天设法离开那里，这是一件不可想象的事。没有尽一切可能离开，这种行为既恐怖又令人无法置信。我永远无法明白为什么人类会做出那种事，就算那是我的父亲也一样。对我而言，过去发生那些事违反所有伦理、所有道德，令人完全无法理解人性”。在父子两人的夜间对谈中，罗尔夫逐渐下了这个结论：他的父亲对过去毫无悔意，他依旧忠于纳粹理想，并且持续相信雅利安人种的优越性。为了合理化他的种族优越理论，门格勒提出各种社会学、历史学、政治学论点。如同罗尔夫所强调的，那些论点缺乏科学依据，尽管父亲受的是科学训练。[15]门格勒最后还是宣称，他只是在尽自己的职责，为了能够生存，他不得不遵守命令。他似乎认为这个冠冕堂皇的理由可以为他免除任何罪恶感。但在他的儿子眼中，父亲只是死也不肯认为自己是世人心目中的那个禽兽。

最后罗尔夫又问他，如果他那么确定自己的行为公正合理，为什么他不向当局自首，面对世人的审判。门格勒只给了这个简短的答案："世界上没有公理，只有一堆急于报复的人。"⑯

罗尔夫自始至终无法在这个人身上感受到一丝人性、悲悯或懊悔的成分。两星期后，他离开父亲时，他知道那是他最后一次跟他见面。至于门格勒，在那次会面以后，他相信他终于能安心地走了。仿佛在他告别人生以前，他觉得有必要向他唯一的后代进行自我合理化，使他不会被这个独生子视为恶魔，而只是个单纯听从命令的人。

罗尔夫终其一生拒绝提供任何可能导致他的父亲被逮捕的讯息。他说他不可能背叛父亲。尼克拉斯·法郎克表示他恨自己的父亲汉斯·法郎克，但相较于此，罗尔夫认为他根本不够在意父亲这个人，因此也没有仇恨可言。

那次会面之后两年，1979 年，门格勒在巴西的一些朋友寄了一封信给罗尔夫："我们的好友在一处热带海滩上离开了我们。"经过三十四年的逃亡生涯，约瑟夫·门格勒在海边游泳时死于心脏病突发。门格勒家族选择对此事保持缄默，认为这样可以避免为那些年来秘密协助门格勒的事负责。

父亲死后不久，罗尔夫前往巴西整理他的遗物，并取回他的个人物品。这次旅行时，他用了自己的真正身份。他回到先前曾经用化名住过的一间旅馆，办理入住手续时，前台人员惊叫道："门格勒！……你知道吗？你的姓在我们这边有名得很。"⑰罗尔夫吓得不知所措，他赶紧冲进房间，将父亲的私人物品藏在天花板夹层中，尽管他很清楚万一出事，警方不出两分钟就能搜到那个地方。这个"遗产"包括一块金表、一些信件以及一些日记。不过并没有任何人前来搜查，而那些日记就是 2011 年在那场引发一片喧嚣的拍卖会中售出的手稿。

罗尔夫严密观察旅馆的人员进出，他设法尽可能保持低调，不希望任何人注意到他，特别是那个可能向警方通报的前台人员。就算门格勒已死，门格勒家族的秘密依然必须严加保守。罗尔夫·门格勒为这件事提出解释，他说，对父亲的死亡保持缄默一方面是为了保护那些帮助过他的人，另一方面则是因为他无法带回父亲死亡的确实证据。

又过了四年，门格勒死亡的消息终于广泛流传开来。虽然门格勒的亲友和支持者早已知道这件事，但至此以前消息一直未被泄漏出去。1985 年，警方终于前往门格勒的亲信之一——汉斯·赛德尔梅耶家进行搜查，结果发现他跟门格勒之间的大量通信，以及门格勒的巴西朋友们寄来的吊唁信。

家族企业负责人、约瑟夫·门格勒的侄子迪特尔·门格勒（Dieter Mengele）这时终于不得不解除与伯伯去世有关的机密，接受媒体的采访。对门格勒家族而言，现在最重要的工作是设法避免家族在门格勒逃亡期间协助他的事实对公司造成财务上的恶果。迪特尔·门格勒毫不迟疑地否认曾对约瑟夫提供任何金援，也否认跟伯伯通过信。罗尔夫被排除在那次调查外，后来他因此对堂弟感到不满。接下来的问题是如何证明门格勒确实已经死亡：为此，警方必须将尸体挖出来查证。罗尔夫是唯一能证明尸体确实是父亲的人，但这件事进行时，他正在度假，没有人能联络上他。他是在回国以后通过电视，才知道父亲死亡的消息已经公之于世。

约瑟夫·门格勒逃亡在拉丁美洲的三十年期间，有各式各样的传言指出他的下落，特别是以色列情报及特殊使命局“摩萨德”（Mossad）曾经表示他们“已经陆续发现他的踪迹，只是还无法确实逮到他”。不过，虽然门格勒发疯似地恐惧摩萨德或纳粹猎捕机构的人会逮捕他，他依然大胆返回欧洲，而且重新使用真实身份。他死后被人用"沃尔夫冈·杰拉尔德"（Wolfgang Gerhard）这个化名埋葬在圣保罗附近的恩布（Embu），1985 年 6 月 6 日，巴西警方在德国当局请求下挖出他的遗体。虽然透过髎骨检查，他的身份基本上被识别了出来，但还要等到 1992 年的一次 DNA 鉴定，遗体身份才获得绝对的证实。在那以前，罗尔夫·门格勒一直拒绝提供血液检体供警方作基因分析。⑱

我们难以理解，在许多国际组织和纳粹猎捕者试图擒拿他的情况下，门格勒何以能在超过三十四年期间逃过追捕。1960 年，摩萨德同时发现门格勒以及最终解决方案主要统筹人艾希曼的踪迹，但摩萨德最后选择逮捕的是艾希曼而不是门格勒。这件事可以说明奥斯维辛的杀人医生再度成功逃过当局缉查。但在那以前及在那之后，情况到底又是如何？

1985 年，罗尔夫同意对媒体透露他跟父亲会面的事，以及父亲的文稿。自此，他跟家族其他成员的关系完全被切断。

跟其他纳粹的小孩相反，罗尔夫不认为有什么"残酷基因"会遗传给后代。仿佛为了替那个过去正式画下句点，他决定更换姓氏，以求儿女免于麻烦。1980 年代期间，他改用妻子的姓氏，并在慕尼黑成为律师，就此安身立命。

他认为他的三个孩子有权利平平安安长大，无需为祖父造的罪孽负责。他有义务让他们知道真相，同时为他们的人生解除那个沉重的负担。对他而言，这个家庭背景带来的唯一好处是迫使他们思考人生本质，以及善与恶之间的冲突。他命中注定成为约瑟夫·门格勒的儿子，并因此承受种种困扰。他无法投身政治，也无法真正知道某些人——犹太商人、战争被害者——不愿与他合作的理由。[19]

2008 年，在一份以色列日报上，他呼吁犹太人不要对他怀恨在心。他提到他可能会亲自前往以色列，特别是去参观犹太人大屠杀纪念馆。不过他也说："可是我担心，如果大屠杀幸存者和他们的后代知道我的身份，他们可能会感到不安。"[20]

在本书所述及的纳粹后代中，罗尔夫·门格勒是唯一一个在长年间不知道父亲身份的人，但后来他却又能针对父亲在纳粹死亡机器中扮演的角色与他本人进行对话。那场父子面对面的对话无疾而终，因为约瑟夫·门格勒依然相信他的理想，他认为自己并非策动仇恨的人，他甚至声称自己可能挽救了许多人的性命。尽管如此，罗尔夫一直无法也不愿背叛他，就算在他死后也如此。同时，为了子孙的福祉，他希望跟"门格勒"这个姓氏永远保持距离。

Une Histoire Allemande?
岂止是德国的故事?

德意志联邦共和国基督教民主联盟（CDU）正在柏林召开大会，忽然间，一个低沉声响通过麦克风的放大作用，回荡在整个会场。那是一个手掌拍打在脸颊上的声音。

一只女性的玉手刚刚猛力掴向一名男子的脸庞，男子跟许多德国人一样，以为可以绝口不提自己过去跟纳粹的牵连。但该名男子贵为联邦德国总理，名叫库尔特·格奥尔格·基辛格（Kurt Georg Kiesinger），而那个巴掌俨然是在将他的过往朝他那张脸摔去。德国民众似乎没有质疑那个过去，因为他们终究通过投票，将他选为内阁首长。这是1968年11月的事，在德国，僵化的道德观与跟纳粹那段历史有关的种种禁忌都在迅速消散。与此同时，继1968年5月的社会运动*

* 即大体发生在1968年5月及6月的所谓“六八学运”或“五月风暴”。该年3月间，巴黎西郊的南特尔（Nanterre）大学出现学生占领学校的事件，不久后骚动就波及市中心的索邦大学。5月初警察为了控制形势，进驻索邦大学，反而导致更大的冲突，骚动也蔓延到外省各地城市，并扩展到劳工及其他社会阶层，引发将近四分之一劳动人口投入参与的全国性大罢工。这是二十世纪法国规模最大的社会运动，其成因包括左倾青年反对传统威权、戴高乐政府和美国帝国主义势力，以及抗议二战后法国高等教育过度膨胀造成的教育危机等。“六八学运”是法国社会发展的重要转捩点，宣告后现代社会的到来，并影响了欧洲乃至美洲的许多其他国家。

在欧洲各地发酵，德国极左翼恐怖主义团体“红军旅”* 也应运而生。

1940 年代末期，大多数联邦德国民众盼望抛掉过去，展开新局，并终止进行中的除纳粹化行动，因为许多人认为那是同盟国强迫实行的措施，结果反而有碍德国的民主化。德国总理**急于取得民心，为了表示愿意倾听人民的声音，他结束除纳粹化运动，并展开平反一部分纳粹党人的程序，仅将罪证确凿的战犯完全排除在外。这项政策严重妨碍了控诉及逮捕许多前纳粹要员的工作。战后约瑟夫·门格勒一度在德国逍遥法外，就是一个完美的实例，但逃过司法制裁的绝不只有门格勒一个人。

打了总理耳光的人是一位名叫碧雅特·克拉斯费尔德***的年轻德国女子，她下定决心要勇敢面对父母辈在纳粹时代的那段过往。先前她已经到德国国会大楼前高喊“基辛格！纳粹！辞职!”这次她则公开赏了那位“纳粹老爸”一记巴掌。在当时的德国，世代冲突因为国家社会主义的历史重担而更形恶化。[①]阿登纳担任总理的时期被年轻德国人当成抨击的箭靶，1968 年

---

* 红军派（德文 Rote Armee Fraktion）：德国的一个左翼恐怖组织，成立于1970 年，1998 年解散。这个集团的形成背景是 1960 年代联邦德国青年世代质疑父母辈在纳粹时期的心态、资本主义、民主制度、公民生活等诸多社会面向，以及美国民权运动和越战造成的反美情绪等，更直接的因素则是 1968 年学运。红军派以服膺共产主义自居，并以南美洲反帝国主义游击队为榜样，活动期间犯下数十起谋杀案、强盗案及爆炸攻击。

** 即康拉德·阿登纳（Konrad Adenauer）。

*** 碧雅特·克拉斯费尔德（Beate Klarsfeld，1939—　）：本名碧雅特·奥古斯特·君策尔（Beate Auguste Künzel），德国反纳粹运动人士。曾在世界犹太人大会支持下成立“碧雅特·克拉斯费尔德基金会”，从事与犹太人大屠杀有关的研究及活动，后期与法国—以色列籍夫婿、历史学家及律师塞尔日·克拉斯费尔德（Serge Klarsfeld）共同致力为二战期间被遣送犹太人及其后代争取权益。2007 年获法国荣誉军团勋章，2015 年获以色列内政部部长亲自授予以色列国籍。

的学运青年奋起反抗现状，他们拒绝接受前纳粹党员在联邦政府中担任要职的情况。

充满象征意涵的打耳光画面永远烙印在德国人心中，而所有曾经以为能够向家人及世人掩饰自己过去的人都因此而坐立难安。1950 年代出生的德国人是第一个不曾经历过战争的世代，他们完全不怕仔细检视那段历史。他们再也不可能满足于“希特勒必须负全责”这种推卸责任的陈词滥调。

赏总理耳光是碧雅特·克拉斯费尔德交付给自己的任务。那时她跟知名作家君特·格拉斯（Günter Grass）走得很近，这位作家厌恨基辛格，一如他在更早以前憎恶阿登纳。格拉斯是战后德国的“道德良知”，1959 年出版的著作《铁皮鼓》（*Die Blechtrommel*）是关于第三帝国的最权威撰述之一；他还写过许多其他精彩作品，1999 年获诺贝尔文学奖。2006 年，在即将迎接八十大寿之际，他却忽然掀起波澜。自传型作品《剥洋葱》（*Beim Häuten der Zwiebel*）出版前夕，他接受德国《法兰克福汇报》（*Frankfurter Allegemeine Zeitung*）专访，忽然透露自己曾在 1944 年年仅十七岁时加入恶名昭彰的纳粹武装党卫军。2006 年，他接受法国《世界报》（*Le Monde*）采访时表示：“这件事一直折磨着我。我在这么多年间一直保持的缄默是促使我写出这本书的原因之一。该说的话，终究得说出来。”②

1968 年，也就是总理被打耳光那年，格拉斯的过去仍旧是个秘密。谁会想到这位被视为战后德国思想导师的大作家曾经是个纳粹？人们怎么可能料到他会在半个世纪中完全隐藏自己进过武装党卫军的事？君特·格拉斯一辈子致力关注人民跟纳粹勾结或罪恶感这类议题，仿佛这一切都在呼应他自己的人生。这名极力主张“勇于担当，面对过去”的人士怎么可能以为时间的流逝和他对自身的反思行动足以消弭那个不可磨灭的污点？他让缄默成为常态，结果差点导致毕生奋斗被蒙上永远的阴影。身为一名伟大的作家，格拉斯无懈可击地体现了德国是如何对历史保持缄默，以及这个国家必须面对多大的艰难阻滞，才得以打破沉默，接受令人无法接受的事。

“重建民主的前提是避谈过去”，这是在战后德国一度流行的理论。到了“勃兰特年代”，这种论调终于被全面推翻。1970年12月7日，联邦德国总理维利·勃兰特（Willy Brandt）在他的忠诚支持者之一——君特·格拉斯陪同下前往波兰，代表全体德国人民在1943年华沙犹太居住区起义事件*纪念碑前下跪，请求波兰原谅纳粹犯下的残酷暴行。在那个庄严肃穆的时刻，勃兰特说出这句名言：“我在做的是人类在言语无法表意时所做的事。”如同历史学者诺伯特·弗莱（Norbert Frei）所言，必须经过好几个世代的时间，那段历史以及犹太人大屠杀造成的深远影响才能变得可以让人承受。因为，我们确实有必要区分“知道”和“承受”这两件事。1990年，弗莱指出新生代民众对大战没有（或几乎没有）切身记忆，也不会有任何个人层面的自责心理，因此他们终于不再被迫背负政治及道德责任。③

人在情感上的牵扯越多，就越难以拉出进行道德评断所需的必要距离，仿佛承认父母犯下的暴行会无法挽回地玷污自己对父母的孝心。我们很难说出这种话：我知道我父亲是个杀人

---

* 华沙犹太居住区起义事件发生于1943年4月19日—5月16日。1939年纳粹占领波兰后，开始在各大城市建立犹太人居住区，将波兰境内的犹太人集中在那里，再转送到灭绝集中营。华沙犹太区居民逐渐知道被送出去的人遭到屠杀的命运，遂于1943年逾越节前夕群起反抗，结果导致纳粹的大规模杀戮，三个多星期中犹太居民死亡至少一万三千人，近六万人遭遣送。

不眨眼的魔鬼，同时我也爱他。若要达到这种心境，人必须走过一条艰苦漫长、布满陷阱的路。

相反地，如果情感淡薄，就比较有评断的余地。或许因为这个理由，那些在童年时代比较少得到父亲关爱、甚至从不曾见过父亲的人，他们会比较容易对父亲做出道德判断。对孙子辈或侄甥这些亲属关系稍微比较远的人而言，要背负某种罪恶感或许也比较容易。马蒂亚斯·戈林、卡特琳·希姆莱就是很好的例子：对他们而言，“那个魔鬼”是个他们从不曾谋面的遥远人物。

除了情感上的亲疏，还有一个因素是时间上的远近。物换星移、历史更迭（例如柏林围墙倒塌），过去似乎因此变得比较能让人接受。纳粹主义予人的观感会随着时间而变动，就像不同年代的历史学家对它也会作出不同的分析。时光流转，世人对往昔那些罪恶有了更多了解，纳粹的孩子们不得不承认德国的过去，并通过这面棱镜承认自己家庭的过去，这其中掺杂着缄默心态在其跨世代面向上所隐含的一切。④

在本书讲述的那些纳粹孩子们的人生路途中，他们都经历过德国面对纳粹主义时所抱持的缄默态度，但在“家庭”这个层面，他们却没有感受到世人表现出相同的缄默。大战结束以后，他们必须背负身为某某人子女的事实，并在清楚知道父亲涉及那些泯灭人性的罪行后，默默承受那个过往。他们的家人绝口不提的并不是他们的父亲当过纳粹这件事，因为毕竟无视这个事实是不可能的事；那些家人只是不愿谈论他们的父亲在什么程度上参与了第三帝国的疯狂屠杀行动。

这些孩子永远无权说“爸爸不是纳粹”——在此援引哈拉尔德·魏尔策（Harald Welzer）、扎比内·默勒（Sabine Möller）

及卡洛利妮·屈格纳尔（Karoline Tschuggnall）联合著作《爷爷不是纳粹》* 的书名。大战期间，他们是英雄豪杰的孩子，战后他们却成了“屠夫的小孩”。他们忽然置身于一个全新的世界秩序中，在那里变成人人唾弃的贱民，但他们未曾有任何机会提前做好心理准备。童年时代的他们不可能不知道父亲跟权力中枢和希特勒之间的紧密关系。当时局证明希特勒是人类历史上最为罪大恶极的败类，他们明白自己因为与父亲的血缘关系，被迫跟希特勒紧紧纠结在一起。此外，除了沃尔夫·吕迪格·赫斯、小阿尔贝特·施佩尔以及罗尔夫·门格勒，纳粹的孩子们在纽伦堡大审判以后都不曾见过父亲。因此，他们没机会跟父亲面对面摊牌，无法询问那些具有根本重要性的问题。就算是原本有机会这么做的人，在面临如此沉重的试炼时，他们也经常不禁退却。但是，他们全都必须直视一个事实：他们是纳粹的孩子。

为了自我建设，有些人选择在心中淡化父亲参与纳粹恐怖暴行时的自愿程度，有些人则选择激烈排斥，不让亲情有存在的余地。要想让自己对父亲的深沉感情与对他的残酷行径所感受的罪恶感同时并存，这是一项艰巨而复杂的心理工程。然而，一旦他们的姓氏被提及，他们必然都得面对社会的反应；无论他们决定跟自己的血缘维持什么样的关系，那个姓氏都宛如宿命，无可避免地将他们拉回那条血脉。

在德国，一直要等到科尔** 总理的年代，等到不曾经历战

---

* 法译版标题 *Grand-Père n'était pas un nazi*，2013 年出版。原著全名 *Opa war kein Nazi：Nationalsozialismus und Holocaust im Familiengedächtnis*（《爷爷不是纳粹：家族记忆中的国社主义与犹太大屠杀》），2002 年出版。

** 赫尔穆特·科尔（Helmut Kohl，1930—2017）：德国政治家，1982—1998 年担任德意志联邦共和国总理，对两德统一及欧盟统合均有重要贡献。

争的世代正式掌权，以及 1989 年 11 月 9 日柏林围墙倒塌以后国家统一的时代降临，德国人才终于全面重新审视及探讨那个黑暗过去。罪恶感曾经只被加之于纳粹迫害的少数主事者身上，但两德统一以后，整个德国都愿意承担那份罪恶感。

同时，完整传承与纳粹有关的记忆具有根本的重要性。恐怖可能通过其他形式重新出现，近年各种新型极端主义的兴起就是一个明证。希特勒永远不会回来，但跟当年导致希特勒崛起的时势类似的情况很可能重新上演。过去的教训是否能成为对抗各种极端主义的堡垒？我们希望是如此。希特勒青年团的世代业已凋零殆尽，其后已经陆续出现四个新世代；现在不再有人禁止我们设法了解在那样的社会、经济及法律环境中，我们自己会采取什么行动。

七十多年后的今天，亲身经历过那个时代的刽子手和受害者已经越来越稀少，不久以后他们就会完全退场。随着他们的消失，当事人的主观记忆也将灰飞烟灭。纳粹政权那些顶层要员的名字必须继续为人类的未来敲响警钟，但为此，我们还得妥善保存关于那个时期的知识。不幸的是，现在的年轻人因为无知或缺乏兴趣，有时似乎对历史不屑一顾。当然，如亚历山德拉·厄泽尔（Alexandra Oeser）所强调的，我们不可以一概而论。厄泽尔在她的著作《传授希特勒：德国青少年面对德国的纳粹历史》* 中指出，世代、社会背景、性别、政治倾向乃至学业成绩不同，人跟纳粹主义之间的关系也会有很大的差异。⑤

这样的分析同样适用于纳粹的后代。无论那些父子或父女

---

* *Enseigner Hitler*：*Les adolescents face au passenazien Allemagne*，2010 年出版。

的关系是以共同生活还是书信往返的方式存在，我们都会在这些纳粹小孩身上发现某些共同点：他们一直都知道自己的父亲信仰国家社会主义，但他们都是在战后通过第三方才得知自己的家庭在德意志第三帝国中所扮演的角色。历史未能给予他们足够机会否认父亲的所作所为，尽管其中某些人竭尽所能想要相信，作出那种否认行动是可以办到的事。在其他方面，这些纳粹小孩每一个都是独特的个体，各自以特殊而复杂的方式跟自己的家庭历史达成某种妥协。这其中牵涉到的因素很多，例如性别（男孩或女孩）、家庭结构（单一子女或众多兄弟姐妹）、情感联系（母亲是慈祥还是冷酷，父亲是关爱还是疏远）等。当然，某些人的人生路途有相似之处，但没有一条路跟其他的路一模一样。所有人之间的唯一公约数是，他们都不可能无视自己的家庭历史，因为那是个沉重无比的负担。许多纳粹小孩甚至决定将自己的生命奉献于此。另一方面，尽管小阿尔贝特·施佩尔在事业上飞黄腾达，但他一辈子都得为这件事伤脑筋：所有人见到他时问他的第一个问题都跟他的父亲阿尔贝特·施佩尔有关。

就像这些纳粹小孩永远被父亲的命运纠缠，纳粹的历史在世人的集体记忆中将历久弥新。就算有一天，世界上不再有当年的受害者可以提供见证，就算到时，捉拿最后几名纳粹罪犯的工作已经远去，那些名字激起的反响将持续引人深思。

在这个意义上，他们的个人历史与人类的历史早已无法分割。

致　谢

谨向下列人士表示不尽感谢：

让-弗朗索瓦·布隆恩斯坦（Jean-François Braunstein），谢谢你提供建议及协助校正。

我的兄弟斯特凡纳·克拉斯尼昂斯基（Stéphane Crasnianski），谢谢你的宝贵意见。

赛尔日·伦茨（Serge Lentz），谢谢你详细阅读并提供建议。

奥利维耶·马诺尼（Olivier Mannoni），谢谢你协助校正及翻译。

奥利·雷兹朗（Orly Rezlan），谢谢你展现出经得起任何考验的关怀与耐心。

帕斯卡尔·蒂坦（Pascal Tutin），你的许多建议使我受用良多。

埃马纽埃尔·德利尔（Emmanuel Delille）及托尔斯滕·卢特克（Torsten Lüdtke），谢谢你们的研究工作。

安娜·奥雷克诺维奇（Anna Olekhnovych），谢谢你制作引述作品清单。

感谢格拉塞出版社编辑奥利维耶·诺拉（Olivier Nora）和茱丽叶·约斯特（Juliette Joste），若没有你们提供的宝贵协助，本书不可能顺利问世。

感谢我的家人，你们一直支持我，让我重新知道人生优先顺序何在。

注　　释

引 言

① Raimbault, Marie-Pierre et Michael Grynszpan, *Descendants de nazis. L'héritage infernal*, Documentaire (France), 2010.

② Bar-On, Dan, *Legacy of Silence: Encounters with Children of the Third Reich*, Harvard University Press, 1989; *L'Héritage du silence. Rencontres avec des enfants du IIIe Reich*, préface d'André Lévy, traduit de l'anglais par F. Simon-Duneau, Paris, L'Harmattan, 2005, p. 191 et 193.

③ Weber, Anne, *Vaterland*, Paris, Seuil, 2015.

④ Glass, Suzanne, «Ricardo Eichmann speaks "Adolf Eichmann is a historical figure to me"», *The Independent*, 7 août 1995.

⑤ Höss, Rudolf, *Le commandant d'Auschwitz parle*, préface et postface de Geneviève Decrop, Paris, La Découverte, 2005, p. 220.

⑥ Levi, Primo, *Se questo è un uomo*, Turin, De Silva, 1947; Si c'est un homme, traduit de l'italien par M. Schruoffeneger, Paris, Julliard, 1987.

⑦ Arendt, Hannah, *Eichmann à Jérusalem*, Paris, Gallimard, Folio histoire, 2002, p. 495.

⑧ Ibid., p. 11 et 19.

⑨ Ibid., p. 80.

⑩ Ibid., p. 476.

⑪ Ibid., p. 81.

⑫ Ibid., p. 495.

⑬ Breitman, Richard, *The Architect of Genocide: Himmler and the Final Solution*, Hanovre / Londres, Brandeis University Press, 1991, p. 243.

⑭ Welzer, Harald, *Les Exécuteurs. Des hommes normaux aux*

meurtriers de masse, Paris, Gallimard, NRF Essais, 2007, p. 42.

⑮ Gun, Nerin E., «Les enfants au nom maudit», *Historia*, n° 241, décembre 1966, p. 55.

⑯ Speer, Albert, *Erinnerungen*, Francfort et Berlin, 1969; *Au coeur du Troisième Reich*, traduit de l'allemand par M. Brottier, Paris, Fayard, 1971, p. 133.

1. Gudrun Himmler 歌德伦·希姆莱

① Kershaw, Ian, *Hitler*, Londres, Longman, 1991; *Hitler. Essai sur le charisme en politique*, traduit de l'anglais par J. Carnaud et P. -E. Dauzat, Paris, Gallimard, Folio histoire, 1995.

② Division allemande constituée de volontaires étrangers.

③ Gun, Nerin E., «Les enfants au nom maudit», art. cité, p. 48.

④ Wildt, Michael et Katrin Himmler, *Heinrich Himmler d'après sa correspondance avec sa femme, 1927—1945*, Paris, Plon, 2014.

⑤ Welzer, Harald, *Les Exécuteurs. Des hommes normaux aux meurtriers de masse*, op. cit., p. 184.

⑥ Lebert, Nobert et Stephan Lebert, *Car tu portes mon nom. Enfants de dirigeants nazis, ils témoignent*, Paris, Plon, p. 38.

⑦ Longerich, Peter, *Heinrich Himmler*, Munich, Siedler Verlag, 2008; *Himmler*, traduit de l'allemand par R. Clarinard, Paris, Héloïse d'Ormesson, 2010.

⑧ Wildt, Michael et Katrin Himmler, *Heinrich Himmler d'après sa correspondance avec sa femme, 1927—1945*, op. cit., p. 93.

⑨ Ibid., p. 186.

⑩ Journal de Margarete Himmler, daté du 30 janvier 1940, USHMM, Acc. 1999. A. 0092.

⑪ Speer, Albert, *Au coeur du Troisième Reich*, op. cit.

⑫ Kersten, Felix, *The Memoirs of Doctor Felix Kersten*, New York, Doubleday & Co., 1947.

⑬ Longerich, Peter, *Himmler*, op. cit., p. 369.

⑭ Sigmund，Anna Maria，*Die Frauen der Nazis*，Munich，Heyne，2000；*Les Femmes du IIIe Reich*，traduit de l'allemand par J. Bourlois，Paris，Jean-Claude Lattès，2004，p. 28.

⑮ Moors，Markus et Moritz Pfeiffer，*Heinrich Himmlers Taschenkalender 1940*. Kommentierte，Paderborn，Verlag Ferdinand Schöningh GmbH，vol. 1，2013.

⑯ Journal de Margarete Himmler，daté du 3 mai 1939，USHMM，Acc. 1999. A. 0092.

⑰ Himmler，Katrin，*Les Frères Himmler*，traduit de l'allemand par S. Gehlert，Paris，David Reinharc，2012.

⑱ Journal de Margarete Himmler，daté du ler mars 1942，USHMM，Acc. 1999. A. 0092.

⑲ Ibid.，7 mars 1940.

⑳ Ibid.，18 mai 1940.

㉑ Ibid.，6 septembre 1943.

㉒ «Insight into the orderly world of a mass murderer»，*Die Welt*，25 janvier 2014.

㉓ Ibid.

㉔ Wildt，Michael et Katrin Himmler，*Heinrich Himmler d'après sa correspondance avec sa femme*，*1927—1945*，op. cit.，p. 279.

㉕ Ibid.

㉖ Interrogation Records Prepared for War Crimes Proceedings at Nuernberg 1945—1947. Record Name：Margret Himmler.

㉗ Wildt，Michael et Katrin Himmler，*Heinrich Himmler d'après sa correspondance avec sa femme*，*1927—1945*，op. cit.，pp. 297—298.

㉘ Interrogation Records Prepared for War Crimes Proceedings at Nuernberg 1945—1947. Record Name：Gudrun Himmler.

㉙ Ibid.

㉚ Gun，Nerin E.，«Les enfants au nom maudit»，art. cité.

㉛ Interrogation Records Prepared for War Crimes Proceedings at Nuernberg 1945—1947. Record Name：Gudrun Himmler，p. 5.

㉜ Stringer，Ann，« "No one loves a policeman"，Himmler's wife

comments», *The Pittsburg Press*, 13 juillet 1945.

㉝ Interrogation Records Prepared for War Crimes Proceedings at Nuernberg, 1945—1947, Record Name: Himmler, p. 14.

㉞ Interrogation Records Prepared for War Crimes Proceedings at Nuernberg, 1945—1947, Record Name: Gudrnn Himmler, p. 6.

㉟ Lebert, Norbert et Stephan Lebert, *Car tu portes mon nom. Enfants de dirigeants nazis, ils témoignent*, Paris, Plon, p. 144.

㊱ Gun, Nerin E., «Les enfants au nom maudit», art. cité, p. 50.

㊲ Ibid., p. 50.

㊳ Schröm, Oliver et Andrea Röpke, *Stille Hilfe für braune Kameraden. Das geheime Netzwerk der Alt-und Neonazis*, op. cit., pp. 47, 57 et 191.

2. Edda Göring 艾妲・戈林

① Sigmund, Anna Maria, *Les Femmes du IIIe Reich*, op. cit.

② Interrogation Records Prepared for War Crimes Proceedings at Nuernberg, 1945—1947. Record Name: Wolff, Karl, p. 4.

③ Irving, David, *Göring. Le complice d'Hitler, 1933—1939*, traduit de l'anglais par R. Albeck, Paris, Albin Michel, 1991.

④ Kershaw, Ian, *Hitler*, Paris, Flammarion, 2008.

⑤ Black, Conrad, *Franklin Delano Roosevelt*, Champion of Freedom, New York, Public Affairs, rééd. 2003.

⑥ Speer, Albert, *Au coeur du Troisième Reich*, op. cit., p. 368.

⑦ Fest, Joachim C., *The Face of the Third Reich*, Harmondsworth, Penguin, 1972; *Les Maîtres du IIIe Reich. Figures d'un régime totalitaire*, traduction partielle de l'allemand par S. Hutin et M. Barth, Paris, Grasset, 1965, rééd. 2008.

⑧ Speer, Albert, *Au coeur du Troisième Reich*, op. cit.

⑨ Göring, Emmy, Memoiren, *Zurich et Paris*, 1963; *Göring. Le point de vue de sa femme*, traduit de l'allemand par R. Jouan, Paris, Presses Pocket, 1965.

⑩ Irving，David，*Göring. Le complice d'Hitler，1933—1939*，op. cit.，p. 241.

⑪ Feliciano，Hector，*Le Musée disparu. Enquête sur le pillage d'oeuvres d'art en France par les nazis*，traduit de l'espagnol par S. Doubin，Paris，Gallimard，2012.

⑫ Kersaudy，François，*Hermann Göring*，Paris，Perrin，2009.

⑬ Frischauer，Willi，*Göring*，Londres，Odhams Press，1951，p. 265.

⑭ Göring，Emmy，*Göring. Le point de vue de sa femme*，op. cit.，p. 180.

⑮ Ibid.，pp. 178—179.

⑯ Kersaudy，François，*Hermann Göring*，op. cit.

⑰ Manvell，Roger et Heinrich Fraenkel，*Hermann Göring*，traduit de l'anglais par M. Deutsch，Paris，Stock（Strasbourg），Impr. des «Dernières Nouvelles de Strasbourg»，1963，p. 319.

⑱ Bevan，Ian，«Göring faces Judges as "Man of Peace"»，*The Sidney Morning Herald*，20 novembre 1945.

⑲ Lebert，Nobert et Stephan Lebert，*Car tu portes mon nom. Enfants de dirigeants nazis，ils témoignent*，op. cit.

⑳ «Frau Göring weep："bombing of civilian is terrible"»，*The Argus*，14 juillet 1945.

㉑ Légendes germaniques.

㉒ Kersaudy，François，*Hermann Göring*，op. cit.

㉓ Ibid.，p. 723.

㉔ Göring，Emmy，*Göring. Le point de vue de sa femme*，op. cit.，p. 229.

㉕ Kersaudy，François，*Hermann Göring*，op. cit.，p. 743.

㉖ Göring，Emmy，*Göring. Le point de vue de sa femme*，op. cit.，p. 227.

㉗ Manvell，Roger et Heinrich Fraenkel，*Hermann Göring*，op. cit.，p. 322.

㉘ Göring，Emmy，*Göring. Le point de vue de sa femme*，op. cit.，p. 230.

㉙ Frank, Niklas, *Meine deutsche Mutter*, Munich, Goldmann, 2006.

㉚ Lettre d'Emmy Göring datée du 31 octobre 1947, EMSO, 1048, Bayeriches Hauptstaadtsarchiv, Munich.

㉛ Göring, Emmy, *Göring. Le point de vue de sa femme*, op. cit., p. 245.

㉜ Auerbach, 30 juin 1949, EMSO, 1048, Bayeriches Hauptstaadtsarchiv, Munich.

㉝ Kershaw, Ian, *Hitler*, op. cit., pp. 254—255.

㉞ Cojean, Annick, «Les mémoires de la Shoah», *Le Monde*, 29 avril 1995.

㉟ Morin, Roc, «An interview with Nazi leader Hermann Goering's great-niece. How do you cope with evil ancestry?», *The Atlantic*, 16 octobre 2013.

㊱ Elkins, Ruth, «Nazi Descendents: Matthias Göring Goes Kosher», *Der Spiegel Online International*, 10 mai 2006.

3. Wolf R. Hess 沃尔夫·R. 赫斯

① Hess, Ilse, «Er spielte wieder mal den Toten. Gespräch mit Ilse Hess über Spandau-Häftling Rudolf Hess», Der Spiegel, 20 novembre 1967.

② Speer, Albert, *Au coeur du Troisième Reich*, op. cit.

③ Irving, David, Hess. *The Missing Years*, *1941—1945*, Londres, Macmillan, 1987; *Rudolf Hess. Les années inconnues du dauphin d'Hitler*, *1941—1945*, traduit de l'anglais par P. Etienne, Paris, Albin Michel, 1988.

④ Hess, Ilse, *Rudolf Hess*, *Prisoner of Peace. The flight to Britain and its aftermath*, traduit de l'allemand par Meyrick Booth, Bloomfield Books, 1954.

⑤ Fest, Joachim C., *Les Maîtres du IIIe Reich. Figures d'un régime totalitaire*, op. cit.

⑥ Ibid.

⑦ Irving, David, *Rudolf Hess. Les années inconnues du dauphin d'Hitler*, *1941—1945*, traduit de l'anglais par P. Etienne, Paris, Albin

Michel，1988，p. 53.

⑧ Ibid.，p. 58.

⑨ Ibid，p. 53.

⑩ Ibid.

⑪ «Interview Ilse Hess»，*Der Spiegel*，20 novembre 1967.

⑫ Gilbert，G. M.，*Nuremberg Diary*，New York，Perseus Books Group，1995，p. 12.

⑬ Kersaudy，François，*Les Secrets du IIIe Reich*，Paris，Perrin，2013，p. 160.

⑭ Ibid.

⑮ Interview de Wolf Rüdiger Hess：https：//www.youtube.com/watch?v=ftWZgS75jDg.

⑯ Hess，Wolf Rüdiger，*My Father Rudolf Hess*，Londres，W. H. Allen & Co.，1986.

⑰ Hess，Ilse，*Rudolf Hess*，*Prisoner of Peace. The flight to Britain and its aftermath*，op. cit.

⑱ Gun，Nerin E，«Les enfants au nom maudit»，art. cité，p. 51.

⑲ Cooper，Abraham，«Rudolf Hess's crime»，*The New York Times*，1er mai 1984.

⑳ Hess，Ilse，*Rudolf Hess*，*Prisoner of Peace. The flight to Britain and its aftermath*，op. cit.，p. 83.

㉑ Ibid.，p. 143.

㉒ Hess，Wolf Rüdiger，*My Father Rudolf Hess*，op. cit.

㉓ Ibid.，p. 6.

㉔ Medical Research Council Report，FO 1093/10.

㉕ Kelley，Douglas M.，22 *Männer um Hitler*，Olten/Bern，Delphi-Verlag，1947.

㉖ The National Archives—M1270—Interrogation records relate to the prosecution of war criminals in proceedings at Nuernberg，1945—47. Record Name：Rudolf Hess.

㉗ Ibid.

㉘ Irving，David，*Rudolf Hess. Les années inconnues du dauphin* d'Hitler, *1941—1945*, op. cit., p. 401.

㉙ Hess, Wolf Rüdiger, *My father Rudolf Hess*, op. cit.; *Who Murdered my father, Rudolf Hess? My father's mysterious death in Spandau*, Editorial Revision, 1989; Rudolf Hess—Ich bereue nichts, Graz, Stocker Leopold Verlag, 1994.

㉚ Hess, Wolf Rüdiger, *My Father Rudolf Hess*, op. cit.

㉛ Ibid.

㉜ Hess, Ilse, *Rudolf Hess*, *Prisoner of Peace. The flight to Britain and its aftermath*, op. cit., pp. 126—127.

㉝ Hess, Wolf Rüdiger, «The life and death of my father, Rudolf Hess», *The Journal of Historical Review*, vol. 13, n° 1, 1993, pp. 24—39.

㉞ Schemann, Serge, «Hess is buried secretly by family; son is reported to suffer stroke», *New York Times*, 25 août 1987.

㉟ Posner, Gerald, *Hitler's Children. Sons and daughters of leaders of the Third Reich talk about their fathers and themselves*, New York, Random House, 1991, p. 41.

㊱ Cojean, Annick, «Les mémoires de la Shoah», art. cité.

㊲ Lebert, Nobert et Stephan Lebert, *Car tu portes mon nom. Enfants de dirigeants nazis*, *ils témoignent*, op. cit., p. 74.

㊳ Hess, Wolf Andreas, «Nazi Leader's Grandson Fined Over Online Quotes», *Reuters*, 24 janvier 2002.

㊴ Lebert, Nobert et Stephan Lebert, *Car tu portes mon nom. Enfants de dirigeants nazis*, *ils témoignent*, op. cit., p. 71.

4. Niklas Frank 尼克拉斯·法郎克

① Frank, Niklas, *Bruder Norman*! «Mein Vater war ein Naziverbrecher, aber ich liebe ihn», Berlin, Dietz, 2013.

② Interview de Niklas Frank avec l'auteur, 8 septembre 2015.

③ Interrogatoires de Hans Frank à Nuremberg.

④ Frank, Hans, *Im Angesicht des Galgens*, Munich-Grafelfing, Friedrich Alfred Beck, 1953.

⑤ Noakes，Jeremy et Geoffrey Pridham，*Nazism*，*1919—1945*，vol. 2：*State*，*Economy and Society*，*1933—1939*（A Documentary Reader），Exeter University of Exeter Press，1984，p. 200.

⑥ Fest，Joachim C.，*Les Maîtres du IIIe Reich. Figures d'un régime totalitaire*，op. cit.，p. 402.

⑦ Picker，Henry，*Hitlers Tischgespräche im Führerhauptquartier*，Propyläen Verlag，rééd. 2003，p. 225.

⑧ Kershaw，Ian，*La Fin*：*Allemagne*（*1944—1945*），traduit par P. -E. Dauzat，Paris，Seuil，2012，p. 283.

⑨ Schenk，Dieter，*Hans Frank*：*Hitlers Kronjurist und Generalgouverneur*，Francfort，Fischer Verlag，1re édition，2008，p. 223.

⑩ Longerich，Peter，*Himmler*，op. cit.

⑪ Interview de Niklas Frank avec l'auteur，8 septembre 2015.

⑫ Ibid.

⑬ Frank，Niklas，*Meine deutsche Mutter*，op. cit.

⑭ Frank，Niklas，*Bruder Norman*！«Mein Vater war ein Naziverbrecher，aber ich liebe ihn»，op. cit.，p. 64.

⑮ Interview de Niklas Frank avec l'auteur，8 septembre 2015.

⑯ Ibid.

⑰ Malaparte，Curzio，*Kaputt*，Paris，Folio，1972.

⑱ Interview de l'auteur avec Niklas Frank，8 septembre 2015.

⑲ Ibid.

⑳ Frank，Niklas，*Bruder Norman*！«Mein Vater war ein Naziverbrecher，aber ich liebe ihn»，op. cit.

㉑ Longerich，Peter，*Himmler*，op. cit.

㉒ Kershaw，Ian，*La Fin*：*Allemagne*（*1944—1945*），op. cit.

㉓ Frank，Niklas，*Brüder Norman*！«Mein Vater war ein Naziverbrecher，aber ich liebe ihn»，op. cit.

㉔ Interview de l'auteur avec Niklas Frank，8 septembre 2015.

㉕ Lebert，Nobert et Stephan Lebert，*Car tu portes mon nom. Enfants de dirigeants nazis*，*ils témoignent*，op. cit.，p. 106.

㉖ Frank，Hans，*Das Diensttagebuch des deutschen Generalgouverneurs in*

Polen, *1939—1945*, Werner Prag und Wolfgang Jacobmeyer (eds), Stuttgart, Deutsche Verlags-Anstalt, 1975, pp. 457—458.

㉗ Interview de Niklas Frank avec l'auteur, 8 septembre 2015.

㉘ Gilbert, G. M., *Nuremberg Diary*, New York, Perseus Books Group, 1995, p. 21.

㉙ Interview de Niklas Frank avec l'auteur, 8 septembre 2015.

㉚ Posner, Gerald, *Hitler's Children*. *Sons and daughters of leaders of the Third Reich talk about their fathers and themselves*, op. cit., p. 33.

㉛ Cojean, Annick, «Les mémoires de la Shoah», art. cité.

㉜ Gilbert, G. M., *Nuremberg Diary*, op. cit.

㉝ Interview de Niklas Frank avec l'auteur, 8 septembre 2015.

㉞ Posner, Gerald, *Hitler's Children*. *Sons and daughters of leaders of the Third Reich talk about their fathers and themselves*, op. cit.

㉟ Interview de Niklas Frank avec l'auteur, 8 septembre 2015.

㊱ Frank, Niklas, *Meine deutsche Mutter*, op. cit., p. 416.

㊲ Ibid., p. 441.

㊳ Ibid.

㊴ Ibid., p. 451.

㊵ Interview de Niklas Frank avec l'auteur, 8 septembre 2015.

㊶ Ibid.

㊷ Ibid.

㊸ Schwabe, Alexandre, «Interview mit Niklas Frank zur Speer-Debatte: "Das ewige Herumgeschmuse der Kinder ist lächerlich"», *Der Spiegel Online*, 13 mai 2005.

㊹ Interview de Niklas Frank avec l'auteur, 8 septembre 2015.

㊺ Frank, Niklas, Der Vater. *Eine Abrechnung*, Munich, Goldmann, 1993, p. 12.

㊻ Schwabe, Alexandre, «Interview mit Niklas Frank zur Speer-Debatte: "Das ewige Herumgeschmuse der Kinder ist lächerlich"», art. cité.

㊼ Cojean, Annick, «Les mémoires de la Shoah», art. cité.

㊽ Interview de Niklas Frank avec l'auteur, 8 septembre 2015.

㊾ Frank，Niklas，Meine deutsche Mutter，op. cit.

㊿ Interview de Niklas Frank avec l'auteur，8 septembre 2015.

51 Frank，Niklas，*Bruder Norman*！«Mein Vater war ein Naziverbrecher，aber ich liebe ihn»，op. cit.

52 Interview de Niklas Frank avec l'auteur，8 septembre 2015.

53 Frank，Niklas，*Bruder Norman*！«Mein Vater war ein Naziverbrecher，aber ich liebe ihn»，op. cit.，p. 69.

54 Ibid.

55 Posner，Gerald，*Hitler's Children. Sons and Daughters of leaders of the Third Reich talk about their fathers and themselves*，op. cit.

56 Ibid.

57 Interview de Niklas Frank，«Hitler's Children»，Documentary，2012.

58 Interview de Niklas Frank avec l'auteur，8 septembre 2015.

59 Schwabe，Alexandre，«Interview mit Niklas Frank zur Speer-Debatte："Das ewige Herumgeschmuse der Kinder ist lächerlich"»，art. cité.

5. Martin Adole Bormann Jr 马丁·阿道夫·鲍曼

① Fest，Joachim C.，*Les Maîtres du IIIe Reich. Figures d'un régime totalitaire*，op. cit.，p. 228.

② Bormann，Martin，*Leben gegen Schatten*，Paderborn，Bonifatius，2000.

③ Sigmund，Anna Maria，*Les Femmes du IIIe Reich*，op. cit.，p. 28.

④ Speer，Albert，*Au coeur du Troisième Reich*，op. cit.，p. 209.

⑤ Fest，Joachim C.，*Les Maîtres du IIIe Reich. Figures d'un régime totalitaire*，op. cit.，p. 533.

⑥ Kershaw，Ian，*La Fin：Allemagne（1944—1945）*，op. cit.，p. 317.

⑦ Rosenberg，Alfred，*Le Mythe du xxe siècle*，publié en 1930，l'un des textes formant le socle de l'idéologie nazie.

⑧ Bormann，Martin，Leben gegen Shatten，op. cit.，pp. 70—71.

⑨ Bar-On, Dan, *L'Héritage du Silence. Rencontres avec des enfants du IIIe Reich*, op. cit.

⑩ Ibid.

⑪ Ibid.

⑫ Bormann, Martin, *Leben gegen Schatten*, op. cit., p. 83.

⑬ Speer, Albert, *Au coeur du Troisième Reich*, op. cit., p. 138.

⑭ Bar-On, Dan, *L'Héritage du silence. Rencontres avec des enfants du IIIe Reich*, op. cit., p. 222.

⑮ En 2011 des articles de presse révèlent qu'alors qu'il était enseignant au pensionnat de Salzbourg chez les missionnaires du Sacré-Coeur dans les années 1960, Martin Adolf Bormann aurait commis des faits de viols, d'agressions sexuelles et de violences à l'encontre d'un certain Victor M. D'autres élèves interrogés par le journal autrichien qui publie l'affaire auraient également indiqué qu'il les battait parfois si fort qu'ils étaient couverts de sang et que l'un d'entre eux aurait été retrouvé inconscient. Allégations que Martin Adolf Bormann dément alors formellement.

⑯ Bormann, Martin, *Leben gegen Schatten*, op. cit., p. 196.

⑰ Ibid.

⑱ Ibid.

⑲ Ibid., p. 261.

6. Les Enfants Höss 霍斯的子女

① Interrogatoire de Rudolf Höss à Nuremberg, 15 avril 1946.

② Höss, Rudolf, Pery Broad et Johann Paul Kremer, *Auschwitz vu par les SS*, Oświęcim, Editions du musée d'Etat, 1974, p. 20.

③ Les détenus enfermés dans les camps de concentration étaient marqués par des triangles de couleurs différentes selon les motifs de leur emprisonnement: rouge pour les prisonniers politiques, vert pour ceux de droit commun, noir pour les asociaux, violet pour les témoins de Jéhovah et enfin rose pour les homosexuels.

④ Harding, Thomas, *Hanns and Rudolf. The German Jew and the*

Hunt for the Kommandant of Auschwitz, Londres, Simon & Schuster 2013; *Hanns et Rudolf. Comment un Juif allemand mit fin à la cavale du commandant d'Auschwitz*, Paris, Flammarion, 2014, p. 127.

⑤ Höss, Rudolf, Pery Broad et Johann Paul Kremer, *Auschwitz vu par les SS*, op. cit, p. 19.

⑥ Hannah Arendt.

⑦ Gilbert, G. M., *Nuremberg Diary*, op. cit., p. 259.

⑧ Höss, Rudolf, *Le commandant d'Auschwitz parle*, op. cit., p. 46.

⑨ Ibid.

⑩ Ibid.

⑪ Ibid., p. 107.

⑫ Gilbert, G. M., *Nuremberg Diary*, op. cit., p. 260.

⑬ Höss, Rudolf, *Le commandant d'Auschwitz parle*, op. cit.

⑭ Il est possible que Rudolf Höss se trompe dans la date de l'ordre génocidaire total.

⑮ Hilberg, Raul, *La Destruction des Juifs d'Europe*, traduit de l'anglais par M. -Fr. de Paloméra, A. Charpentier et P. -E. Dauzat, Paris, Gallimard, Folio histoire, 2006.

⑯ Höss, Rudolf, *Le commandant d'Auschwitz parle*, op. cit.

⑰ Fest, Joachim C., *Les Maîtres du IIIe Reich. Figures d'un régime totalitaire*, op. cit.

⑱ Höss, Rudolf, Pery Broad et Johann Paul Kremer, *Auschwitz vu par les SS*, op. cit.

⑲ Gilbert, G. M., *Nuremberg Diary*, op. cit.

⑳ Procès-verbal de Stanislaw Dubiel, in Höss, Rudolf, Pery Broad et Johann Paul Kremer, *Auschwitz vu par les SS*, op. cit.

㉑ Höss, Rudolf, Pery Broad et Johann Paul Kremer, *Auschwitz vu par les SS*, op. cit., p. 304.

㉒ Ibid., p. 19.

㉓ Déclaration de Mme Janina Szczurek, in Höss Rudolf, Pery Broad et Johann Paul Kremer, *Auschwitz vu par les SS*, op. cit., p. 310.

㉔ Höss, Rudolf, *Le commandant d'Auschwitz parle*, op. cit., p. 189.

㉕ Ibid., p. 190.

㉖ Höss, Rudolf, Pery Broad et Johann Paul Kremer, *Auschwitz vu par les SS*, op. cit., p. 304.

㉗ Ibid., p. 210.

㉘ Höss, Rudolf, *Le commandant d'Auschwitz parle*, op. cit., p. 222.

㉙ Ibid., p. 221.

㉚ Harding, Thomas, *Hanns et Rudolf. Comment un Juif allemand mit fin à la cavale du commandant d'Auschwitz*, op. cit., p. 321.

㉛ Ibid., p. 327.

㉜ Höss, Rudolf, *Le commandant d'Auschwitz parle*, op. cit.

㉝ Harding, Thomas, «Hiding in N. Virginia, a daughter of Auschwitz», *Washington Post*, 7 septembre 2013.

㉞ Anderson, Graham, «My Nazi Family», *Exberliner*, 6 mai 2014.

㉟ Lianos, Konstantinos, «Auschwitz commander's grandson: Why my family call me a traitor», *The Telegraph*, 20 novembre 2014.

㊱ Ibid.

7. Les Enfants Speer 施佩尔的子女

① Smoltczyk, Alexander, «2022 World Cup in Qatar: The Desert Dreams of German Architect Albert Speer», *Der Spiegel*, 1er juin 2012.

② Speer, Albert, *Die intelligente Stadt*, Dva, 1992.

③ Beyer, Susanne, «Improving on the Nazi Past: Albert Speer's Son, Urban Planner», *Der Spiegel*, 21 décembre 2007.

④ Smoltczyk, Alexander, «2022 World Cup in Qatar: The Desert Dreams of German Architect Albert Speer», art. cité.

⑤ Beyer, Susanne, «Der unsichtbare Riese», *Der Spiegel*, 17 décembre 2007.

⑥ Khrushcheva, Nina, «Albert Speer's son helped design the architecture of the Beijing games. But the similarities with Berlin 1936 don't end there», *The Guardian*, 7 août 2008.

⑦ Millot, Lorraine, «Albert Speer, 63 ans, est architecte. Comme son homonyme de père, le bâtisseur de Hitler. Mais lui a choisi Francfort la libérale. Tel père, quel fils ?», *Libération*, le 10 février 1998.

⑧ Interview d'Albert Speer fils: https://www.youtube.com/watch?v=033OGnfRKJY.

⑨ Matzig, Gerhard, «Hitler war für uns ein netter Onkel», *Süddeutsche Zeitung*, 20 mai 2010.

⑩ Speer, Albert, *Au coeur du Troisième Reich*, op. cit.

⑪ Fest, Joachim, *Albert Speer*, op. cit.

⑫ Trevor-Roper, Hugh R., *Hitlers letzte Tage*, Berlin Ullstein, 1965.

⑬ Speer, Albert, *Au coeur du Troisième Reich*, op. cit.

⑭ Ibid., p. 29.

⑮ Ibid., p. 31.

⑯ Nevile Henderson, diplomate britannique.

⑰ Speer, Albert, *Spandauer Tagebücher*, Francfort-sur-le-Main, 1975; *Journal de Spandau*, Paris, Robert Laffont, 1976, p. 156.

⑱ Matzig, Gerhard, «Hitler war für uns ein netter Onkel», op. cit.

⑲ Speer, Albert, *Au coeur du Troisième Reich*, op. cit., p. 29.

⑳ Nissen, Margret, *Sind Sie die Tochter Speer?*, Cologne, Bastei Lübbe, 2005.

㉑ Speer, Albert, *Journal de Spandau*, op. cit., p. 76.

㉒ Schramm, Hilde, *Meine Lehrerin*, Dr Dora Lux, Reinbek, Rowohlt Verlag, 2012.

㉓ Interview Arnold Speer: https://www.youtube.com/watch?v=033OGnfRKJY.

㉔ Speer, Albert, *Au coeur du Troisième Reich*, op. cit.

㉕ Sereny, Gitta, *Albert Speer. His Battle with Truth*, Londres, 1995; *Albert Speer: son combat avec la vérité*, traduit de l'anglais par W. O. Desmond, Paris, Seuil, 1997.

㉖ Fest, Joachim, *Albert Speer*, op. cit., p. 281.

㉗ Ibid.

㉘ Speer, Albert, *Journal de Spandau*, op. cit., p. 218.

㉙ Sereny, Gitta, *Albert Speer: son combat avec la vérité*, op. cit.

㉚ Ibid.

㉛ Speer, Albert, *Journal de Spandau*, op. cit., p. 163.

㉜ Nissen, Margret, *Sind Sie die Tochter Speer?*, op. cit.

㉝ Speer, Albert, *Journal de Spandau*, op. cit.

㉞ Bundesarchiv Koblenz-Article B122/28025.

㉟ Sereny, Gitta, *Albert Speer: son combat avec la vérité*, op. cit.

㊱ Van der Vat, Dan, *The Good Nazi. The life and lies of Albert Speer*, Londres, Phoenix, 1998.

㊲ Speer, *Albert*, *Journal de Spandau*, op. cit, p. 321.

㊳ Ibid.

㊴ Ibid., p. 548.

㊵ Ibid.

㊶ Nissen, Margret, *Sind Sie die Tochter Speer?*, op. cit.

㊷ Ibid.

㊸ Sereny, Gitta, *Albert Speer: son combat avec la vérité*, op. cit.

㊹ Ibid.

㊺ Millot, Lorraine, «Albert Speer, 63 ans, est architecte. Comme son homonyme de père, le bâtisseur de Hitler. Mais lui a choisi Francfort la libérale. Tel père, quel fils?», art. cité.

㊻ Norden, Eric, entretien avec Albert Speer, «Albert Speer Hitler's architect», *Playboy*, 1971.

㊼ Ibid.

㊽ Sereny, Gitta, *Albert Speer: son combat avec la vérité*, op. cit.

㊾ Speer, Albert, *Journal de Spandau*, op. cit., p. 93.

㊿ Raben, Mia, «NS—Vergangenheit: Der lebenslange Schatten», *Der Spiegel*, 7 février 2004.

(51) Hamrén, Henrik, «I feel ashamed», *The Guardian*, 18 avril 2005.

(52) Speer, Albert, *Journal de Spandau*, op. cit., p. 219.

(53) Hamrén, Henrik, «I feel ashamed», art. cité.

(54) Nissen, Margret, *Sind Sie die Tochter Speer?*, op. cit.

(55) Speer, Albert, *Au coeur du Troisième Reich*, op. cit., p. 160.

8. Rolf Mengele 罗尔夫·门格勒

① Alexander Autographs，*The Hidden Journals of Josef Mengele* （may 1960-january 1979），6. Autograph manuscript，a diary，Lot 4，200 pp. 8vo. http：//auctions. alexautographs. com/asp/fullCatalogue. asp?salelot=45+ + + + + + + + +4+&refno= + + +70337.

② Ibid.，Lot 650.

③ Ibid.

④ Posner，Gerald et John Ware，*Mengele：The Complete Story*，New York，Cooper Square Press，2000，p. 235.

⑤ Interview de Rolf Mengele par Gerald Posner，1985.

⑥ Hilberg，Raul，*La Destruction des Juifs d'Europe*，op. cit.

⑦ Posner，Gerald et John Ware，*Mengele：The Complete Story*，op. cit.，p. 25.

⑧ Ibid.

⑨ Ibid.

⑩ Sereny，Gitta，*Albert Speer：son combat avec la vérité*，op. cit.，p. 467.

⑪ Interview de Rolf Mengele par Gerald Posner 1985.

⑫ «In the matter of Josef Mengele. A Report to the Attorney General of the United States»，October 1992.

⑬ Posner，Gerald et John Ware，*Mengele：The Complete Story*，op. cit.

⑭ Interview de Rolf Mengele par Gerald Posner，1985.

⑮ Ibid.

⑯ Posner，Gerald，*Hitler's Children. Sons and daughters of Leaders of the Third Reich talk about their fathers and themselves*，op. cit.

⑰ Ibid.，p. 130.

⑱ «In the matter of Josef Mengele. A Report to the Attorney General of the United States»，octobre 1992.

⑲ Posner，Gerald，*Hitler's Children. Sons and daughters of Leaders of the Third Reich talk about their fathers and themselves*，op. cit.

⑳ Jessen, Norbert, «Vati, der Massenmörder. Die israelische Zeitung "Jedioth" veröffentlicht ein Interview mit Rolf Mengele», *Die Welt*, 8 mai 2008.

9. Une Histoire Allemande? 岂止是德国的故事?

① Ibid.

② Schirmacher, Frank et Hubert Spiegel, «Günter Grass: "La tache sur mon passé"», *Le Monde*, 17 août 2006.

③ Frei, Norbert, «L'Holocauste dans I'historiographie allemande, un point aveugle dans la conscience historique?», *Vingtième Siècle. Revue d'histoire*, 1992, vol. 34, pp. 157—162.

④ Welzer, Harald, Sabine Möller et Karoline Tschuggnall, «Opa war kein Nazi». *Nationalsozialismus und Holocaust im Familiengedächtnis*, Francfort, Fischer Taschenbuch Verlag, 2002; «Grand-père n'était pas un nazi». *National-socialisme et Shoah dans la mémoire familiale*, traduit de l'allemand par O. Mannoni, Paris, Gallimard, 2013.

⑤ Oeser, Alexandra, *Enseigner Hitler. Les adolescents allemands face au passé nazi en Allemagne. Appropriations, interprétations et usages de l'histoire*, Paris, Editions de la Maison des sciences de l'homme, 2010.

图书在版编目(CIP)数据

纳粹的孩子们/(法)塔妮娅·克拉斯尼昂斯基著;
徐丽松译.—上海:上海人民出版社,2018
ISBN 978-7-208-15342-4

Ⅰ.①纳… Ⅱ.①塔… ②徐… Ⅲ.①第二次世界大
战-史料 Ⅳ.①K152

中国版本图书馆 CIP 数据核字(2018)第 161361 号

责任编辑 范　晶
装帧设计 COMPUS·道辙

纳粹的孩子们
[法]塔妮娅·克拉斯尼昂斯基 著　徐丽松 译

出　版 上海人民出版社
(200001　上海福建中路 193 号)
发　行 上海人民出版社发行中心
印　刷 常熟市新骅印刷有限公司
开　本 889×1194　1/32
印　张 7.5
插　页 8
字　数 165,000
版　次 2018 年 11 月第 1 版
印　次 2018 年 11 月第 1 次印刷
ISBN 978-7-208-15342-4/K·2769
定　价 48.00 元